教育部人文社会科学研究青年项目“空间溢出视角下的区域创新环境效应研究”（16YJC790088）；国家自然科学基金青年项目“人力资本配置与区域协调发展：多层次空间的视角”（71803034）

经济管理学术文库·经济类

# 区域环境效应与企业技术创新：多层次空间的视角

## Contextual Effects and Firm Innovation: A Multilevel Spatial Perspective

盛玉雪／著

经济管理出版社
ECONOMY & MANAGEMENT PUBLISHING HOUSE

**图书在版编目（CIP）数据**

区域环境效应与企业技术创新：多层次空间的视角/盛玉雪著．—北京：经济管理出版社，2019.9

ISBN 978－7－5096－6703－3

Ⅰ.①区…　Ⅱ.①盛…　Ⅲ.①企业创新—研究　Ⅳ.①F273.1

中国版本图书馆 CIP 数据核字(2019)第 125989 号

组稿编辑：王　洋
责任编辑：曹　靖　王　洋
责任印制：黄章平
责任校对：王纪慧

出版发行：经济管理出版社
（北京市海淀区北蜂窝 8 号中雅大厦 A 座 11 层　100038）
网　　址：www. E－mp. com. cn
电　　话：（010）51915602
印　　刷：北京晨旭印刷厂
经　　销：新华书店
开　　本：720mm×1000mm/16
印　　张：13.75
字　　数：203 千字
版　　次：2019 年 9 月第 1 版　　2019 年 9 月第 1 次印刷
书　　号：ISBN 978－7－5096－6703－3
定　　价：68.00 元

**·版权所有　翻印必究·**
凡购本社图书，如有印装错误，由本社读者服务部负责调换。
联系地址：北京阜外月坛北小街 2 号
电话：（010）68022974　　邮编：100836

# 前　言

创新是引领发展的第一动力，企业是创新的主体，企业创新的发展决定了一国整体的经济增长潜力。由于企业内嵌于区域，区域环境对于企业创新具有不可忽视的作用，建立良好的创新环境是各国、各地方政府促进企业创新的重要手段。党的十八大明确提出："科技创新是提高社会生产力和综合国力的战略支撑，必须摆在国家发展全局的核心位置。"强调要坚持走中国特色自主创新道路、实施创新驱动发展战略。为此，也提出了要建设以企业为主体、产学研相结合的技术创新体系，将企业创新活动的推动作为各级政府的工作重点。在这样的背景下，合理解构区域环境对企业技术创新的影响机制、科学评估企业技术创新中的区域环境效应，具有积极的现实意义。

随着科技的发展和全球化的深入，创新的非线性特征以及区域的开放性特征越发显著。通过对已有文献的梳理，本书发现关于企业技术创新中区域环境效应的研究虽然取得了丰硕的成果，却仍存在三点不足：一是倾向于将区域和企业进行隔离分析，或者以企业为角度，忽略企业共享区域环境的本质，或者以区域为角度，忽略创新的微观企业主体，区域层面与企业层面缺乏有效的衔接；二是倾向于将区域环境变量外生化，缺乏关于区域环境对企业技术创新影响机制的系统解析，忽略企业个体在环境形成中的主观能动性；三是倾向于将区域进行孤立分析，虽然关于技术创新的理论分析早已认识到创新的非线性特征，但大多数实证研究文献仍采用线性模型，理论和实证研究存在脱节。

本书坚持非线性创新和开放性区域的原则，从多层次空间的视角，依循"影响机制分析—模型构建—实证检验"的研究思路，对企业技术创新中的区域环境效应展开研究，主要研究内容和结论包括：

一是从"区域—个体"多层次空间结构的角度破解区域环境对企业技术创新的影响机制，建立中观区域环境与微观企业主体之间的内在联系，为更好地理解区域环境对企业创新活动的影响，特别是对"从外部环境干预企业创新活动以便形成更好的活动结果”提供理论支撑。本书认为区域环境效应包括基础环境效应、空间聚集效应和区域政策效应三个方面，而且区域环境效应具有空间相关性，区域环境通过风险调节、资源互补以及诱导三种机制影响企业技术创新（3×3式的影响机制）。

二是将区域的空间相关性引入区域环境效应的影响机制分析和实证模型构建，深化了对区域环境效应作用机制的理解。通过构建多层次空间模型实现了多层次线性模型和空间模型的结合，并完成模型的参数解读和贝叶斯估计，本书避开了现有单层次模型估计无效和有偏的弊端，对创新环境的评价提供更为有效的方法。虽然未能完全体现创新的网络性，但是这种计量模型的构建是在数据可得性限制下对已有研究的突破和补充。

三是对我国工业企业技术创新中的区域（城市）环境效应进行了测算和分解，并得到了许多有意义的政策启示。本书认为，我国企业技术创新中的区域环境效应有显著的空间正相关性，且增长极与腹地城市之间以双向不对称负向溢出为主，腹地对增长极的负向溢出效应是增长极对腹地的2倍。此外，我国的各种城市环境变量对企业技术创新的影响机制还未完全打通。故而中央政府和地方政府在未来制定企业技术创新相关的区域环境政策中应各有侧重，且亟须采取一定的政策措施对增长极和腹地间相互制约的现状进行改善。

# 目　录

# 第一章　绪论

## 第一节　研究背景

经济的发展会由于创新（Innovation）的出现而产生质的飞越，因此创新在推动经济发展和社会变迁中起到非常重要的作用。企业是创新的主体，当前，我国为实现创新驱动与创新型国家建设提出了要建设以企业为主体、产学研相结合的技术创新体系。特别是全球化进程中，处于全球价值链低端的“中国制造”迫切需要实现向“中国创造”升级[①]，企业创新能力的提升和企业创新活动的推动已经成为国家战略的重要关注点。由于企业总是处于一定的区域环境，区域环境对企业技术创新有没有影响以及如何影响？对这一问题的解答成为促进企业创新进而促进经济社会发展的首要任务，而区域环境对企业技术创新的影响由于时代的发展产生了质的变化，对相关问题的研究也日益具有跨学科的交叉性。

### 一、企业是创新的主体，企业创新依赖外部环境

使企业成为技术创新的主体是全面推进技术创新的制度条件。在许多发达国家，研究开发经费的一半以上是企业投入的，在日本这一比例高达76%，美国和德国均在60%以上（见表1－1）。与发明提出新的想法或者新的工艺不同，创新是指

① 例如，根据Varian（2007），iPod的最终市场零售价为299美元，其中Apple的品牌值占26.8%，而我国工人的组装值占约1%，http：//people. ischool. berkeley. edu/ ~ hal/people/hal/NYTimes/2007－06－28. html。

将这种新产品或新工艺的想法付诸实现，所以，发明可能发生在任何地方，而创新还是主要发生在企业里。对创新进行经济学分析的先驱者——熊彼特（Schumpeter）就十分重视个体、特别是大企业在创新过程中的重要作用。但创新具有累积性、动态性和网络性，单个企业并不能独自完成创新，还需要与外部环境进行广泛的互动，包括对外部知识的吸收、与其他企业和研究组织等形成合作交流等。当前，企业创新已经从单个企业封闭式进行演变为企业和其他机构网络式互动进行。同时，由于企业内嵌于区域，单个企业对于区域整体环境，包括区域独特的制度禀赋、区域的知识基础、区域性的基础设施等并不能独享。这种环境的共享使区域环境在企业创新中越发重要。在理论研究上，随着创新系统等概念的提出，人们对创新的形成也经历了从“线性模型”到“非线性系统观”的转变，从强调单个企业或机构的创新投入，到强调经济、社会、政治、组织、制度等环境因素，以及企业与其他机构的网络联系。外部环境已经成为企业技术创新中不可忽视的影响要素。

**表1-1 世界主要国家研发经费支出情况**

| 国家 | 国内研发支出占 GDP 的百分比（%） | | 企业资金占国内研发支出的百分比（%） | | 政府资金占国内研发支出的百分比（%） | |
|---|---|---|---|---|---|---|
| | 2005 年 | 2010 年 | 2005 年 | 2010 年 | 2005 年 | 2010 年 |
| 俄罗斯 | 1.07 | 1.16 | 30 | 25.5 | 61.9 | 70.3 |
| 中国 | 1.32 | 1.76 | 67 | 71.7 | 26.3 | 24 |
| 日本 | 3.31 | 3.26 | 76.1 | 75.9 | 16.8 | 17.2 |
| 韩国 | 2.79 | 3.74 | 75 | 71.8 | 23 | 26.7 |
| 奥地利 | 2.46 | 2.79 | 45.6 | 44.7 | 35.9 | 38.7 |
| 法国 | 2.11 | 2.24 | 51.9 | 53.5 | 38.6 | 37 |
| 德国 | 2.51 | 2.8 | 67.6 | 65.6 | 28.4 | 30.3 |
| 意大利 | 1.09 | 1.26 | 39.7 | 44.7 | 50.7 | 41.6 |
| 英国 | 1.72 | 1.8 | 42.1 | 44 | 32.7 | 32.3 |
| 美国 | 2.59 | 2.83 | 63.7 | 61 | 29.8 | 32.5 |

资料来源：国研网世界经济数据库。

## 二、创新的聚集是常态，隐性知识对企业创新越发重要

由于交通、通信技术的发展，标准化知识呈现全球性流动的特点，人们获取知识越发便捷，获取的门槛也越来越低。如今获取知识的边界大部分已经消失，有学者甚至声称“世界是平的”“地理末日”“距离已死”。但是，“我们所知道

的比我们所能表述的要多”①。特别是由于隐性知识不易编码，难以远距离交换和传播，对其的获取具有地域局限性，空间上的接近对于隐性知识的产生、传播和共享十分关键②。随着可编码的知识传播日益全球化，企业创新的成功越来越依赖于隐性知识（Tacit knowledge），使企业创新中区域环境的作用越发重要，而聚集影响企业创新，这一命题早在马歇尔（Marshall）时代就得到了论证，也是创新与区位关系研究中的核心。在当前，世界范围内的创新并不是随机分布在各地，而是以集群的形式出现在少数特定的位置。不论是在欧洲还是美国，众多的创新活动都有很强的地理集聚现象。如2008年，16个OECD国家所有申请的专利当中，65%来自大都市区（Metropolitan areas③），在美国和日本，这一比例更高达70%以上。OECD16国中5%的大都市区的申请量占到所有专利申请量的45%，之后的10%大都市区占到25%，而余下85%的地区只占专利申请总量的30%（OECD，2014）（见图1－1）。研究中也已识别出诸如波士顿、伦敦、米兰、新竹等许多全球领先的“技术极”④，而且创新的这种聚集趋势随着时间的推移有增无减。这种创新的聚集，已经成为企业创新面临的区域新环境。

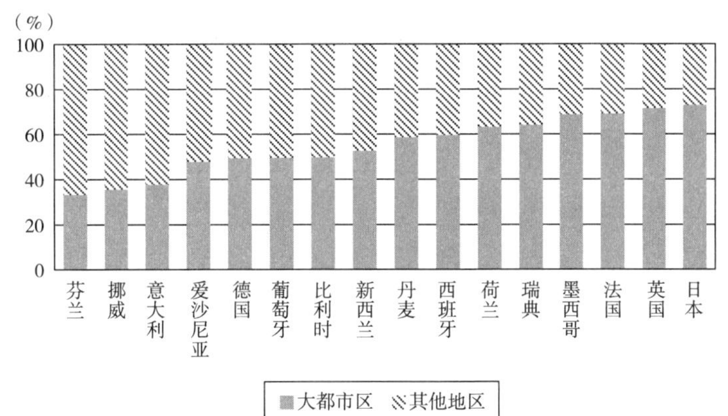


**图1－1　2008年OECD16国专利申请数分布**

资料来源：OECD官方网站。

① Michael Polanyi. The Tacit Dimension［E］. Doubleday/Anchor，1966.

② 事实上，即使互联网使得人们远距离交流成为可能，大部分人的朋友（根据Twitter和Foursquare等社交网络）的空间分布还是受到距离的绝对影响（Scellato等，2010）。根据Barthélemy（2011）的研究，博客的用户中人均有8个好友，其中5.5个好友的空间分布服从距离衰减规律，距离的作用并未消亡（Distance is not dead）（Rietveld和Vickerman，2004）。

③ 大都市区是指人口超过50万的功能性城市区。

④ 技术极（Technopole），一般是指包括科研院所的高新技术产业研发活动聚集区（王缉慈，2010）。

## 三、对创新的区域环境人为干预加强，但是收效甚微

由于创新是解释地区、国家经济差异的重要因素，全球范围内出现了追逐知识经济的浪潮。国内外许多政府、机构都对创新进行研究，并为了促进创新的形成提出了相应的区域性政策与建议，同时政策效果的外溢日益成为政府政策制定时加以考虑的因素。因此，除针对区域自身创新环境改善的政策外，存在于区域政府间的政策博弈也对区域与企业创新两者的关系形成影响。许多国家和地区都争相划定科技园、技术园，希望能通过这种外力的强制聚集产生聚集经济，使各个企业能从与园区内的企业、科研机构合作中受益。政府还对促进大学周围创新企业区域集群的产生不懈余力，他们希望通过鼓励基于大学研究的衍生企业的聚集，实现大学技术的商业化，以激励区域经济的发展。虽然这种对区域环境的人为主观干预很大程度上影响着企业创新的方向与力度，但有研究显示，在法国、日本和中国，通过政府规划形成的科技园中，政府期待的创新交互并没有出现，政策收效甚微。那么创新还需不需要政府的干预，还是仅依靠市场的力量，这一问题亟待研究与回答。

## 四、区域并不孤立存在，空间经济成为研究热点

全球化背景下，区域并不是独立的系统。分工和专业化的发展，区域总是或多或少地以要素流动的方式与其他区域发生联系。特别是在全球化进程中，全球价值链在跨国公司的主导下分散于全球各地，各个区域都在全球分工系统中承担一定的角色。同时，作为区域重要的影响力量，区域政府会主动或者被动地与其他区域进行互动。这些正是“地理学第一定律”（First Law of Geography）所强调的：经济是相互依赖的经济关系集合，空间中的个体总会通过一定的方式与其他个体形成联系，但是位置较近的个体相比于距离较远的个体之间的联系更紧密①。近年来，交通、信息通信技术的发展，从本质上改变了人们对距离的定义，邻近也有了更多层次的含义而不仅限于地理距离的邻近。因此，空间相关也在多个维度得到了扩展。而这些空间相关性的存在将大大拓宽一个区域的影响范

① “Everything is related to everything else, but near things are more related to each other”.

围。此外，得益于计算机科学的进步，空间计量经济学也实现了从边缘到主流的发展，实证研究中考虑“空间相关”的论文数量在近十多年出现了翻倍。相关研究已经不能也不该以方法局限作为忽略空间相关性的托词（见图1－2）。

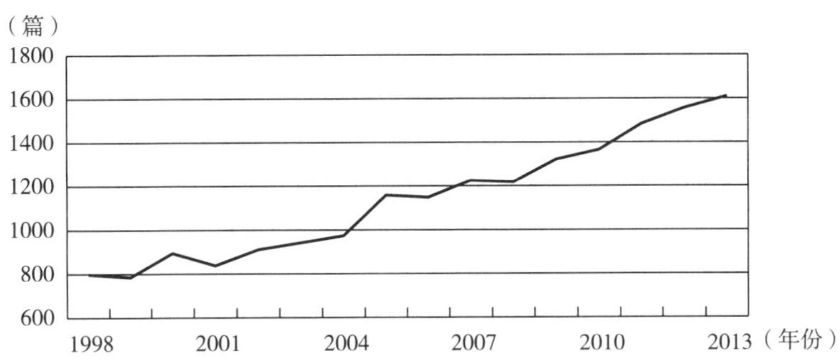


**图1－2 以“空间相关”为研究主题的论文数量**

资料来源：Web of Science™。检索条件：主题包含“Spatial Dependence”。

## 第二节 核心概念界定

不论是“区域”还是“创新”，学界在其概念上都没有形成统一的看法。本小节将对“区域”“区域环境效应”“技术创新”等概念进行界定，为后文的深入研究做好铺垫。

### 一、区域

什么是区域？区域一词源于地理学，是指地球表面的某个地域单元。但不同的学科对区域的含义有着不同的回答，以至于到目前，区域还没有一个完全被认同的定义。即使在区域经济学中，区域的定义也有许多种①。影响较大的一种定义是胡佛（Hoover）提出的“区域是基于描述、分析、管理、计划或制定政策等

① 本书不对“区域”和“区位”的定义做过多的讨论，而将两者进行混用。两者的对比可以参考郝寿义（2007）。

目的而作为一个应用性整体加以考虑的一片地区。它可以按照内部的同质性或一体化原则划分”。在中国，区域一般是从属于国家的某个空间范围。如郝寿义和安虎森（2004）认为，“区域是指便于组织、计划、协调、控制经济活动而加以整体考虑的，并考虑行政区划基础上的一定的空间范围，它具有组织区内经济活动和区外经济联系的能力”。与胡佛的定义一样，该定义也强调区域划分的政策目的性。总结发现，大多数学者，特别是中国的学者①，对于区域的定义都强调区域的自我完整性、区域内的系统性以及区域的职能属性。

（1）自我完整性。中国最早的区域经济学学者陈栋生（1993）认为区域是经济结构较为完整的社会经济综合体。丁四保等（2003）特别强调了区域必须具备独立的经济功能，有相对独立的资源供给能力（如一定规模的自然资源、土地规模、人口），以及相对独立的产业活动（如通过生产与消费维持区内的基本经济循环），相对独立的区域内部经济流。郝寿义和安虎森（2004）也认为，区域在经济上尽可能是一个完整的地区。这种完整，是指区域能够独立地生存和发展，具有比较完整的经济结构，能够独立地组织与其他区域的经济联系。其后，张秀生（2007）、安虎森（2008）、吴殿廷（2009）、孙海鸣和张学良（2010）在其关于区域经济学的论著中均认为区域具有整体性，能独立生存与发展，这种独立性会影响管理和规划以及制定政策等。

（2）系统性。每个区域都是内部各要素按照一定秩序、一定方式和一定比例组合成的有机整体（即系统），区域的整体性是由区域内部的一致性和强烈的联系性决定的，区域的各构成单元或要素按一定的联系形成一定的结构，区域的结构性具有层次性、自组织性和稳定性（聂华林和王成勇，2006）。区域首先体现为区位。Feldman（1999）认为，定义一个区位的前提是在此区域内个体相互作用和交流便利，搜索密度增加，并且协调合作得到加强。这种区域内部的强烈联系和区域的系统性可以体现为一个“中心城市”与下一个等级区域构成的核心地等级（层次性）体系，其中，中心城市能够组织和协调区内经济活动和区际经济联系，并以高级循环占主导地位（郝寿义和安虎森，2004；魏后凯，2006；张秀生，2007；朱传耿等，2007；安虎森，2008），区域内联系依靠交通

① “研究既要仰望星空，也要脚踏实地”。由于本书主要是针对中国进行的研究，此处对“区域”定义的梳理也多局限于中国的学者。国外研究中的“区域”不一定从属于国家，甚至大于一国的范围（如欧盟经济区、北美自由贸易区等），与本书的研究相去甚远，故本书不做讨论。

通信网络传导经济流（丁四保等，2003）。

（3）职能属性。学者认为区域应在全国专业化分工中（陈栋生，1993）或更高一级的区域系统中（郝寿义和安虎森，2004；张秀生，2007）分担一部分职能。丁四保等（2003）认为区域必须具备行政功能，是大系统的一个组成部分，通过商业、贸易活动来获取区外资源和区外市场。区域的这种职能属性正是区域开放性的表现。

由于行政区域的地理范围界定明确，并且数据较易获取且可信，实证研究中多以省（州）为研究对象（Feldman，1999），而具有区域指向性的政策与规划也多是以行政区域为对象。考虑到区域的这些特点，本书将采用孙海鸣和张学良（2010）对区域所下的定义：区域是以一定的行政区划来界定和规范的，域内经济具有自我完整性和系统性，并承担全国专业化分工中的一部分功能的地理空间。

## 二、区域环境效应

微观个体总是从属于某种环境，共享某种特定的情境或者氛围，这种嵌套的特性（Embeddededness）使个体活动总会受到环境的影响，即受到情景变量或者脉络变量（Contextual variable）的影响（温福星，2009）。在经济学、管理学以及社会学等学科中都有相应的关于环境影响个体的研究主题。

社会学许多研究认为社会环境会对个人产生影响，如成长的社区条件会对少年以及成年人的行为产生影响（Sampson 等，2002）；居住地附近种族条件改变会影响居民个体的迁移决策（Crowder，2000）；个人对事情的态度并不是孤立形成的，而是受到他所处社会环境（Social context）的影响，包括个体所处的社交网络、所扮演的社会角色、所处的社会群体等环境性因素（Contextual factors）都决定了个人的态度（Visser，2004）；个体健康、疾病的传播具有地区效应（Place effects）（Macintyre 等，2002），因为人们所处的区域环境决定了其得病的概率和可获得的医疗资源（Uthman 等，2009）。大量研究认为，贫困的社区会对社区中居民个体的健康、教育、工作收入和社会价值产生消极作用，称之为邻里效应（Neighborhood effects①）（Van Ham 和 Manley，2012）。政策制定者们相信

① http：//www. neighbourhoodeffects. org/.

邻里效应的存在，并针对消极的邻里效应制定了许多区域性政策（Area - based policies）（Van Ham 等，2012）。随着人们生活环境越来越复杂，除居住地的环境外，人们还暴露在其他空间环境（Spatial contexts）下，邻里效应的研究也开始对邻里的范围进行扩展（Van Ham 和 Manley，2012），包括分析社区行政边界之外的其他邻近社区的影响（Sampson 等，2002）。

区域经济学中，环境对个体的影响可以追溯到古典区位论（Location theory），不同区位的区位因素决定了经济活动主体的区位选择。19 世纪马歇尔关于工业区的论证提出了聚集经济会通过知识溢出，劳动力池和投入共享影响工业区内的企业行为。当前学术界普遍认为区域差异能解释经济行为主体的一部分差异，如嵌套于一个地理集群会影响企业的竞争力（Zaheer 和 McEvily，1999）；区域知识溢出会使得企业在创新上受益（Giuliani 和 Bell，2005）；控制区域特征（Regional characteristics）对解释企业的创新能力十分重要（Beugelsdijk，2007）。实际上，区位对于创新是如此重要，Feldman 等在 20 世纪 90 年代创立了创新的地理学（Geography of innovation），目的是"发现区位和创新之间的系统模式"（Feldman，1994）。在这一研究主题下涌现了大量的文章，如傅家骥（1998）认为任何一个企业的创新绩效和创新潜力，都可以看成是企业所处环境的函数；Gertler（2003）研究了隐性知识生产的情境依赖（Context - laden），也有学者称为地区依赖（Place dependent）。

本书将微观个体受到其与其他个体共享的区域环境（Regional environment）的影响称为区域环境效应（Contextual effect），也有译情境效应（温福星，2009）。也有学者将区域环境对微观经济个体的影响称为区域效应（Region effect）（LeSage 和 Fischer，2012）或者结构效应（Structured effect）（Parent 和 LeSage，2008）。考虑环境和个体之间的嵌套关系，并根据具体所要研究的环境和个体，这种环境效应还可称为组织效应（Organization effect）（Raudenbush 和 Bryk，2002）、邻里效应等（Manski，1993）[①]，以及面板数据实证研究中的个体效应[②]（Individual effect）（Koop 等，2007；Jensen 等，2012）。

---

① 其他的一些术语包括 Social norms，Peer influences，Conformity，Imitation，Contagion，Epidemics，Bandwagons，Herd behaviour，Social interactions，Interdependent preferences 等。

② 面板数据的结构为"个体，时间—个体"，个体特征中不变的部分体现了个体效应。

## 三、企业技术创新

在人类的发展史上，创新并不是一个新的现象。人类文明正是在一次又一次的创新中发展到今天。但是尽管创新十分重要，对创新的学术研究却是在 20 世纪 60 年代才以一个独立研究领域的姿态进入人们的研究视野。关注创新的论文大量发表在社会科学领域，并且越来越具有跨学科的特性，因为单一学科无法解决创新研究中的所有方面（Fagerberg，2009）。而作为创新的主体，企业创新活动的研究得到了理论界和实业界的高度关注。

（一）技术创新的定义

熊彼特是最早对创新进行研究的学者，他在 1928 年的一篇文章中首次提出了创新是一个过程的概念，之后在 1939 年 *Business Cycles* 一书中比较全面地提出了创新理论，并列举了创新的一些具体表现形式，但没有对创新做出严格定义。熊彼特将创新划分为五种类型：新产品、新的生产方法、新的供应源、开辟新的市场以及新的企业组织方式。之后 Solo 于 1951 年补充了创新的两个成立条件（“两步论”），即新思想来源和以后阶段的实现发展。1962 年，Enos 首次直接明确地给技术创新下定义，认为“技术创新是几种行为综合的结果，这些行为包括发明的选择、资本投入保证、组织建立、制定计划、招用工人和开辟市场等”（傅家骥，1998）。有些学者在定义时侧重产品创新，如 Mansfield，有些学者则强调商业化，如 Freeman 明确指出创新是指新产品、新过程、新系统和新服务的首次商业性转化。但即使过去了近百年，学术界还是没有对创新形成严格统一的定义。Mueser 在 20 世纪 80 年代整理分析了有关创新概念和定义的 300 余篇论文，将创新重新定义为“以其构思新颖性和成功实现为特征的有意义的非连续性事件”，特别强调了创新的非常规性以及最终的成功实现。

在后来对创新的研究中，学者们进一步区分了制度创新和组织创新以及技术创新（Technology innovation）。傅家骥（1998）认为，技术创新“是企业家抓住市场的潜在盈利机会，以获取商业利益为目标，重新组织生产条件和要素，建立起效能更强、效率更高和费用更低的生产经营系统，从而推出新的产品、新的生产（工艺）方法、开辟新的市场、获得新的原材料或半成品供给来源或建立企业的新的组织，它包括科技、组织、商品和金融等一系列活动的综合过程”。这种定义强调了企业作为技术创新主体，综合了熊彼特等对创新的理解，但是没有将制度创新和组织创新与技术创新做出很好的区分。如果说制度创新和组织创新是管理学的研究重点，那么经济学关注的技术创新更接近于熊皮特提出的五类创新中的前两类（新产品、新的生产方法）创新。虽然对技术创新中“技术”的限定（哪些创新是技术性的），技术变动的程度（增量性改进是否属于技术创新），以及技术创新在市场上成功实现的标准这三方面学术界还持有争执（傅家骥，1998），经济学学者一般将技术创新定义为首次实现某种新产品或新工艺的想法，而如果不多做说明，本书提到的创新仅限于技术创新，并着重研究作为一种表现结果的技术创新（Innovative performance），对创新绩效、创新能力等不多做探讨。

（二）技术创新的分类

技术创新有许多分类方法（Feldman，1994；Fagerberg，2009），研究中也需要对相应概念进行区分。

1. 流程创新与产品创新

流程创新（Process innovation），也称作过程创新、工艺创新，是指将新技术应用到生产方式中去，一般与企业的生产率水平有关。例如，会带来生产成本的降低或产品质量的提高。产品创新（Product innovation）是指新产品的开发和研制。该类创新的范围很广，包括新产品的重大创新型突破，也包括简单地对产品的细微改进和改善以提高其附加值。

2. 渐进式创新与激进式创新

渐进性创新（Incremental innovation），也称改进型创新，是指对现有技术的改进引起的渐进的、连续的创新。大多数创新只带来了已有产品的微小改进，而激进式的创新（Radical innovation），又称重大创新、根本性创新，则会导致许多全新的产品种类的出现。这种创新不仅需要新的适应能力，而且会反作用于各种固有的思想、技术，有时候甚至会导致一些已有产业的衰落和企业的淘汰。

（三）技术创新的测度

一些学者认为创新就其内在特性来说是不可能进行量化和测度的，但 Smith（2009）认为，虽然从某些方面来讲，这种说法是对的，但创新的总体特性并不排斥对创新的过程和结果的主要方面进行测度。对创新的测度一般可以分为两类。一类是以创新结果为创新的衡量指标，如专利数据，另一类则取创新的各种投入因素作为替代，如研发数据。此外还有一些综合性指标或者基于调查的主观性指标，本书不多做分析，详情可以参考 Smith（2009）、Ratanawaraha 和 Polenske（2009）。

常见的指代创新的创新结果类指标包括专利、新产品产值以及新企业形成等。由于新企业的形成往往与创新思想难以被现存企业接收有关，因此一些学者将新企业的创立看作创新的替代指标，如 Audretsch 和 Vivarelli（1994）、Audretsch 等（2010）就将新企业的创立和存活看作是创新活动的外在表现，Zucker 等（1998）特别关注了新生物技术公司的形成，而 Van der Panne（2004）在研究荷兰聚集经济对企业创新影响中采用了新产品指代创新。类似的还有 Boschma 和 Weterings（2005）；徐彪等（2011）；董晓芳、袁燕（2014）的研究。Nathan 和 Lee（2013）在研究英国区域文化多样性对企业创新的影响时也采用了企业的新产品产值作为企业创新的替代指标。此外，Beugelsdijk（2007）的研究中则将新产品占全部销售额的比重衡量企业技术创新。

专利是发明者与政府之间签订的公开契约，它授予专利申请人在一定时间内享有某项技术发明的垄断使用权（Smith，2009）。在研发数据难以获得的情况下，Griliches（1990）赞成以与研发高度相关的专利数量衡量创新。受益于美国专利局的计算机化，许多学者采用专利数据原始资料对企业创新或者知识的流动进行了研究（Jaffe，1989；Jaffe 等，1993；Jaffe 和 Trajtenberg，1996；Henderson 等，1998；Maurseth 和 Verspagen，2002；Fornahl 等，2011；Le Sage 和 Sheng，2014）。专利作为创新指标的重要优势体现在专利制度有很长的历史，是唯一一个有长达几个世纪历史的创新指标，而且专利数据可以免费获得。如美国专利局（United States Patent and Trademark Office，USPTO），日本专利局（Japan's Patent Office，JPO），欧洲专利局（European Patent Office，EPO）以及中国专利局（China's State Intellectual Property Office，SIPO）都免费提供年度甚至月度相关专利申请以及授权数信息。但是以专利数据指代创新也具有一定的局限性。例如，并非所有的发明专利都具有经济价值，而且也不是所有的创新都获得了专利（Feldman，1994）。又如，由于专利申请一般要求披露具体的细节而容易被竞争者模仿，企业并不一定申请专利，而且作为衡量发明而不是衡量创新的指标，专利标志着新技术原理而不是商业创新的出现（Smith，2009）。特别是专利数并不能指代所创造的新知识的重要性或质量（Hall 和 Ziedonis，2001）。Henderson 等（1998）研究发现在 Bayh－Dole 专利和商标法修正案通过后，美国各大高校所申请的专利得到的引用数明显下降，说明法案的通过只是促使高校申请更多低质量的专利（Drucker 和 Goldstein，2007）。

此外，研发（Research 和 Development，R&D）数据包括经费和人员，作为创新投入类指标得到了广泛的应用（张杰等，2007），其收集也是最成功的（Smith，2009）。OECD 关于研发统计数据收集的主要文件是《研究与试验发展的标准规则》，当中对研发的定义是：新知识的产生和知识的新的实际应用。研发按其距离应用的远近可以划分为三类不同的活动：基础研究、应用性研究和实验发展。研发一般不包括教育、培训和市场研究。还有其他许多与科学技术相关但却与 R&D 有明显区分的活动，包括与创新相关的一些工业活动，如产品和许可的获得、产品设计、试生产、培训和工厂装备，除非这些活动是研究的组成部分，否则不属于 R&D，而像与产品或工艺创新相关的机器设备的获得，也不能算作 R&D。以 R&D 数据衡量创新有独特的优势，如它已经具有很长的收集使用时间，在很多国家和地区都有非常详细的分类，并且具有国家间、地区间的一致性（Smith，2009）。但是由于该类数据只衡量创新的投入部分，作为创新指标还是具有一定的局限性的，如总量 R&D 数据忽略了各行业对 R&D 的不同需求。一些所谓的低技术行业并不通过直接的 R&D 创造或获取知识，而是使用非 R&D 方法进行知识的创造。这样，R&D 所反映的不同行业的企业创新并不具备相互比较的基础（Feldman，1994）。

## 四、多层次结构

人类对社会的认知是建立在层次结构基础上的：通过抽象机制（Abstraction mechanisms），即通过分解出各个概念的同质属性或个体的一般特征，人们可以用更一般化的概念对基本概念进行描述。一般而言，抽象机制有四种：分类（Classification）、聚集（Aggregation）、一般化（Generalization）和滤波（Filtering），其中分类是其他三种机制的前提。

多层次结构（Multilevel），也称层级关系、层级结构、阶层结构（Hierarchy），是一种排序结构，用于描述简单个体与其所属复杂系统之间的关系（见图 1－3）。例如，学生属于班级，班级属于学校；次级区域属于区域，区域属于国家，都是社会学研究中常见的阶层结构关系。此外，多层次结构广泛存在于许多学科，比如系统学、生态学、景观设计等。

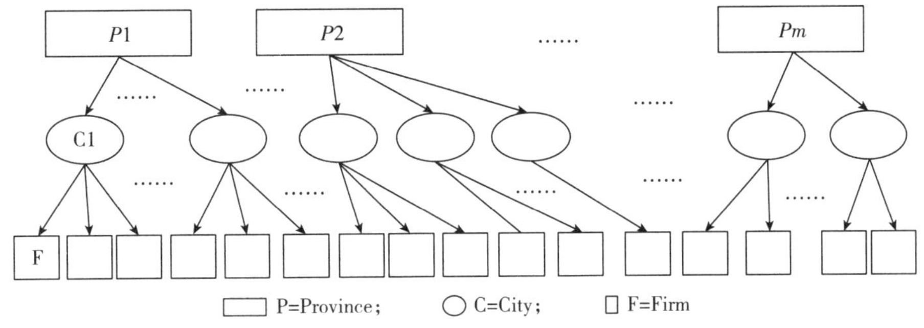


**图 1-3 多层次结构数据示例**

资料来源：温福星（2009）。

根据不同的抽象机制，多层次结构可以相应地分为三类。本书研究的“区域—企业”（个体）属于聚集类层次结构（Aggregation hierarchy）①，也有学者称之为嵌套阶层结构（Nested hierarchy）②（Timpf，2008）。对于一般的两层次数据而言，研究涉及两个层次：个体层（Micro 或 Individual level），如本书的企业；总体层（Macro 或 Aggregate level），如本书的区域。也有将第二层个体称为“群组”（Group），或者“集群”（Cluster）（Snijders 和 Bosker，2012）。

对于多层次结构数据的分析技术，在不同领域有不同的专业术语，如社会学、生物统计中的多层次线性模型（Multilevel linear models）、混合效果模型（Mixed - effect models）、随机效果模型（Random - effect models），在计量经济学中的随机系数回归模型（Random - coefficient regression models）、共变量成分模型（Covariance component models）、阶层线性模型（Hierarchical linear models）等。

为与其他文献对应，本书同时采用“多层次”和“阶层”两种称谓。正如后文将要发现的，本书对“多层次结构”和“阶层结构”，“多层次线性模型”和“阶层线性模型”，“多层次空间”和“阶层空间”不加区分。

---

① 其他两类分别为 Generalization hierarchy 和 Filter hierarchy，详情可参考 Timpf（2008）。

② 其他常见的名称还有 Container hierarchy，Part - of - hierarchy。

# 第三节　研究内容与意义

## 一、研究内容

本书旨在破解区域环境对企业技术创新的影响机制，并建立多层次空间模型对中国企业技术创新中的区域环境效应进行估计，以期对企业技术创新中的区域环境效应进行正确解读，并对区域创新政策进行解构，从而提出针对我国的相关区域创新政策。主要研究内容包括：

一是从“区域—个体”多层次空间结构的角度破解区域环境对企业技术创新的影响机制，建立中观区域环境与微观企业主体之间的内在联系。

二是通过将区域的空间相关性引入区域环境效应的影响机制分析，并将其加入阶层线性模型中，建立企业技术创新的多层次空间模型，完成模型的参数解读和贝叶斯估计，发展创新环境的评价新方法。

三是对我国工业企业技术创新中的区域（城市）环境效应进行测算和分解，寻求政策启示。

## 二、研究意义

在当前关于区域环境如何影响技术创新的研究中，或者以企业为角度，忽略企业共享区域环境的本质，或者以区域为角度，忽略创新的微观企业主体及其改造环境的主观能动性，更缺乏对空间相关性的考虑，区域层面与微观企业活动层面缺乏有效的衔接。这种割裂开的研究仅将区域环境、对企业创新的影响当成一个“黑箱”进行处理，不仅缺乏对区域环境如何影响企业技术创新的机制解析，也容易由于错误的估计，对企业创新中区域环境的作用作出有偏误的判断。

本书除从阶层结构的视角对企业技术创新中区域环境的影响机制进行深刻剖析外，更进一步分析了区域环境的空间相关性，在此基础上探究区域环境与企业个体的阶层空间关系，对企业创新中区域环境的作用形成更加完整的理解，从而为政府从区域环境角度制定促进企业创新的政策提供相关理论指导。具体而言，本书的研究意义体现在理论和现实两个方面。

（一）理论意义

企业内嵌于区域的特性使得区域环境整体对企业创新的作用呈现阶层结构特点。同时，全球化背景下，区域并不能孤立存在。区域空间相关性的存在使得“区域—企业”阶层结构出现新的特征。已有关于区域环境对企业技术创新的作用研究中，既缺乏关于区域环境对企业技术创新作用的黑箱破解，更缺少对区域环境空间相关性的考虑。这种缺乏一方面体现在理论分析的薄弱上，另一方面体现在实证研究的估计偏误上。本书试图弥补这种不足：

（1）本书从“区域—个体”阶层结构的角度破解了区域环境对企业技术创新的影响机制，建立了中观的区域环境与微观的企业主体活动之间的内在联系，对更好地理解区域环境对企业创新活动的影响，特别是对“从外部环境干预企业创新活动以便形成更好的活动结果”提供理论支撑。

（2）本书在分析区域环境效应时考虑了区域的空间相关性，并建立了多层次空间模型对区域环境效应进行估计和解读。目前关于区域环境对企业技术创新影响的实证文献中采用的模型都没有真正体现出创新的系统性和网络性，而仅仅是把网络上的各点投影到了企业所处的平面，将所有的环境变量当成个体特征，忽略创新系统的结构性关系。本书引入区域的空间相关项以突出创新的系统性，虽未能完全体现创新的网络性，但较之已有的研究已经迈出了一大步。

（二）现实意义

创新是一个国家、一个地区取得经济长期增长的决定因素，也是微观企业个体增强其市场竞争力的手段。无论是政府还是企业，均对创新中区域环境的作用十分重视。准确地衡量一个区域整体在促进创新中的作用效果，既是政府制定相关政策的关键前提和着眼点，也是创新企业进行区位决策时考虑的重要因素。本书的现实意义体现在中观和微观两个层面：

（1）本书将对区域环境作用于企业技术创新的机制进行分解，能有效指导实践中与企业创新活动相关的政策制定与实施，促进区域创新政策的科学化。

（2）企业的创新依赖于外部环境，本书为微观企业的创新决策提供有效的区域环境效应测度，使企业在创新决策中获得更准确的创新环境评估。

## 第四节　研究方法、框架及创新

### 一、研究方法

（一）文献梳理与逻辑推理相结合

本书首先对企业技术创新中的区域环境效应相关研究进行了系统梳理，并以此为基础找出区域环境对企业技术创新的影响途径和方式。其次从“区域—个体”阶层结构的角度，对区域环境影响企业技术创新的三大机制，即风险调节、资源互补和诱导机制，进行逻辑推理，并着重分析区域环境效应的空间相关性，充分实现了对企业技术创新中区域环境效应的阶层空间破解，深化了对区域环境效应影响机制的理解。

（二）计量模型构建与实证检验相结合

已有关于企业技术创新中区域环境效应的研究，既缺乏区域环境对企业技术创新作用的黑箱破解，更绝少考虑区域环境的空间相关性。这种缺乏体现在实证研究中便是缺少相应的计量模型。本书将对阶层线性模型进行空间拓展：通过引入截距项的空间相关，本书构建了相应的多层次空间模型，并对其进行了贝叶斯（Bayesian）估计。此后采用此模型对我国企业技术创新中的区域环境效应进行了估计，为政府科学制定区域创新政策以及企业的创新决策提供了准确的环境效应衡量。

（三）比较分析与整体分析相结合

由于自然地理以及历史发展等因素，我国各地区之间技术创新水平存在很大差异。本书将对企业技术创新中，我国整体的区域环境效应进行分析，并重点对各主要区域的区域环境效应进行对比分析。同时，由于可能存在的空间相关，各区域环境效应除对处于该区域的企业技术创新形成影响外，更可能会对其他区域的企业形成影响。本书通过对比分析各区域环境效应的空间溢出是否存在对称性，能更完整地刻画企业技术创新中区域环境效应的影响，使中央及地方政府区域创新政策的制定能更具有区域针对性。

## 二、研究框架

为了实现本书的研究目标，我们首先对相关文献进行了梳理，其次重点以“区域—个体”阶层结构分解区域环境对企业技术创新的三大影响机制，并从地方政府政策博弈等角度分析区域的空间相关性。此后本书建立了多层次空间模型并进行参数解读和贝叶斯估计，并以此模型对我国企业技术创新中的区域环境效应进行实证分析，从而提出针对我国区域创新的相关政策启示。本书具体章节安排如下：

第一章首先对区域环境效应和企业技术创新等相关概念进行界定，以此为基础，第二章将对企业技术创新形成的相关理论进行回顾，并对企业技术创新中区域环境效应的来源和两者关系的相关理论研究进行梳理，同时还对已有的相关实证研究所采用的估计模型对比分析。通过概念界定和相关文献梳理，第二章将发现已有研究的进展以及不足，为后续研究做好理论准备，并重点寻找本书可能有所创新的研究点。本书的第三章将从“区域—个体”阶层结构的角度，对区域环境影响企业技术创新的影响机制进行逻辑推理，并适时引入内生化环境变量，着重分析区域环境效应的空间相关性，以充分实现对企业技术创新中区域环境效应的阶层空间破解，深化对区域环境效应作用机制的理解。本书的第四章主要是对企业技术创新中的区域环境效应进行建模。通过对阶层线性模型进行空间拓展，本书构建了既体现阶层结构又体现空间结构的多层次空间模型，并对其进行了解读和贝叶斯估计。本书的第五章将采用第四章构建的模型，对第三章影响机制分析中探讨的各种区域特征变量对中国企业技术创新的影响进行估计，完成了区域环境效应的测算，并从区域比较等角度深入分析所测算的区域环境效应，为政府科学制定区域创新政策以及企业的创新决策提供准确的、完整的环境效应度量。本书的第六章将对全文进行总结，并对我国制定区域创新政策提出相关建议。由于“区域—个体”多层次结构数据的普遍性，本书提出的方法具有一定的推广空间，但因并未考虑所有环境变量的内生性以及个体层级的相关性，本书最后提出了若干研究展望（见图1－4）。

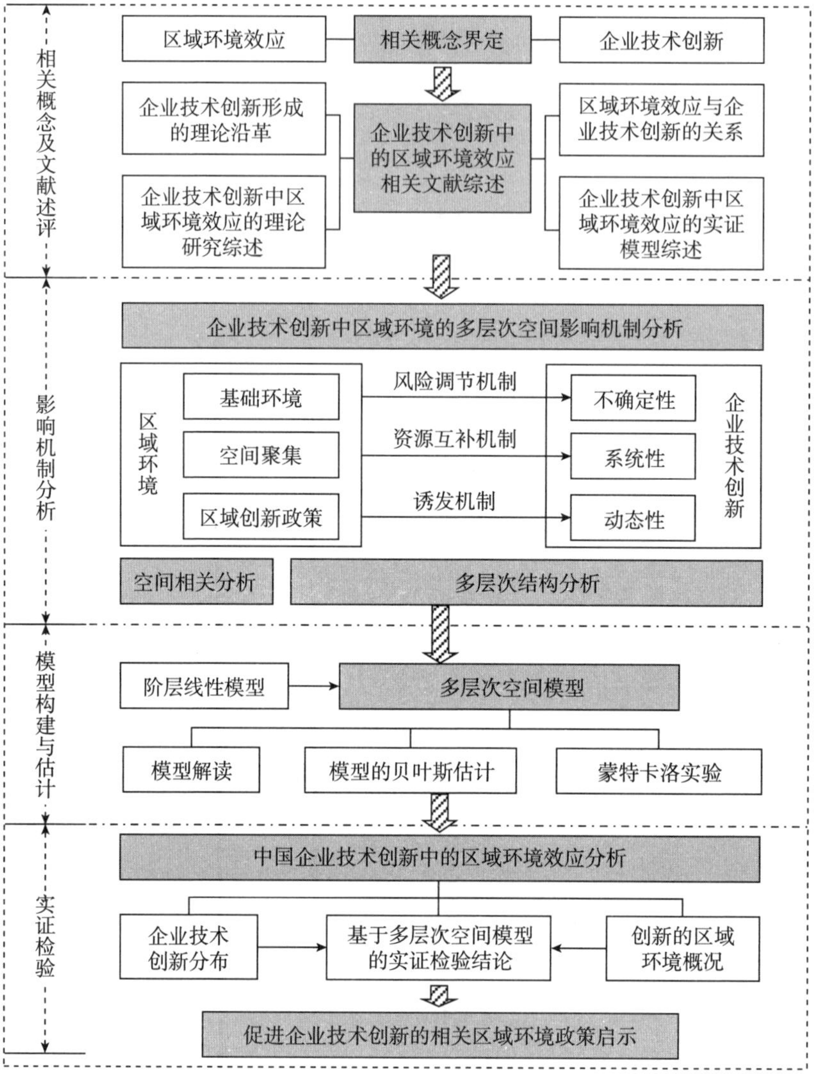

相关概念及文献述评

区域环境效应 —— 相关概念界定 —— 企业技术创新

企业技术创新形成的理论沿革

企业技术创新中区域环境效应的理论研究综述

企业技术创新中的区域环境效应相关文献综述

区域环境效应与企业技术创新的关系

企业技术创新中区域环境效应的实证模型综述

影响机制分析

企业技术创新中区域环境的多层次空间影响机制分析

区域环境：基础环境、空间聚集、区域创新政策

风险调节机制、资源互补机制、诱发机制

企业技术创新：不确定性、系统性、动态性

空间相关分析

多层次结构分析

模型构建与估计

阶层线性模型 → 多层次空间模型

模型解读、模型的贝叶斯估计、蒙特卡洛实验

实证检验

中国企业技术创新中的区域环境效应分析

企业技术创新分布 → 基于多层次空间模型的实证检验结论 ← 创新的区域环境概况

促进企业技术创新的相关区域环境政策启示

**图 1－4　本书研究框架**

资料来源：笔者研究整理。

## 三、主要创新

近年来，由于微观企业数据库的建立与开放，各国以微观数据研究区域效应

的文章如雨后春笋般涌现（见图1－5）。作者整理了1973年至2014年10月两份区域经济学顶级期刊——*Journal of Regional Science*以及*Papers in Regional Science*所有采用企业数据进行实证研究的文章数量。统计显示，近几年区域经济学中兼顾微观企业行为和区域环境效应的研究呈爆发式增长（见图1－6）。在这种爆发式研究中，本书的创新点主要体现在，以全新的视角和全新的研究方法对区域环境和企业个体创新的关系这一经典问题进行研究：

（1）本书从阶层空间结构的视角破解了"区域—个体"关系，突破了已有研究对区域进行孤立、对区域和企业进行隔离分析的局限。已有的关于区域环境如何影响技术创新的研究中，或者以企业为角度，忽略企业共享区域环境的本质，或者以区域为角度，忽略创新的微观企业主体，也忽略区域的不独立性，区域层面与微观企业活动层面缺乏有效的衔接。与这种单层次研究角度不同，本书建立了区域环境与微观企业主体创新间的内在联系，并将区域的空间相关性纳入到研究中。

（2）本书识别并系统分析了区域环境对企业技术创新的3×3式影响机制。已有研究中大多将区域环境对企业创新的影响当成一个"黑箱"进行处理，缺乏对两者间影响机制的系统解析。本书解析了这种影响机制并认为：区域环境效应按环境主体可分为三类：基础环境效应、空间聚集效应以及区域政策效应；区域环境对企业技术创新存在风险调节、资源互补以及诱导三种影响机制。此外，已有的关于环境如何影响个体的研究中大多将环境视为外生变量，缺乏考虑个体在环境形成的主观能动性。本书将影响企业技术创新的区域环境之一——聚集进行了内生化，探讨了当企业的区位选择（聚集或分散）、企业的研发决策都是内生的情况下，聚集如何影响企业的技术创新。

（3）本书构建了阶层结构与区域空间结构相结合的多层次空间模型，使得实证模型得以体现创新的系统性和网络性。虽然关于技术创新的理论分析早已认识到创新的非线性特征，大多数已有实证研究文献仍采用线性模型，使理论和实证研究存在脱节。本书建立的模型避免了传统实证研究方法的不足（估计是无效且有偏的），兼具阶层模型的优势（同时对个体层和环境层进行估计）和空间模型的优势（考虑空间相关）于一身。同时，该模型本身具有多个拓展方向，也能运用到其他"区域—个体"形式主题的研究。

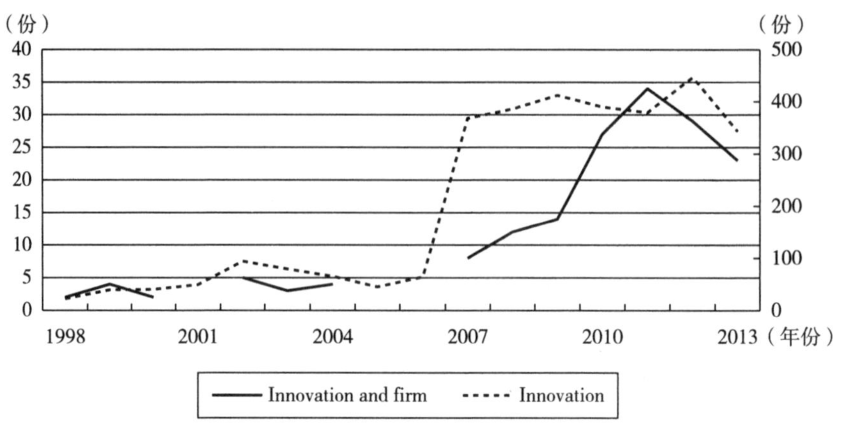


**图 1-5 题目中涉及“创新”和“企业”的经济学学术文章数量**

资料来源：Web of Science™.

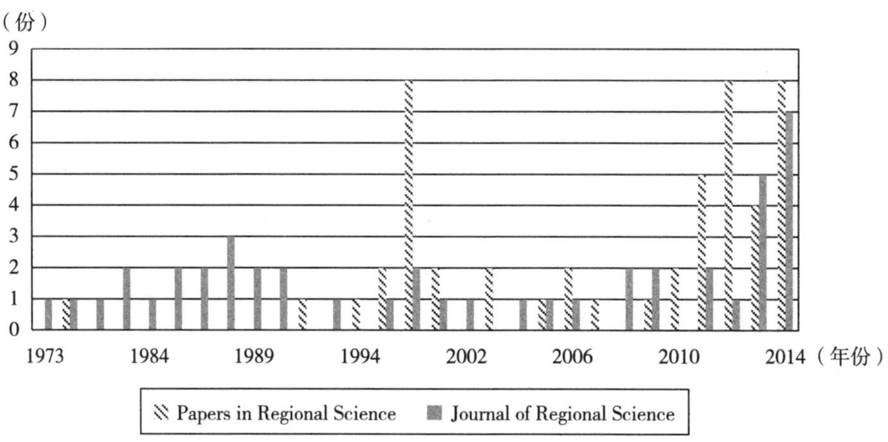


**图 1-6 顶级区域经济学杂志中标题含“企业”的论文数量**

资料来源：Wiley Online Library.

# 第二章　理论基础与相关文献综述

主流经济学对空间因素的忽视由来已久，而技术创新进入主流经济学也不是十分久远的事。古典学派的李嘉图将空间因素从主流经济理论中驱逐出去（郝寿义，2007），但对创新做出解释又过难，马歇尔之前的主流经济学分析中既缺少空间因素，也缺少技术创新因素。直至1890年马歇尔的巨著《经济学原理》问世，新古典经济学中才隐约看到空间因素的身影。而更是到了20世纪30年代，技术创新才受到主流经济学的关注（傅家骥，1998）。在技术创新学中区域环境效应只是影响技术创新的众多因素中的一个，传统区域发展理论也仅强调劳动和资金两个要素，而忽略技术和知识在区域发展中的重要作用（王缉慈等，2001）。20世纪90年代前后，以创新地理学的兴起为标志，学者们才开始系统地研究企业技术创新中的区域环境效应。

## 第一节　区域环境与企业技术创新的理论基础

虽然目前的研究中大多认为企业的创新活动非常依赖外部资源，但是关于环境与企业技术创新关系的研究观点却经历了一系列变迁。关于区域环境与企业创新的关系主要有两类研究观点：一是区位无关论，认为区域因素对企业创新没有任何作用。如主流经济学对空间因素的忽视，并直接将区位因素从微观个体经济活动中屏蔽掉。二是承认区域因素的影响力。这类观点又可根据区域环境是否外生决定进行划分：①以技术创新学为代表的，认为企业创新依赖区域环境，环境由其他外生变量决定；②以区域经济学为代表的，认为企业可以改造区域环境，或者企业对区域环境有自主选择权，企业及企业间的关系是形成区域环境的基本体之一。当然，三大学科中各个具体研究并不都持绝对的环境无关、外生或者内生的观点。以下，我们将从这三大学科的角度解析企业技术创新中区域环境效应的理论基础。

## 一、主流经济学的相关理论

### （一）古典经济学

古典经济学很少强调空间理论，但是他们没有完全忽视空间问题。从配第最初提出区位地租概念，到斯密对区位地租的明确阐述，空间问题在古典经济学家中也得到了分析。但是李嘉图的经济学却在空间理论的历史上形成了一个消极的分水岭（郝寿义，2007）。通过将环境差异弱化为土地生产力的差异，李嘉图有效地将空间的考虑从他的分析体系中删除了。此后，空间因素很少进入古典经济学的主流演绎模型中。

在古典经济学中，一般继承斯密的观点，认为财富来自三要素：资本、土地和劳动力。到 18 世纪中期，穆勒对斯密的要素禀赋理论进行了发展。在其《政治经济学原理》一书中，穆勒特别分析了技术这一要素的作用，“自然科学和技术方面可能取得的进步，加上财产保障的增加和处置财产的自由的扩大，以及合股原则更加广泛和熟练地运用，为资本和生产的无限增加，并伴随这种增加而出现的人口增长，提供了充分的余地”。囿于时代的原因，古典经济学家并未对技术创新进行深入分析，对于空间因素的考虑也十分稀有，即使作为生产要素，两者的研究也是独立开来的。但是要素禀赋理论向技术要素的拓展，为后来技术创新进入主流分析开辟了道路。

### （二）新古典经济学

新古典经济学的创始人马歇尔认为，经济分析中时间要素比空间要素更值得关注，经济学进入“同质性假说”时代（郝寿义，2007）。但实际上，从其 1890 年的巨著《经济学原理》中关于“外部性”和“产业区”（Industrial district）的分析中可以看出，马歇尔是特别强调空间问题的。他认为“位置的价值”取决于人口的增长、运输效率的提高、与现有市场的交流的增强等。马歇尔还将专业化产业集聚的特定地区称作“产业区”，在这里“……行业的秘密不再成为秘密，而是弥漫在空气中，孩子们不知不觉地学到了许多秘密。优良的工作受到正确的赏识，机械上以及制造方面和企业的一般组织上的发明和改良之成绩，得到迅速的研究。如果一个人有了一种新思想，就会被别人所采纳，并与别人的意见

结合起来，因此它就成为更新的思想之源泉……”（马歇尔，1890）。马歇尔式的集聚会促进新思想的产生，这应该是最早的关于创新的区域环境效应的分析了。

创新研究的基本问题是解释创新是如何发生的，但是人们一般认为创新是无法解释的，因此一直被主流经济学所忽视。人们通常假设创新是一种偶然现象、是“上天的恩赐”，具有随机性和外生性。20 世纪 50 年代初至 60 年代末，在新技术革命浪潮推动下，技术创新研究迅速复兴。但是，这个阶段还属于新领域的开发阶段，技术创新仅是以经济周期研究中的自变量出现在大量学术论文中。1956 年，索洛提出了著名的新古典增长模型，该模型以外生的技术进步为前提，主要关注资本积累以及它与储蓄决策等的联系。20 世纪 70 年代，新古典宏观经济学中的实际经济周期理论仍将技术创新当成外生的、宏观经济会受到的众多实际因素冲击中的一种。主流经济学拒绝解释技术创新的形成，更没有讨论这其中的区域环境效应，或者我们就可以认为这个阶段主流经济学研究中的技术创新与区位是无关的。

（三）新经济增长理论

由于新古典增长理论较好地解释了我们在世界上所观察到的许多现象，而且在数学上也是精致的，因此它得以统治经济思想界长达 30 年。到了 20 世纪 80 年代后期，人们在理论和经验方面都对该理论产生了不满（Dornbusch 等，2010），新古典增长理论将长期增长归因于技术进步，但未能解释决定技术进步的经济因素。以罗默和卢卡斯为代表的经济学家提出了内生增长理论（Endogenous growth theory），即新经济增长理论。该理论强调物质资本和知识资本间不同的增长机会。前者存在边际报酬递减，而后者也许不存在这种情况：因为新知识（新发明和新发现）的贡献只是部分地为创造者所攫取，存在外部效应，私人报酬与社会报酬存在差异。在内生经济增长理论中，技术创新是内生的、经济系统可控的变量，取决于资本的增长。同时知识的地理集中有利于信息的收集，进而增加收集的强度，知识的外部性只存在于一定的地理范围内（Feldman，1994）。

## 二、区域经济学的相关理论

（一）古典区位论

区位理论最早可以追溯到德国经济学家杜能，后经德国经济学家韦伯、克里斯塔勒以及勒施的发展，到 20 世纪 40 年代逐渐形成比较完整的理论体系。区位理论主要关注微观经济个体的最佳区位选择，如杜能和韦伯分别研究了农业和工业的生产成本最小化区位选择，而克里斯塔勒和勒施则提出了以取得最大化利润为目的的区位理论（郝寿义和安虎森，2004）。古典区位论中很少提及企业技术创新，在韦伯构建的区位“纯理论”中，技术是给定的。在其关于最优区位选择的影响因素中首次在运输成本和劳动力成本因素之外提到了集聚因素，并将其具体细分为技术设备发展、劳动力组织发展和整体经济组织良好的适用性，与马歇尔的“产业区”有异曲同工之妙。但是，韦伯的工业区位论中讨论的是“一定集聚微量会使一个工厂给定的技术应用产生一定比例的节约量成为可能”（韦伯，2010），即集聚因素主要强调共享技术设备获得的成本节约等生产外部规模经济，而不分析集聚对技术创新的作用。

（二）区域经济学

区域经济学脱胎于区位论，是在区位经济学的基础上形成和发展起来的（魏后凯，2006）。区位论以单个微观经济主体的区位选择为主要研究对象，而区域经济学更关注经济活动的空间组织与分布，偏向于宏观经济学。区域经济学的宏观化具有一定的历史背景：一是主流经济学长期对区位因素的忽视，二是20世纪30年代宏观经济学的建立。李嘉图之后的主流经济学中甚少对空间因素进行研究。而20世纪20年代，在已实现了工业化的资本主义国家内部开始出现了老工业区的结构性衰退，到了20世纪30年代又爆发了经济大危机，使这些萧条地区和贫困地区经济状况更加恶化，区际间两极分化加剧（郝寿义和安虎森，2004）。1936年，随着凯恩斯《就业、信息和货币通论》的发表，主流经济学建立了宏观经济学。虽然以艾萨德为代表的区域科学家希望将空间因素纳入经济理论的核心，但是囿于时代的限制，学者们没有实现目标，而是跟随主流经济学走上了宏观分析的道路，于20世纪50年代建立了区域经济学。不同于传统的区位理论，区域经济学包括了微观的经济理论和宏观的经济理论，主要研究区域内资本积累、劳动力就业、技术创新与国民收入增长的关系等（郝寿义和安虎森，2004）。

作为中国区域经济学的代表性学者，郝寿义和安虎森（2004）认为，经济学和地理学对区位概念理解的区别主要在于经济区位更能体现经济主体行为和要素禀赋的结合，“区位的本质是对经济空间场所承载的社会经济关系的一种浓缩性表征，该表征应该被所有相关的经济行为主体所感知，但是重要性会因人而异，有所差别。这样，区位就以一种被自我实施的方式制约着经济行为主体的区位选择，并反过来又被他们在连续变化的环境下的实际决策不断再生产出来”。也就是说内生性是区位的性质之一，经济行为主体受到区域环境的影响，又改造甚至创造环境，企业的战略性区位选择可能导致空间聚集或者分散，企业区位选择与区域环境相互影响，而这一点也正是20世纪90年代以克鲁格曼、藤田昌久等为代表的学者建立起来的新经济地理学的核心。该学派以Dixit – Stiglitz垄断竞争模型为基础，对微观经济主体行为在总量上形成空间集聚进行一般均衡分析（Fujita等，2011）。

进入新的研究时代，影响企业区位决策的因素相比韦伯时代丰富了许多，既包括自然禀赋、人力资本、制度，又包括技术、信息等（郝寿义，2007）。同时，区位决策的研究模型也日益丰富，集中在区位主体的博弈上，强调聚集的内生性。担负区域经济学微观基础重任的区位决策模型以Hotelling（1929）线性空间竞争模型为基础，一般包括两类不完全竞争方式（Hamilton等，1987；Biscaia和Mota，2013）：价格竞争（伯川德（Bertrand）竞争）和产量竞争（古诺（Cournot）竞争）。以价格竞争进行研究的学者包括Mayer和Mucchielli（1996），Piga和Poyago – Theotoky（2005），张建虎和李长英（2010），Zhang和Li（2013）等；以产量竞争进行研究的有Anderson和Neven（1991），Gupta等（1997），金丽国（2006），Ebina和Shimizu（2012）等。模型拓展的方向既包括环形空间（Pal，1998），非均质的消费市场（Gupta等，1997），也包括非对称的产品结构（Shimizu，2002；Ebina和Shimizu，2012），非对称的市场结构（张建虎和李长英，2010；Zhang和Li，2013），非对称的生产成本（Biscaia和Sarmento，2012），还包括进一步考虑企业间的其他交互关系，如知识溢出（Piga和Poyago – Theotoky，2005；Zhang和Li，2013）等。研究一般认为价格竞争难以产生聚集（D'Aspremont等，1979），而产量竞争可以产生聚集（Anderson和Neven，1991；Mccann和Sheppard，2003）。

此外，实证研究也开始探索创新型企业的区位选择问题，如Jofre – Monseny等（2014）对西班牙17600个新成立的制造业企业的区位选择研究中发现，知识密集型（Knowledge intensive）产业的企业倾向于在大城市中选址以获得知识溢出，而需要雇用专业化工人的企业则倾向于在专业化的城市中选址，以与其他企业共享专业化的劳动力池。可见，区域经济学强调微观主体在区域环境形成中的主观能动性，当以企业为主的技术创新是区域经济获得增长的有效途径（Stephens等，2013；Capello和Lenzi，2014），企业的技术创新活动也受到区域环境的影响（Holl，2004；Stuetzer等，2014；Hundt和Sternberg，2014；Zhang等，

2014）。

（三）创新经济地理

在全球化背景下，随着贸易的扩张、企业的国际化发展和参与互联网成本的降低，Friedman（2005）认为，全球的竞技场正变得水平化，并做出了“世界是平的”（World is flat）的著名论断。无独有偶，近20多年来，许多学者都认为，区位和地理距离的作用正在削减（Rodríguez 和 Crescenzi，2008），如 O’Brien（1992）认为，已经到了“地理的末日”（End of geography），Cairncross（1997）认为，“距离已死”（Death of distance）。正如 Ohmae（1991）所说，在一个平的世界，世界地图不再关乎政治，而是关乎资本、金融和产业的各种流动的地图，政治定义下的边境线已经大幅度消失了。在一个平的世界里，有学者研究认为，企业创新与其区位无关，而仅与企业特征以及行业特征有关，区位并没有对企业的研发密度、企业与创新系统的横向、纵向联系形成影响（Johansson 和 Lööf，2008）。

但是，也有学者认为，地理距离影响的消亡还为时过早（Rietveld 和 Vickerman，2004），世界也并不是平的，“实际上在 Friedman 声称的平的世界里遍布群山，有些山峰更是如珠穆朗玛峰（Everest）一般高”（Rodríguez 和 Crescenzi，2008），而微观企业不仅受到其内部因素的影响，更受到其所处区位的环境特征影响（Backman，2014）。Michael Polanyi 在1966年发表的文章中有一句著名的论断：“我们知道的远比我们可以说出来的多”（Gertler，2003）。隐性知识的存在使得区位对企业技术创新十分重要。特别是在欧洲和美国，众多创新活动都有很强的地理集聚现象，并且这种聚集的趋势随着时间的推移有增无减。这种创新的聚集，已经成为企业创新面临的区域新环境。当前学术界普遍认为，区域差异能解释经济行为主体的一部分差异，如嵌套于一个地理集群会影响企业的竞争力（Zaheer 和 McEvily，1999）；区域知识溢出会使得企业在创新上受益（Giuliani 和 Bell，2005）；控制区域特征（Regional characteristics）对解释企业的创新能力十分重要（Beugelsdijk，2007）。其中大多数关于创新与区域的研究认为，区域环境是外生的，特别是在以“聚集—创新—经济增长”为主线的研究中，这种外生假定使得聚集的作用能够分解出来（Feldman，1999）。为了深入系统地研究区位对于创新的影响，Feldman 等在20世纪90年代创立了“创新地理学”。在这一研究旗帜之下聚集了许多地理经济学、技术经济学等学科的学者，如傅家骥、Gertler（2003）等。在中国，以王缉慈为代表的科研团队，对创新经济地理有独

到的见解（王缉慈等，2001；王缉慈，2004；王缉慈等，2010）。

## 三、技术创新学的相关理论

从论证技术变革对经济非均衡增长以及社会发展非稳定性的影响出发，熊彼特在20世纪30年代末首先提出了技术创新理论。在新技术革命浪潮推动下，20世纪50年代开始，技术创新研究迅速复兴，逐步突破新古典经济学的局限和束缚，形成对技术创新起源、效应和内部过程与结构、技术创新的环境与管理等方面的专门研究。进入20世纪70年代后，技术创新研究已经从管理科学和经济发展周期研究范畴中相对地独立出来，初步形成了技术创新研究的理论体系（傅家骥，1998）。这期间，人们对创新形成过程的认识发生了一系列转变，正如Hobday（2005）梳理的20世纪50年代以来学者们关于企业创新形成的五代模型。同时他们也强调，这五种模型虽然在建立时间上呈现先后次序，但并不是嵌套关系。对于一些具体的创新而言，可能同时适用多个模型进行解释，而不同模型之间也可能存在相同的元素。由于不同产业的创新是如此不同，而且不同类型的创新也大不相同，因此一个普适的创新形成的模型是不可能存在的。通过梳理企业技术创新形成过程的相关研究，我们可以从技术创新学的视角对企业技术创新中的区域环境效应一窥端倪。

### （一）技术推动模型

人们早期对创新过程的认识是认为研究与开发或者科学发现是创新的主要来源，技术创新是由技术成果引发的一种线性过程。这一过程将创新视为应用科学，并按照一系列定义好的阶段顺序进行：先有研究，再有开发，最后是生产和营销（Fagerberg，2009）。这也叫技术推动模型（Technology push models），是第一代线性模型（The linear model）。这种模型表示的创新形成过程迎合了科学家和研究人员，以及他们所效力的组织的利益（见图2－1）。

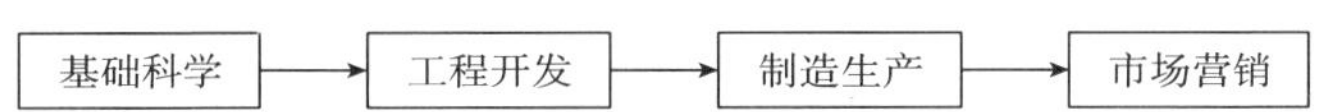


**图2－1 技术推动模型（第一代线性模型）**

资料来源：Hobday（2005）。

### （二）需求拉动模型

20世纪60年代中期，通过大量技术创新的实证研究和分析，人们发现大多数创新并不是技术推动引发的。出现在各个领域的重要创新，有60%～80%是市场需求和生产需要所激发的（傅家骥，1998）。与技术推动模型不同，创新过程的实证研究中开始强调市场需求的拉动力，由此第二代线性模型也叫需求拉动模型（Demand pull models）（见图2－2）。

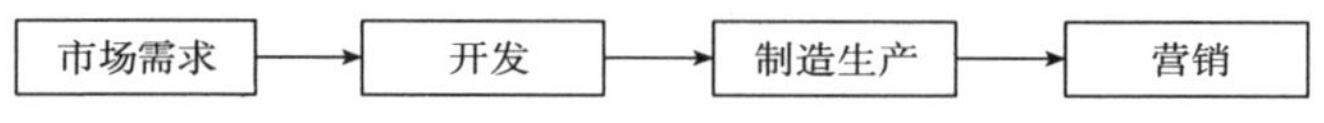


**图2－2　需求拉动模型（第二代线性模型）**

资料来源：Hobday（2005）。

### （三）技术与市场交互作用模型

线性模型的主要问题表现在只能适用于很小一部分创新，并且忽视了创新过程中各阶段间的反馈与循环。Kline和Rosenberg（1986）指出："将创新视为一个定义完美、纯粹的事物，以至于能在一个精确的时间进入市场，或在一个精确的时间点实现，这是一个严重的错误……实际上，大部分重要的创新在其生命周期中，都经历了剧烈的变化，这些变化可能而且经常是完全改变了它们的经济意义。在发明第一次导入后，其后续的改进在经济上可能会比这项原始发明最初获得的重要很多。"因此，单个创新往往是许多相互关联的创新的漫长积累结果。考虑到这种相互关联性，创新领域的学者们开始对创新形成过程进行非线性刻画，并逐渐以系统的观点对创新进行研究（Fagerberg，2009）。20世纪70年代和80年代初期，学者们提出了第三代创新过程模型，即技术和市场交互作用的创新过程模型（Coupling or Interactive Models）。该模型强调创新全过程中技术和市场这两大创新要素的有机结合，认为技术创新是技术和市场交互作用共同引发的。在产品生命周期及创新过程中的不同阶段，技术推动和需求拉动分别起到了作用（见图2－3）。

### （四）一体化模型

20世纪80年代后期出现的一体化创新过程模型（Integrated Models）是第四代创新过程模型，也是第二代非线性模型（Izadi等，2013）。该模型不再将创新过程看作是从一个职能到另一个职能的序列性过程，而是将创新过程看作是同时

涉及创新构思的产生、研发、设计、制造和市场销售的并行过程。强调研发部门、设计生产部门、供应商和用户之间的联系、沟通和密切合作（见图2-4）。

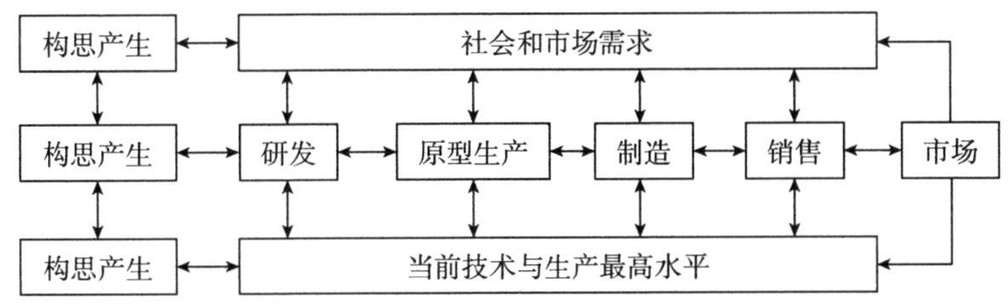


**图2-3　技术与市场交互作用模型（第一代非线性模型）**

资料来源：傅家骥（1998）；Hobday（2005）。

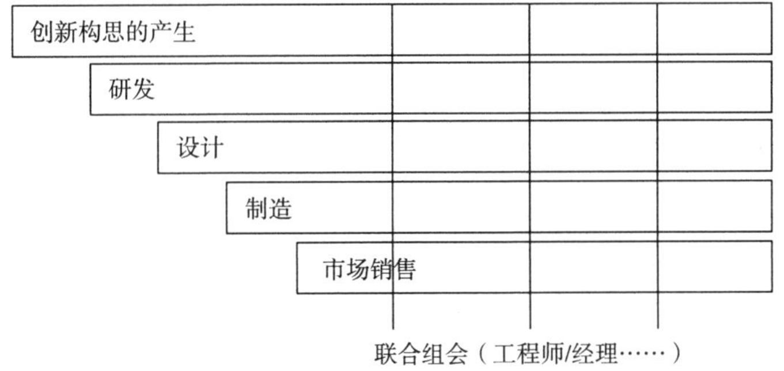


**图2-4　一体化模型（第二代非线性模型）**

资料来源：傅家骥（1998）；Hobday（2005）。

（五）系统集成网络模型

20世纪90年代前后，越来越多的企业开始进行研发合作、建立合作同盟，学习已经不再局限于企业自身内部而扩展到了企业外。学者们在一体化模型的基础上，提出了第五代创新过程模型，即系统集成网络模型，强调合作企业、组织间更密切的战略联系。技术创新学者和区域科学学者从不同的研究视角丰富了企业技术创新系统集成网络模型的研究。

1. 创新网络

企业的创新并不是孤立的，而是与其他组织合作，以网络形式相互依赖的。根据网络建立的目的以及网络各节点间的交流频率，Powell和Grodal（2009）将创新网络（Innovation network）分为四种类型：非正式的网络，由共同的经验或兴趣发展而来，关系倾向于临时和短期；原始网络，以共同的社会身份、持续地参与以及紧密的关联为特征；蜘蛛网络，常常由一个领袖公司管理；战略联盟，有强烈的目的性以及活跃的交流。

在创新网络的概念下，出现了大量研究联盟设立与企业创新之间关系的文献，结论一般都是两者之间有强正相关关系：联盟为企业提供了越来越多的好处，包括资源和知识。一些学者通过分析调研问卷发现企业之间的正式合作，包括直接和间接的关联，都对创新有正面影响（Shan 等，1994；Ahuja，2000），而年轻小公司能从联盟中获得更丰厚的回报（Stuart，2000）。其他一些学者也注意到创新网络中企业与研究机构创新交互的重要性（Nelson，1993；周国红和陆立军，2005；Lundvall，2009；Hemert 等，2012），如 Feldman 和 Audretsch（1999）认为，一些企业的创新会强烈地依赖于当地高校的研发活动，Cassiman 和 Veugelers（2002）研究了企业与外部伙伴合作的研发会如何影响企业从知识流中获益，周国红和陆立军（2005）对浙江省各市、开发区企业的问卷和实地调查中发现，企业之间的技术合作与联系、企业与大学、科研院所、市场中介组织、政府等的合作与联系对企业竞争优势的影响并不比企业研发投入小。正是基于对企业通过复杂的关系与其他组织互动进而创新的理解，创新网络强调跨学科性和非线性，而这其中的互动包括竞争、交易以及网络化协作（Hemert 等，2012）。

2. 创新系统

创新系统是由区域内各创新主体及其支撑机构构成的整体。1987 年弗里曼（Freeman）首先提出了“国家创新系统”（National Innovation System，NIS）的概念，他将之定义为“公共和私营部门中的机构网络，其活动和互动激发、引进和扩散新技术”。目前更普遍意义上的国家创新系统的定义包括：所有能影响创新的开发、扩散和使用的重要的经济、社会、政治、组织、制度及其他因素（Edquist，2009）。而区域创新系统（Regional Innovation System，RIS）则将国家创新系统限制到高于城市但低于国家的地域范围（Hemert 等，2012）。1992 年，Cooke 首先提出了区域创新系统的概念，他将 RIS 定义为：企业及其他机构经由以根植性为特征的制度环境系统地从事交互学习等（魏后凯，2006）。在创新的系统观下，企业创新需要与其所处的创新系统各部分组成形成互动。

3. 知识溢出

当我们把创新认为是企业生产新产品和新的生产方式，信息和知识就是这种生产过程的投入（Nelson 和 Winter，1982），因而新知识是实现创新和技术变革的核心。经济合作与发展组织（OECD）在《以知识为基础的经济》的报告中提出，当代的创新活动是由厂家和用户在交流编码化知识（Codified knowledge）和隐含经验类知识（Tacit knowledge）的过程中相互作用所推动的（王缉慈等，2001）。研究发现，对于企业而言，其能够从其他地理邻近企业，特别是技术邻近的企业研发中受益（Jaffe，1986；Audretsch 和 Feldman，1996；Parent 和 LeSage，2008）。Griliches（1992）将知识溢出（Knowledge spillovers）定义为"因从事相近的工作，而能从别人的研究中获益"。知识溢出也成为创新地理学者研究创新的主要入口。这种知识溢出的存在，使创新的形成在空间维度和产品维度上得到了拓展（Jaffe，1989）。后来的学者，如 Boschma（2005）、Marrocu 等（2013）、王庆喜（2013）等还进一步对地理邻近性进行了其他非空间性扩展，如认知邻近性、制度邻近性、社会邻近性和组织邻近性。如果说创新网络强调技术创新中企业与其他组织间正式的关联，那么知识溢出更倾向于强调企业与其他组织间非正式的关联。当存在知识溢出，企业技术创新不再是线性模型所能刻画的。线性和非线性创新模式特征对比见表 2－1。

**表 2－1　线性和非线性创新模式的特征**

| | 线性创新模式 | 非线性创新模式 |
|---|---|---|
| 重要部门 | 大企业和研究与开发部门 | 小企业和大企业、研发部门、客商、供应商、技术性大学、公共机构 |
| 创新过程中的重要投入 | 研发 | 研发、市场信息、技术竞争、非正式的实践知识 |
| 地理格局 | 大多数创新活动发生在中心区域 | 创新活动在地理空间上扩散 |
| 典型的工业部门 | 福特时代的制造业 | 弹性工业部门 |
| 区域政策导向 | 在非中心区域鼓励研发活动 | 发展区域创新系统（将企业连接到更广泛的创新系统） |

资料来源：魏后凯（2006）。

总的来看，基于人类科技进步时间轴，主流经济学、区域经济学、技术创新学三大学科从不同的角度分析了区域环境对企业技术创新的影响，奠定了区域创新环境效应的理论基础（见表 2－2）。

**表 2－2　区域科学与技术创新学的简要发展史**

| 时间 | 主流经济学 | | 区域科学理论 | | 技术创新理论 | | 人类技术变迁 | |
|---|---|---|---|---|---|---|---|---|
| | 主要论著 | 主要理论 | 主要论著 | 主要理论 | 主要论著 | 主要理论 | 科技大事件① | 技术革命② |
| 1600～1800 年 | 1662 年，配第，《赋税论》；1776 年，斯密，《国富论》 | | | | | | 1781 年，英国，瓦特，改良蒸汽机；1802 年，英国，特里维西克，蒸汽机车 | 第一次，始于 1771 年，产业革命，英国 |
| 1800～1820 年 | 1817 年，李嘉图，《政治经济学及赋税原理》；1848 年，穆勒，《政治经济学原理》 | 古典经济学，瓦尔拉斯一般均衡理论 | 1826 年，杜能③，《孤立国同农业和国民经济的关系》 | 古典区位论（成本最小化） | | | 1831 年，英国，法拉第，电磁感应定律 | 第二次，始于 1829 年，蒸汽和铁路时代，英国（扩散到欧洲大陆和美国） |
| 1820～1870 年 | 1874～1877 年，瓦尔拉斯，《纯粹政治经济学纲要》 | | | | | | 1879 年，美国，爱迪生，电灯 | 第三次，始于 1875 年，钢铁、电力、重工业时代，美国和德国超过英国 |

① http：//en. wikipedia. org/wiki/History_ of_ technology.

② 参见 Perez（2007）。

③ 也译作屠能。

续表

| 时间 | 主流经济学 | | 区域科学理论 | | 技术创新理论 | | 人类技术变迁 | |
|---|---|---|---|---|---|---|---|---|
| | 主要论著 | 主要理论 | 主要论著 | 主要理论 | 主要论著 | 主要理论 | 科技大事件 | 技术革命 |
| 1870～1890年 | 1890年，马歇尔，《经济学原理》 | 新古典经济学 | 1909年，韦伯，《工业区位论》 | 古典区位论（成本最小化） | | | 1885年，德国，本茨，汽油内燃汽车；1887年，德国，赫兹，电磁波和光电效应 | 第四次，始于1908年，石油、汽车和大规模生产时代，美国（扩散到欧洲） |
| 1890～1930年 | 1933年，弗瑞希，《宏观经济学》；1936年，凯恩斯，《就业、利息和货币通论》 | 宏观经济学 | 1933年，克里斯塔勒，《德国南部的中心地区》；1939年，勒施[①]，《区位经济学》；1939年，邓尼逊，《工业区位报告》 | 新古典区位理论（利润最大化）；中心地区理论；行为区位论 | 1928年，熊彼特，《资本主义的非稳定性》；1939年，熊彼特，《商业周期》 | 技术创新理论的提出 | 1939年，第一次实现电视直播 | |
| 1950～1969年 | 1956年，索洛，*A Contribution to the Theory of Economic Growth* | 阿罗—德布鲁一般均衡模型；新古典增长模型 | 1956年，艾萨德，《区位与空间经济》；1960年，艾萨德，《区域分析方法：区域科学导论》；1964年，阿隆索，《区位与土地利用》；1966年，俄林，《区际贸易与国际贸易》之《对当代国际贸易理论的看法》 | 区域科学 | 1962年，伊诺思，《石油加工业中的发明与创新》 | 技术推动的创新过程模型；需求拉动的创新过程模型 | 1946年，第一台通用计算机ENIAC在美问世 | |

① 也译作廖什（郝寿义，2007）。

续表

| 时间 | 主流经济学 | | 区域科学理论 | | 技术创新理论 | | 人类技术变迁 | |
|---|---|---|---|---|---|---|---|---|
| | 主要论著 | 主要理论 | 主要论著 | 主要理论 | 主要论著 | 主要理论 | 科技大事件 | 技术革命 |
| 1970～1985年 | 1977年，迪克西特，斯蒂格利茨《垄断竞争和最优的产品多样化》 | 迪克西特—斯蒂格利茨竞争垄断模型；实际经济周期理论 | 1978年，斯塔雷特，*Market Allocation of Location Choice in a Model with Free Mobility*；1984年，胡佛，《区域经济学导论》 | 空间不可能定理 | 1982年，弗里曼，《工业创新经济学》 | 技术创新研究形成了独立的理论体系；技术与市场交互作用的创新过程模型 | 1971年，美国Intel公司制成微处理器 | 第五次，始于1971年，信息和远程通信时代，美国（扩散到欧洲和亚洲） |
| 1985～1990年 | 1986年，罗默，*In Creasing Returns of Economic Development*；1988年，卢卡斯，*On the Mechanics of Economic Development* | 新经济增长理论（内生增长理论） | | | 1987年，弗里曼，*Technology policy and Economic Performance: Lessons from Japan*；1988年，多西等，《技术变革与经济理论》 | 国家创新系统；一体化创新过程；以不确定性为前提的创新过程理论 | | |
| 1990年至今 | | | 1991年，克鲁格曼，《收益递增和经济地理》；1994年，Feldman，*The Geography of innovation*；1999年，克鲁格曼等，《空间经济学》；2001年，王缉慈等，《创新的空间：企业集群与区域发展》；2007年，Polenske，*The Economic Geography of Innovation* | 新经济地理学（空间经济学）；创新地理学 | 1998年，Braczyk等，《区域创新系统：全球化背景下区域政府管理的作用》 | 区域创新系统；系统集成网络模型 | | |

资料来源：笔者研究整理。

## 第二节 区域环境与企业技术创新的理论研究综述

大多数情况下，企业的创新活动非常依赖外部资源。Van de Ven 曾总结道："……创新的旅程确实是一个集体成就，需要来自公共和私营部门的众多'企业家'发挥各自的作用"（Fagerberg，2009）。区域经济学很早就注意到了区位因素对于企业创新的影响。1986 年，欧洲区域创新环境研究小组（GREMI）首次提出了创新环境（Innovation milieu）的概念，将产业的空间集聚与创新活动有机地联系在一起。所谓的创新环境是指区域内一组有利于创新的实物与非实物因素的集合，既包括社会制度、法律体系、社会心理、社会风俗、经营文化、社会网络等软性因素，也包括基础设施、劳动力、技术与经济存量等硬性因素（魏后凯，2006）。与此同时，技术创新学者也从企业的角度提出了企业创新需要特定的环境支持。如傅家骥（1998）认为，一般而言，商业上成功的创新，是科学发明、工程技能、管理知识、企业家精神和市场需求等诸多要素结合的产物，创新成功还需要一定的社会、政治和经济环境的支持，任何一个企业的创新绩效和创新潜力，都可以看成是企业所处环境的函数。金融环境、市场环境、政策法律环境、社会环境、文化环境、政治和制度环境都会对创新成功产生影响。其中金融、政治和制度等环境属于国家宏观环境，在区域间比较一致，而区域环境的不同表现在社会和文化等方面。

对区域经济学者和技术创新学者们关于影响企业创新的区域环境效应进行总结，各种效应按产生的主体可以分为三类：基础环境效应、空间聚集效应和区域政策效应①。其中基础环境效应的产生主体是区域内除企业和政府外的微观个体、组织等，空间聚集效应的产生主体是企业，而政策效应的产生的主体是政府。

① 本书着眼于研究区域环境的不同，因此对市场、制度环境等不做过多讨论。

## 一、基础环境效应

基础环境效应指区域内非企业、非政府主体所致的环境，如基础设施环境、文化环境以及区域内高校、科研院所等，对企业技术创新产生的影响。

### （一）物质基础设施

企业创新的完成很多时候需要互补性的基础设施环境，创新越是根本性的，它的成功就越是可能需要广泛的基础设施或组织及社会层面的变革（Fagerberg，2009）。20 世纪一些最重要的创新，如电和汽车，都依赖于非常广泛的基础设施投资，包括电线、道路以及燃油的分销系统。在对美国首都地区生物技术集群的研究中，Feldman（2009）发现了区域基础设施对创新的重要性：“首都地区是国际公认的基因组学、生物信息学、疫苗的研究中心。基因组学和生物信息学与生命科学软件应用有关，因此与该地高度发达的软件设计专业也有一定的协同作用。配送系统和疫苗发展有关，在某种意义上，它是疫苗运达目的地设施的一种补充”。徐彪等（2011）认为，理论上以信息技术和交通基础设施为代表的（物质）基础设施的发展，能够提高信息和交通便利性，进而提升区域内企业技术创新能力，便于增强技术落后区域内企业获得先进区域知识溢出效应，但是，在中国，这种影响却不显著，即基础设施环境既不是创新要素也不能够提升创新效率，其对创新绩效没有影响。

### （二）知识基础设施

在基于创新系统的研究中，学者们认为以区域文化以及第三方机构代表的知识基础设施会对企业创新形成影响。

首先，区域文化是重要的区域创新环境之一（程石磊等，2007）。徐彪等（2011）认为，文化反映区域思维水平的思维方式和价值取向等精神成果的总和。区域文化使一个社会群体的人们以相同的思维方式、价值观念、社会习俗、行为方式聚合起来，它使群体因统一的思维方式、行为方式、同一的文化而形成一种向心的凝聚力。一个区域内如果有良好的创新文化和传统，就能形成良好的创新氛围，使得创新活动更加容易实现和产业化，大大地推动创新活动的深度和广度，提高企业对创新资源的利用效率。Audretsch 等（2010）以及 Cheng 和 Li（2011）、Nathan 和 Lee（2013）分别研究了德国、美国、英国的区域文化多样性对企业创新的影响，认为多样化的文化环境显著地影响新的技术公司的成立。在中国，于晓宇（2011）基于长三角两省一市的企业调查问卷研究发现，个人主义文化环境中的企业更倾向采取突破创新战略，而在集体主义文化环境中，企业更倾向采取渐进创新战略；在承担风险文化环境中，企业更倾向采取自主创新战略，而在规避风险文化环境中，企业更倾向采取合作创新战略；在过程导向文化环境中，企业更倾向采取流程创新战略，而在结果导向文化环境中，企业更倾向采取产品创新战略。

其次，由于第三方机构，如其他企业、高校或者科研院所，在一定地理范围内可以为企业特别是中小企业提供有益于其创新的互补性知识，所以被认为是企业创新关键的区位因素（Zucker 等，1998；Adams，2002；Audretsch 和 Lehmann，2006）。一项针对英国、挪威和芬兰等六国的研究项目发现，区域高校有若干种途径促进区域内的技术创新，一是高校创办的本土衍生企业，如硅谷；二是转移的产业要能适应在目标区域进行生产需要包括高校等各方面的支持；三是传统部门的改革、分解或者成熟部门的升级都需要高校的支撑（Bergman，2010）。学者们认为相比于其他区域，如果一个区域有高研究能力的高校，则这个区域在吸引和支持创新产业时具有更多的机会。在美国，以引用大学专利的发明者地点来表征的来自大学研究的知识溢出趋于向区域层面的本地化（Jaffe 和 Trajtenberg，1996；Henderson 等，1998）。区域高校与企业创新相关研究见表 2-3。

**表 2-3　区域高校与企业创新相关研究**

| 作者（年份） | 研究区域 | 企业 | 高校指标 | 主要发现 |
|---|---|---|---|---|
| Acs 等（1994） | 美国各州 | 一般企业 | 研发支出 | 小企业的创新依赖于高校及其他大企业的研发溢出 |
| Jaffe（1989） | 美国各州 | 一般企业 | 研发支出 | 高校的研发直接影响私有部门的专利申请，效应大小与邻近性呈正相关 |
| Riddel 和 Schwer（2003） | 美国各州 | 高科技企业 | 研发支出，学位授予数 | 高校的研发对高科技企业的专利申请没有明显作用，但是高校学位授予数对此有促进作用 |
| Varga（1998） | 美国各州、各大都市区 | 一般企业 | 研发支出 | 高校的研发与私有部门的高科技创新正相关，且研发的效用取决于聚集经济 |
| Varga（2001） | 美国各大都市区 | 电力及仪器业企业 | 研发支出，据高校的距离 | 高校的研发支出与私有电力以及仪器部门的产品创新正相关，且研发的效果需要大量经济活动的聚集 |

续表

| 作者（年份） | 研究区域 | 企业 | 高校指标 | 主要发现 |
|---|---|---|---|---|
| Bania 等（1993） | 美国各大都市区 | 电力及电子行业企业 | 研发支出，科学家数 | 高校的研发支出与电力、电子设备行业的新企业数有关，但是设备行业的新企业数无关 |
| Audretsch 和 Lehmann（2006） | 德国 | 上市高科技企业 | 高校 ISI① 发表论文数 | 高校的溢出对企业绩效有正向影响，但是这种影响需要地理邻近性的支持 |

资料来源：Drucker 和 Goldstein（2007）及笔者研究整理。

最后，公共研究机构也是企业技术创新的重要区位因素。一是公共研究机构可以为企业创新提供人力资源，如科研顾问。Feldman（2009）研究发现，美国首都地区的研究机构为当地的生物技术企业提供大量的科学家，企业能更容易地雇到在同一区位工作的科学家，许多科学家既是博士后研究者，同时还是活动在政府研究机构和本地企业之间的合同科学家。二是企业更容易接受区域内公共研究机构的知识溢出。如 Hicks 等（2001）研究发现，发明者申请的专利倾向于引用本州研究机构的科学论文。而由于家庭流动性的限制、对区位的偏好、对环境的熟悉、相对较高的搬迁成本，许多受雇于美国政府研究机构的生物技术科学家选择在研究机构所在地建立公司，成为“土生土长”的创新者（Feldman，2009）。

## 二、空间聚集效应

### （一）聚集经济与知识溢出

聚集经济（Agglomeration economies），特别是有限空间下的聚集（Agglomeration），是创新与区位关系研究中的核心（Feldman，1999）。聚集既可以理解成名词，表示一种状态，又可以理解为动词，表示一种过程。如郝寿义（2007）认为，非均质空间条件下，经济行为主体根据其自身的约束条件和区位的客观差异，进行合理的区位选择，这种区位选择的结果与客观的地理空间相互结合，使空间上的分布呈现非均质状态，亦即聚集状态。Ottaviano 和 Puga（1998）则认为，聚集可以理解为一种具有自我累积性（Self - reinforcing）的过程。一方面，聚集可以在多个尺度形成（Ottaviano 和 Puga，1998），如可分为要素聚集、企业聚

① 全称 Information Sciences Institutes。

集、产业聚集以及城市群四个层次，其中要素聚集是聚集的本质（郝寿义，2007）。另一方面，有中国学者在研究相同情况时采用集聚一词：如魏后凯（2006）认为，集聚的流动产生了经济活动的集聚，集聚产生的原因是通过经济活动在空间上的集中而产生了额外的经济利益（集聚经济）。由于在大多数论著中，对聚集经济和集聚经济的区分并不明显，更多的是由于翻译和学科的角度不同采用不同的中文词汇（见表2-4），本书也不再多做比较，而统一采用聚集一词[①]。

**表2-4 中文期刊中关于Agglomeration的翻译（聚集vs.集聚）**

<table>
<tr><th></th><th>中文作者</th><th>中文期刊比例</th></tr>
<tr><td>聚集</td><td>论著：郝寿义、安虎森（2004），郝寿义（2007），安虎森（2009）等；<br>期刊作者：安虎森、蔡宁、曾光、曾煜、陈继勇、陈林生、程桢、戴卫明、董文鸳、冯文兰、冯云廷、高飞、高元衡、江曼琦、金相郁、景芝英、梁晓艳、林金忠、刘军、刘柯杰、刘乃全、路江涌、罗永泰、牛冲槐、潘英丽、彭中文、祁金立、乔彬、王建优、王剑、文玫、吴丰、肖万春、许罗丹、杨洪焦、张明龙、张昕、张学良、张正河、章元、赵连等</td><td rowspan="2">聚集 vs. 集聚<br>403 vs. 1684<br>《经济学季刊》<br>4 vs. 15<br>《经济地理》<br>4 vs. 73<br>《中国社会科学》<br>0 vs. 1<br>《经济研究》<br>2 vs. 10<br>《中国工业经济》<br>3 vs. 27</td></tr>
<tr><td>集聚</td><td>论著：魏后凯（2006），梁琦（2005），王缉慈（2010），刘卫东等（2010），刘秉镰等（2010）等；<br>期刊作者：陈继海、陈建军、陈文锋、范剑勇、傅十和、盖文启、高传胜、葛立成、葛莹、贺灿飞、胡序威、吉昱华、金祥荣、金煜、李文秀、李小建、梁琦、刘军、刘世锦、罗勇、孟庆民、苗长虹、邱成利、任英华、苏雪串、唐珏岚、汪炜、王春超、王缉慈、王今、王晓玉、王子龙、吴学花、冼国明、殷兴山、张威、张宇、赵伟、郑江淮、周兵、周文、朱英明等</td></tr>
</table>

注：期刊作者根据CNKI搜索，篇名含相应关键词的CSSCI文章数，top50引用率；中文期刊比例亦根据CNKI搜索，篇名含关键词的CSSCI文章数，检索均截止到2014年12月。

资料来源：笔者研究整理。

聚集经济，也就是外部经济，“往往能因许多性质相似的小型企业集中在特定的地方——通常所说的工业地区分布——而获得”（马歇尔，1890[②]），一般是

① 此外，研究中还对集群（Cluster）等相关词汇存在混淆。集群更多是在研究产业时采用，而聚集（集聚）更多的是在研究区域时采用。相关词义辨析可以参见魏后凯、王缉慈等的论著。

② 转引自郝寿义和安虎森《区域经济学》（2004）。

指企业生产经营活动在空间上的聚集能带来的经济效益与成本节约（魏后凯，2006）。早在19世纪，Marshall就提出了聚集经济的三大微观基石：知识溢出、劳动力池（Labor market pooling）和投入共享（Input sharing）。此外，完整的聚集正外部性还包括本地市场效应（Home market effects）、城市消费机会（Urban consumption opportunities）和寻租（Rent - seeking）（Rosenthal 和 Strange，2004）。生产的集中与新知识的生产存在正相关关系在许多研究中得到了证实，如早期的Feldman（1999）等，以及近期的博文广（2007）等。但是聚集也会大大提高生产成本，可能会导致集群内部产品的雷同和恶性竞争的发生（叶建亮，2001）。聚集导致的知识溢出在强化企业间知识流动和创新能力的同时，也增加了知识损失的风险（杨蕙馨和刘春玉，2005）。锁定效应（Lock - in effect）的存在更使得企业极易错失最先进技术，从而降低企业竞争力（Audretsch，1998）。在Fujita等（2011）总结的理论菜单中，聚集的向心力包括：关联效应、厚市场、知识外溢和其他外部经济；聚集的离心力包括：不可流动的生产要素、土地租金/运输成本、拥塞和其他外部不经济。

为了更好地理解区位如何影响经济活动，学者们将聚集经济区分为地方化经济（Localization economies）以及城市化经济（Urbanization economies）。这种细分最先由Loesch（1954）提出。相应地，在知识的创造和扩散中也可以划分出两种外部性（知识溢出）（Glaeser等，1992）：专业化外部性（Specialization externalities）和多样化外部性（Diversity externalities）。

专业化外部性的提出可以追溯到Marshall（1890），他认为，同一产业的地理上的集中有利于知识的传递，减少上下游投入产出的交通成本，并使企业受益于更有效的劳动力市场。Glaeser等（1992）认为，“知识在走廊和街道上传播比跨越大洲和海洋容易”。在统一了Marshall（1890）、Arrow（1890）和Romer（1986）的观点后，Glaesre等（1992）将同一城市、同一产业的企业从企业外部获得的专业化知识溢出定义为Marshall - Arrow - Romer（MAR）外部性。这种外部性强调同类产业在区域上的集聚有利于促进知识在该区域、该产业内各企业间的溢出，促进创新。

多样化外部性由Jacobs（1969）提出。他认为，根源于规模效应的城市化经济对于产业来讲是一种外部性，但是对于一定的地理单元而言，如城市，则是内部的。Jacobs指出，城市化经济是在一定的地理区域范围内的不同企业和中介组织之间互补性知识的交流中完成的。区域中互补的产业聚集有利于促进创新，因为大量的不同部门的聚集不仅能激发新思想，更因为互补性知识的存在而促进交互式学习（Boschma，2005），所以“更多样化的劳动力，则经济获得增加更多种类的产品和服务的能力越强”（Jacobs，1969）。

实证研究中由于数据选取的维度，研究的视角、数据的可得性以及实证方法的不同，无论是专业化还是多样化更有利于创新这一问题的回答还存在争议（Beaudry 和 Schiffauerova，2009）。而针对中国的相关研究还处于初始阶段，各学者得出的结论也不尽一致（盛玉雪等，2013），同时，对价值链的分解（盛玉雪等，2013；Zhang 等，2014），以及相关多样化（Related variety）（Frenken 等，2010）、技术关联多样性（Science - based diversity）（Feldman 和 Audretsch，1999；贺灿飞，2014）等概念的提出大大丰富了关于 MAR 和 Jacobs 的这场论战（见表 2 - 5）。

（二）邻近性的非空间拓展

研究认为地理邻近性对于隐性知识的传播十分重要，因为复杂性知识的传递需要经常性的面对面交流，而且近距离传递知识较之远距离传播风险要小得多（Johansson 和 Lööf，2008），相比其他区位，处于知识源附近的企业有更好的创新表现（Jaffe 等，1993；Auderetsch 和 Feldman，1996；Maurseth 和 Verspagen，2002）。同时知识溢出是有空间范围限定的并存在一个最优溢出距离（刘满凤，唐厚兴，2010）：在欧洲，最大且富有活力的城市知识溢出的半径不超过 200 千米（Moreno 等，2005；Crescenzi 等，2007；Rodríguez 和 Crescenzi，2008）；在美国，知识溢出几乎不超出大都市区（Anselin 等，1997；Varga，2000；Sonn 和 Storper，2008）。但是地理邻近或者物理上的邻近并不是获得知识溢出的充分条件，也不是其必要条件，其他的因素在解释企业区位选择中同样重要，仅考虑地理邻近性可能会得到有误导性的政策启示。

学者们进一步对邻近性进行了非空间性扩展，如 Boschma（2005）扩充分析了认知（Cognitive）邻近性、组织（Organizational）邻近性、社会（Social）邻近性和制度（Institutional）邻近性，Parent 和 LeSage（2008）、Marrocu 等（2013）、王庆喜（2013）等还进一步分析了技术邻近性在知识溢出中的作用。其中认知邻近是指知识和创新具有的累积性，具有高度一致的隐性知识的企业之间更容易出现知识溢出（Boschma，2005）。组织邻近是指由于从属于一定的组织结构，相互间的内在相关性会增强交互性学习。社会邻近是指经济活动都嵌套于

表 2-5　关于专业化与多样化外部性的争论

| | | | MAR | Jacobs | Both |
|---|---|---|---|---|---|
| 总体 | | | Henderson 等，1992；吴玉鸣，2007；段会娟和梁琦，2009 | Audretsch 和 Feldman，1996；Feldman 和 Audretsch，1999；Carlino 等，2001；Firestone，2010；Duranton 和 Puga，2001；仇保兴，2006；任晶和杨青山，2008；李学鑫和苗长虹，2009；Cainelli 和 Leoncini，1999；Deidda 等，2002；博文广，2007 | De Groot 等，2008；Fritsch 和 Slavtchev，2010；彭向和蒋传海，2011；Paci 和 Usai，1999；Zhang 等，2014 |
| 城市 | 规模 | 大城市 | | Glaeser 等，1992；Abdel、Rahman 和 Fujita，2006；Duranton 和 Puga，2000；李金滟和宋德勇，2008 | |
| | | 中等城市 | Henderson，1997；李金滟和宋德勇，2008 | | |
| 产业 | 产业部门 | 制造业 | De Lucio 等，2002 | 吴三忙和李善同，2011 | Mihn，2004；张昕和李廉水，2007 |
| | | 服务业 | | Rosenthal 和 Strange，2004 | |
| | 生命周期 | 新兴产业 | | Henderson 等，1992；Duranton 和 Puga，2001 | |
| | | 成熟产业 | Duranton 和 Puga，2001 | Forni 和 Paba，2003 | |
| | 技术特点 | 高新技术产业 | Henderson，2003；赵太平和李雪，2007 | Paci 和 Usai，1999；Greunz，2003；Greunz，2004；Jofre - Monseny 等，2014 | |
| | | 低技术产业 | Greunz，2004；Jofre - Monseny 等，2014 | | |
| | 价值链 | 生产环节 | | | |
| | | 研发环节 | | 盛玉雪等，2013 | |
| 企业 | 规模 | 大型 | | 傅十和和洪俊杰，2008 | |
| | | 中小型 | van der Panne，2004 | | 傅十和和洪俊杰，2008 |
| | 生命周期 | 新生企业 | | 董晓芳和袁燕，2014 | |
| | | 成熟企业 | 董晓芳和袁燕，2014 | | |

资料来源：笔者研究整理。

某种社会环境[①]（Grabher，1993；Granovetter，1985；Gertler，2003）。制度邻近是指制度相似性，如面临同种语言环境、相似的习惯、相同的法律系统或相同的知识产权保护权利等。

对地理邻近、非地理邻近与知识溢出的关系大致可以分三类观点：一是不足论。单纯的地理邻近性不足以产生知识溢出，而需要与其他形式的邻近性进行补充（王缉慈，2010）。在空间上的高度聚集提高了从当地别的经济个体获得知识溢出的潜力，但是要将这种潜力转化为实际的知识溢出还需要个体具有认知邻近性，也就是具有一定类似的知识基础才能顺利将外部性知识吸收内化。很难想象没有任何稳定关系的企业“纯聚集”（Pure agglomeration）（Gordon 和 McCann，2000），或者没有相应吸收能力的企业能实现知识溢出（Antonell，2000）。跨国公司希望通过在东道主区域建立子公司来融入当地的知识源通常会失败（Blanc 和 Sierra，1999）也在一定程度上证明了仅是地理邻近并不够。王庆喜（2013）实证结果表明在地理邻近和技术邻近维度下中国高技术产业的省际知识溢出均很明显，其中技术邻近效应略高。二是替代论。地理邻近并不是知识溢出的唯一途径，许多知识具有远距离传递性。同时信息技术的进步大大降低了知识学习对地理邻近性的需求，使大多数学习并不再局限于一定的空间范围进行。远距离的缄默知识的学习可以通过其他形式的邻近性完成，如组织邻近和认知邻近（Rallet 和 Torre，1999），社会邻近（Breschi 和 Lissoni，2001；Gertler，2003），或者竞争与合作关系合理的网络组织（Gertler 和 Levitte，2005；卢福财和胡平波，2007）。三是互补论。地理邻近通过加强别的类型的邻近性对知识溢出产生作用。地理邻近可以使得企业在日常的面对面交流中巩固相互间的信任，甚至催化生成一些有利于交互式学习的制度。杨蕙馨和刘春玉（2005）发现技术接近性与地理邻近性一起促进了企业间知识溢出效果。LeSage 等（2007）发现在引进技术邻近性指标后，地理邻近性在知识溢出中的作用降低了。Parent 和 LeSage（2008）进一步研究发现，同时包含技术邻近和地理邻近的模型比只包含两者之一的模型具有更强的解释力。

① Social context，也有译为社会背景（［美］普可仁．创新经济地理［M］．童昕，王缉慈译．高等教育出版社，2009）。

## 三、区域政策效应

### （一）创新政策

在新古典主义经济学理论中，公共政策干预的一个必要条件是市场失灵。在创新政策方面，最常见的一个原因就是缺少对知识进行投资的激励，因为知识具有一定的非竞争性和非排他性。事实上，大多数政策措施远在新古典主义经济学出现之前就已经得到使用了。从16世纪上半叶英国国王亨利八世在铁制加农炮的生产过程中引入竞争机制，到20世纪美国洛斯阿拉莫斯（Los Alamos Project①）实验室的原子弹项目，各国中央和地方政府为了实现自身目标实施了一系列创新政策（Lundvall和Borras，2009）。现实中具体的创新政策包含多种多样的举措，如陈天荣（2009）根据政策的内容和发挥作用的领域，将创新政策划分为科技政策、产业政策、财政政策、税收政策和金融政策；Lundvall和Borras（2009）将其划分为科学政策、技术政策以及创新政策三个方面，并认为三者并不是在时间上前仆后继的历史阶段，而是紧密联系的。政府的科学和技术政策不仅追求社会、国家安全、经济等目标，还包括国家威信和文化价值等方面的因素。第二次世界大战后一些成功的科学政策使人们相信，如果政府对科学（特别是物理、化学和生物）进行大量投资，必然有助于科学和技术的发展。具体的科学政策手段有政府设立自己的研究机构，为大学等公共研究机构提供研发预算，包括对大学和私人企业的各种补贴或者税务减免，对研发进行评估等，而技术政策手段中最有效的是公共采购，此外还包括需求刺激或者保护性贸易政策等。创新政策的主要目标是经济增长和提高国际竞争力。在原有机构环境内促进创新的措施，与改变机构环境以促进创新的措施显著不同。前者与科学和技术政策措施存在重叠，后者则可能涉及对大学、教育、劳动力市场、资本市场、受管制行业以及竞争法律的改革。与科学政策和技术政策相比，创新政策的重心从大学和技术研发部门（科学和技术政策的核心）转向了经济体中所有对创新过程有影响的主体，并且更强调对“机构”和“组织”的重视。例如，各个国家和地区政府从20世纪70年代就开始着手推出众多的举措，旨在将大学、公共研究组织和产业创新更加紧

① 又称曼哈顿工程（Manhattan Project）。1943年，在原洛斯阿拉莫斯农场学校的基础上，美国物理学家奥本海默决定在此建立研究制造原子弹的实验室。

密地联系在一起，增加学术研究成果向产业界的转化率，促进企业对这些研究成果的应用（Mowry 和 Sampat，2009）。在美国，1980 年通过的 Bayh - Dole 专利和商标法修正案（Bayh - Dole Patent 和 Trademark Amendments Act）以及 1984 年的追加修正案使高校（以及其他非营利组织）可以持有由联邦政府出资支持的专利研究的知识产权。这种研究政策的改变大大地激发了高校进行商业化研究，以及与产业合作的热情（Drucker 和 Goldstein，2007）。

不同的政策措施对企业技术创新的影响不同，而且相同的政策措施对不同形式的创新作用也不相同。如在中国，李晨光和张永安（2014）认为，作为一种外部干预，区域创新政策能够克服外部性和消除不确定性，从而为企业技术创新持续发展提供根本保障。他们运用随机前沿方法对 2006 ~ 2011 年北京创新政策影响中关村 90 家上市科技企业的创新效率及政策投入要素进行的评价研究中发现，企业每多获得政策 1% 的资金补助和 1% 的项目供给，专利数量分别可提升 0. 2677% 和 0. 6304%，而企业每多获得政策 1% 的资金补助和 1% 的税收优惠，新产品收益分别可增加 0. 3943% 和 0. 3294%。曾萍等（2014）以珠三角地区 173 家企业为调查对象进行的实证检验表明该地区财税政策支持对技术创新的影响不显著，但对管理创新有显著的正向影响；而创新环境建设对技术创新有显著的正向影响，但对管理创新的影响不显著。

（二）集群政策

集群政策是政府，特别是地方政府创新政策的主要措施之一。相比其他创新政策，集群政策更能体现创新政策在区域层面上的影响。许多国家和地区都希望从大学研究的公共投资中增加国家的经济回报，对促进大学周围创新企业区域集群不懈余力。政府希望通过鼓励基于大学研究的衍生企业的聚集，实现大学技术的商业化，以激励区域经济的发展（Mowry 和 Sampat，2009）。此外，许多国家和地区都积极地划定科技园、技术园，希望能通过这种外力的强制聚集产生聚集经济，使各个企业能从与园区内的企业、科研机构合作中受益。作为典型的经过刻意规划出现的环境，“科学园”（有时也称为孵化器、技术中心或优秀人才中心）一般都由有较高内部资源和能力的企业、科研机构组成。但是，关于“科技园”确切是什么以及它们做什么的问题还存在很大的分歧。国际科学园协会将它们的特征描述为：“……科学园激励并管理大学、研究和开发机构、企业和市场之间知识和技术的流动。它通过孵化器或衍生企业的过程促进基于创新的企业的产生和成长，同时提供高质量的场所和相关设施以及其他具有附加价值的服务”①。

但是，研究显示，在英国、法国、日本、中国大陆和中国台湾地区，通过政府规划形成的科技园中，企业与当地产业的联系是很有限的，园区内部企业间的创新互动程度也很有限（Asheim 和 Gertler，2009）。有关美国科学园的研究显示，没有证据证明位于以大学为基础的科学园内的企业比其他当地的企业更有创新性（Felsenstein，1994），科学园对区域经济发展和创新率基本没有影响（Wallsten，2001）。在少数情况下，当地即使形成了创新网络，在国家或区域层面上的公共部门干预也使得创新网络缺少本地化和区域概念，这使科技园和技术园区能广泛促进区域产业创新和竞争力的提升的观点受到质疑（Asheim 和 Gertler，2009）。特别是在中国，王缉慈（2004）认为，现阶段我国目前大量产业集群处于低端道路的发展阶段。区别于创新型集群，低成本型集群企业间的合作只是偶然的，甚至不存在。陈佳贵和王钦（2005）认为我国大多数集群还处于低层级上“扎堆式”模式，区域产业链不完善，并没有成为技术创新的有机载体。因此，缺乏对支持性机构的关注，仅关注“成功故事”而不关注政策偶发性影响的系统证据，这样的区域政策并不一定能产生预想中的效果（Asheim 和 Gertler，2009）。同时，集群政策的效果需要很长时间才能实现，如北卡罗来纳州研究三角园经过了 15 年才取得商业成功，对于实行短周期政治选举的区域，政府能坚持到一项政策成功的耐心是很少见的（Feldman，1994）。

## 第三节　区域环境与企业技术创新的实证模型综述

Solow 在 1957 年提出的总产出模型以及 Arrow 在 1962 年提出的生产方程最早在实证研究模型中加入知识或者学习变量，之后学者们开始意识到创新在生产中的作用。虽然有学者认为由于创新的结果是未知的，因而建立知识的生产函数（Knowledge Production Function，KPF）是不可能的，但还是不妨碍实证研究中对知识生产函数的大量采用。最早的知识生产函数由 Griliches（1979）提出，Jaffe

① 国际科学园协会，http：//www. iasp. ws/。

（1989）对 Griliches 的知识生产函数提出了改进，将专利或者新产品的引入作为创新产出，而产业和高校的研发支出作为投入，函数呈 Cobb – Douglas 形式，对数化后呈线性形式。

$$\ln(P) = \alpha_0 + \alpha_I \ln(RD_I) + \alpha_U \ln(RD_U) + \varepsilon \tag{2.1}$$

Griliches – Jaffe 式 KPF（式（2.1））仍是目前所用最多的知识生产函数的原型（Drucker 和 Goldstein，2007）。但是创新的过程十分复杂，没有任何先验理论给出其具体的函数形式，更不用说具体到线性模型（Charlot，2012）。随着对创新形成的理论认识从线性模型发展到非线性模型，学者们在实证研究中对 KPF 也做出了多种改进和拓展。而基于 Griliches – Jaffe 式 KPF，关于企业创新活动中区域环境效应的实证研究模型也有多种设置方式。

## 一、区域单层次模型

在空间尺度上，如州或大都市区等，采用知识生产函数研究区域环境对创新的影响是许多学者的选择（Feldman，1994；Audretsch 和 Feldman，1996；O'hUallachain 和 Leslie，2007；Crescenzi 等，2007，2012；Audretsch 等，2010）。这种区域层面的单层次 KPF（Regional KPF），以区域的总体（所有微观个体的累加（Aggregate））创新投入（$X_r$）和创新产出（$y_r$）作为模型的基本变量，并考虑区域整体环境因素（$Z_r$），如聚集、制度、文化以及创新政策、商业服务（Feldman，1994）等对创新的影响。Charlot（2012）认为，对传统区域 KPF 的改进主要有三个方向：一是尽量控制不可观测和难以衡量的时变量，如地区制度、区域创新政策等；二是采用半参数等方式放松对 KPF 函数形式的武断假设，如因变量采用泊松分布假设；三是以异方差的形式分析区域的异质性。此外，考虑空间相关性的空间知识生产函数（及其扩展形式）被广泛运用到各区域的空间计量实证研究中（Van der Panne，2004；Audretsch 等，2010；Cheng 和 Li，2011；LeSage 和 Sheng，2014）。

$$y_r = f(X_r, Z_r), y_r = \sum_{i \in r} y_i; X_r = \sum_{i \in r} X_i \tag{2.2}$$

区域层次上分析区域环境对创新的影响，一个很重要的问题是对个体创新进行简单的累加掩盖了个体异质性（Beugelsdijk，2007；Charlot，2012）。同时，不同产业部门的个体创新并不一定具有可比性，累加后的总量具体代表什么并不清楚，而且以总量进行研究很容易产生加总偏误（Aggregation biases）的问题（Autant－Bernard 等，2007）。此外，在区域，如省（州）层级上研究知识生产函数一个很明显的局限是将聚集经济当成一个黑箱，忽略其微观本质，不仅不能分解出知识溢出的具体路径，也不能涉及知识溢出的机制，对区域环境如何影响企业个体不得而知，而只是概念上的探讨（Feldman，1999；Broekel 等，2014；Stuetzer 等，2014）。

## 二、个体单层次模型

由微观企业调查数据支持的企业个体创新研究一直是创新研究的重要方向之一。随着微观调研数据越来越容易获得，如中国的工业企业数据库、欧洲 Community Innovation Survey（CIS）和全球企业家监测数据库 Global Entrepreneurship Monitor（GEM）等，采用个体层次的创新数据对区域环境效应进行的研究逐渐丰富（Mairesse 和 Mohnen，2005；张杰等，2007；Baldwin 等，2008；Battisti 和 Stoneman，2010；Kampik 和 Dachs，2011；Nathan 和 Lee，2013；Zhang 等，2014；董晓芳和袁燕，2014）。企业层次的 KPF 通常包括各种对企业创新有影响的企业特征变量以及区域特征变量。前者如企业创新能力、企业规模、企业成立年限、组织形态、市场需求等（Baldwin 等，2008），后者则与区域 KPF 的变量选取相同（Boschma 和 Weterings，2005）。研究中一般会设置区域虚拟变量以捕捉其他不可衡量的区域变异（Baldwin 等，2008；Kamal，2014；Zhang 等，2014），而区域环境效应等于所有区域特征变量以及虚拟变量所能解释的企业创新变异。在采用个体单层次模型研究区域变量对个体的影响时，有学者考虑到了环境共享的个体之间可能会存在相关性，使普通最小二乘估计（OLS）无效，因此对估计进行了一定的矫正（Baldwin 等，2008）。

$$y_i = f(X_i,\ Z_r),\ i \in r \tag{2.3}$$

## 三、阶层模型

多层次模型（Multilevel model）也叫阶层模型（Hierarchical model），作为分析嵌套数据结构的主要模型在社会科学中得到了许多应用。随着各种渠道的微观企业数据的获得，除以微观个体样本进行单层次研究的盛行外，学者们还结合中观数据，同时对微观层和中观层影响创新的因素进行研究，表现之一就是近些年在创新研究中采用阶层模型的文献越来越多。如于晓宇（2011）以多层次模型研究了长三角地区区域文化对企业创新战略决策的影响；徐彪等（2011）以中国52个城市规模以上工业企业为样本，构建了阶层线性模型（Hierarchical Linear Model，HLM），探讨了区域创新环境对企业创新绩效的微观作用机制；Hundt 和 Sternberg（2014）采用多层次模型分析了个体、区域及国家三个层级特征变量，以及各层级间的交互作用对新企业成立的影响；Stuetzer 等（2014）则采用该模型分析了区域环境对德国新企业建立的直接影响和间接影响。

$$y_i = f_r(X_i),\ f_r = h(Z_r),\ i \in r \tag{2.4}$$

## 四、网络模型

随着创新系统、知识网络（Knowledge networks）在区域经济发展中的作用逐渐得到重视，人们迫切希望破解区域环境特别是聚集经济这个黑箱，以发现知识溢出的具体渠道。学者们基于知识的网络特性构建了一系列网络模型。网络模型强调微观个体嵌于某种社会或者生产网络等系统中，系统中的个体间相互联系，微观个体之间的关系对单个个体的行为有重要影响，且这种结构性关系要比个体特征更为重要。Broekel 等（2014）总结了经济地理学已有实证文献中采用的四类知识网络模型，分别为重力模型（Gravity Models，GM）、二次分配过程模型（Quadratic Assignment Procedures，QAP）、指数随机图模型（Exponential Random Graph Models，ERGMs），以及随机角色面向模型（Stochastic Actor - Oriented Models，SAOMs）①。作为创新网络的节点，企业的技术创新既取决于自身的节点（Node）特征（如企业自身的研发投入等），也收到网络中边（Dyad）的影响，如企业与邻近企业的合作力度、距离等，更受到网络整体结构（Structural network）的影响，如创新网络中任意两节点的平均联系强度等（Broekel 和 Hartog，2013），但目前研究中考虑最多的仅是创新网络中节点间距离的影响（Autant - Bernard 和 Hazir，2013）。

$$y_i = f(X_i,\ D_i,\ g(I)) \tag{2.5}$$

---

① 为使实证模型的综述部分尽可能地完整，本书分析了知识生产的网络模型。但由于时间和篇幅有限，本书并不打算将此作为重点，后文模型对比部分也不过多涉及。

## 五、模型对比

直观上“区域—企业”组成了一个完整定义的阶层结构：位于同一区域的企业共享着相同的区域环境，而不同的区域特征，如聚集、区域政策等，决定了各个区域整体环境的不同。对于这种一个层次（企业）嵌套于另一个层次（区域）的数据结构，关键自变量属于区域层，而因变量属于个体企业层，分析的一个最基本问题就是对哪个层次进行研究：微观还是中观，个体企业还是区域整体。

针对具有嵌套结构的数据，区域单层次模型将分析的单位由企业个体提升到区域整体，属于聚合分析，而个体单层次模型则将原本属于区域层级的变量指给所属的每一个企业，属于解构分析。当数据呈现嵌套结构时，一般回归分析中对个体独立性的假设一般并不正确，相同的区域效应作用于区域内的所有企业使得误差项中包括了组内相关（Corrado 和 Fingleton，2012；Elhorst，2014）。如果分析单位（企业或区域）与研究欲推论的总体单位（企业或区域）不一致，而且这种具有嵌套或阶层结构属性的数据不满足独立性要求（实际中很少满足），聚合分析可能出现加总偏误，即以群体的分析推论个体的结论会犯“生态/区位谬误”（Ecological fallacy）（Beugelsdijk，2007；温福星，2009）；反之，以个体层次的分析推论回群体会遇到“原子谬误”（Atomistic fallacy），得到无效估计（Raudenbush 和 Bryk，2002；Baldwin 等，2008）（见表 2－6）。当然，特定的样本也可能满足这种个体的独立性。如 Boschma 和 Weterings（2005）认为，自己的研究样本中的组内相关并不显著，因此个体单层次模型是适用的。

**表 2－6　分析单位与欲推论总体单位不一致的推论谬误**

| | 研究所欲推论总体的单位 | |
|---|---|---|
| | 个体层次（企业） | 总体层次（区域） |
| 个体层次 | | 原子谬误 |
| 总体层次 | 生态谬误 | |

资料来源：温福星（2009）。

与一般的单层次模型相比，阶层模型作为分析嵌套数据结构的主要模型至少具有三方面优势（Van，2012）：第一，处于相同区域环境的个体之间更相似，阶层模型可以更合理地处理这种区域效应，但一般的单层次分析中忽略了这种组内相关认为个体完全独立（Lacombe 和 McIntyre，2014），导致估计无效。第二，一般的回归分析对区域特征对个体的平均影响进行建模，而阶层模型更强调对方差的建模（Van，2012），并通过设置随机系数体现不可观测的区域异质性，从而允许同一区域特征对不同区域的个体有不同的影响。第三，一般的回归分析可能通过添加虚拟变量处理数据的各种嵌套属性，当区域数量很大时会使估计的自由度锐减，而且虚拟变量的采用使得区域因素对个体的影响难以被识别，而阶层模型与面板数据的随机效应模型类似，避免了自由度的丢失，还能估计出个体不变（即同一个区域中的个体面对相同的区域环境）因素的影响。特别是小样本研究中，阶层模型提供了处理分析区域异质性的途径（Corrado 和 Fingleton，2012）。

梳理近年关于区域环境与创新的实证研究（见表 2－7）不难发现，关于区域环境对企业技术创新影响的实证文献中，不论是单层次模型还是阶层模型，都没有真正体现出创新的系统性和网络性，而仅是把网络上的各点投影到了企业所处的平面，将所有的环境变量当成个体特征，忽略创新系统的结构性关系。具体而言：区域单层次模型忽略了微观主体；个体单层次模型忽视了创新的非线性特征；阶层模型同时考虑了微观主体与中观环境，却视环境是孤立的。此外，受数据所限，网络模型在企业层级的运用还十分稀有。本书试图引入区域的空间相关项以突出创新的系统性，虽未能完全体现创新的网络性，但较之已有的研究已经迈出了一大步。

**表 2－7 近年关于区域环境与创新的实证研究**

| | 作者（年份） | 研究的区域范围 | 企业数据来源 | 主题 |
|---|---|---|---|---|
| 区域单层次 | Cheng 和 Li (2012) | U. S. counties | — | 新企业形成 |
| | Mukherji 和 Silberman (2013) | U. S. metropolitan areas | — | 知识吸收能力与创新 |
| | Van der Panne (2004) | Dutch postal code regions | LBIO database, Dutch | 聚集经济与区域创新 |

续表

| M | 作者（年份） | 研究的区域范围 | 企业数据来源 | 主题 |
|---|---|---|---|---|
| 个体单层次 | Beugelsdijk（2007） | Dutch，NUTS 2 | Chamber of Commerce，Dutch | 企业创新表现 |
| | Renski（2011） | Distance - based aggregates of census block groups of US | US Bureau of Labor Statistics' confidential longitudinal database (LDB) | 新企业存活 |
| | Fornahl 等（2011） | German planning regions | German Biotechnology Year and Address Book | 生物企业创新 |
| | Wu 等（2014） | Zhejiang industrial clusters | Zhejiang Provincial Government Survey (ZPGS)，China | 集群中的企业产品创新 |
| | Acs 等（2007） | Labour Market Areas (LMAs) | Longitudinal Establishment and Enterprise Microdata (LEEM) | 新企业存活 |
| | Jofre - Monseny 等 (2014) | Cities of Spain | SABI，the Iberian section of the (Bureau van Dijk's) Amadeus database | 聚集经济与企业区位选择 |
| | Holl（2004） | Municipalities of Portugal | Quadros do Pessoal annual survey conducted by the Portuguese Ministry of Employment and Social Security (DEMESS) | 聚集经济与新企业成立 |
| | Zhang 等（2014） | Chinese Cities | Annual Survey of Industrial Firms (ASIF)，China | 聚集经济与企业创新投入 |
| | Autant - Bernard 和 Massard（2005） | NUTS 3 | French Annual Company Survey (EAE) | 知识外部性与企业生产 |
| | 张杰等（2007） | 苏南、苏中地区 | 江苏省制造业企业问卷 | 企业创新活动的影响因素 |
| | 董晓芳、袁燕 (2014) | 中国城市 | 中国工业企业数据库 | 聚集与企业创新 |

续表

| M | 作者（年份） | 研究的区域范围 | 企业数据来源 | 主题 |
|---|---|---|---|---|
| 阶层模型 | Hundt 和 Sternberg（2014） | NUTS 1/NUTS 2 | Global Entrepreneurship Monitor（GEM） | 新企业成立 |
| | Backman（2014） | Municipalities in Sweden | Statistics Sweden | 企业生产率 |
| | Stuetzer 等（2014） | Germany，NUTS 3 | Global Entrepreneurship Monitor | 新企业成立 |
| | 徐彪等（2011） | 中国城市 | 中国工业企业数据库 | 区域环境与企业创新绩效 |
| | 于晓宇（2011） | 长三角两省一市 | 调查问卷 | 区域文化与企业创新战略 |

资料来源：笔者研究整理。

## 第四节　文献评述

本章从理论基础、理论研究、实证研究三个方面对已有的关于区域环境影响企业技术创新的相关研究进行了梳理。梳理发现：

（1）关于区域环境与技术创新的关系主要有两类研究观点：一是以主流经济学为代表的区位无关论；二是以技术创新学以及区域经济学为代表的区位有关论。

（2）与技术创新学研究中将区域环境视为外生条件不同，区域经济学的研究中重视企业个体在形成和改造环境上的主观能动性。

（3）已有文献从三个方面研究了对技术创新形成影响的由不同主体产生的区域环境效应，主要包括基础环境效应、空间聚集效应和区域政策效应。

（4）对于技术创新形成的理论研究经历了从线性到非线性模型的发展，但实证研究采用的模型大多没有真正体现出创新的系统性和网络性。实证模型对创新系统结构性关系的忽略使得实证研究与理论研究存在脱节。

（5）对于中观区域和微观企业两类不同层级的变量，已有实证模型中要么以单一层次平视这种立体结构，忽视区域环境与企业主体的内在联系；即使采用了重现立体结构的阶层模型，也极少体现区域的开放特征。这种对区域进行孤立、对区域和企业进行隔离分析的实证研究局面亟须打破。

# 第三章　企业技术创新中区域环境的多层次空间影响机制

“从本质上讲，最好的对创新进行概括的应该是：协调私有知识和公共知识对问题进行求解的不确定过程①”（Dosi，1988），而“知识在走廊和街道上传播比跨越大洲和海洋容易”②（Glaeser 等，1992）。正因为部分知识的非私有性和不易传播性，地方政府的主观干预也加深了区域的异质性，这些都使区域环境对具有不确定性的企业创新的形成起到了十分重要的作用。同时，区域并不能独立存在，在开放的经济系统中，各区域相互影响。本章将基于企业创新以及知识的特性，并考虑企业个体在区域环境形成中的主观能动性，对具有空间相关特性的区域环境对企业技术创新的影响机制进行分析③。

## 第一节　企业技术创新的特点及知识的特性

如果把创新认为是企业生产新产品和新的生产方式，信息和知识就是这种生产过程的投入，因而新知识是实现创新和技术变革的核心。因此，识别知识的特性以及企业技术创新的特点是分析区域环境如何影响企业技术创新的第一步。

---

① 原文“Innovation is perhaps best characterized as an intrinsically uncertain problem – solving process which blends private knowledge with public knowledge”.

② 原文“Knowledge transverses corridors and streets more easily than continents and oceans”.

③ 即在影响机制的理论分析中，本书考虑环境的内生性。但正如后文将要看到的，由于方法的限制，本书计量模型的估计中并未考虑内生问题。

## 一、企业技术创新的特点

熊彼特强调创新过程具有三个方面的特征：第一，所有创新项目均具有根本的内在不确定性；第二，创新需要快速进行，以防后来者跟进，进而获得潜在的经济回报；第三，普遍存在于社会各阶层的"抵制新方法"的力量，或者说惯性，威胁着要扼杀所有的创新。本书认为企业技术创新的特点可分为创新过程的不确定性，以及创新的系统性和持续性等三个方面。其中创新的系统性包含 Dosi（1988）关于创新五项特征中的三项：创新的复杂性、对高校研发的依赖性以及"干中学"的重要性。

### （一）创新过程的不确定性

人类的认知都面临着环境的不确定性（Environmental uncertainty），或是由于缺乏外部环境的完全信息；或是由于外部环境具有复杂性（决策相关事物难以理解，决策主体相互关联）和动态性（相关事物的时变本质），未来的结果难以预测。Verdu 等（2012）将环境的不确定性定义为环境的不可预测性（Unpredictability）和关于环境的不完全知识（Imperfect knowledge）。

由于日益激励的市场竞争、快速的技术变革和消费者期望的成熟化，创新是企业生存的唯一选择。但是技术创新不是做重复性工作，而是前人没有实践过的行为。作为人类认知的重要部分，创新也是不可预期的，具有随机性，或者说不确定性。正因为如此，早期研究中人们并不对创新进行解释，而是直接假设其是外生的"上天的恩赐"。

由于创新是新工艺、新产品的商业化实现过程以及其特殊性，企业的技术创新除面临一般的环境不确定性外，至少还包含其他两类特殊的不确定性：一是技术不确定性（Technological uncertainies），二是市场不确定性（Market uncertainties）（奥兹·夏伊，2005；Banerjee 和 Chatterjee，2010）。技术不确定性表现为单个企业投入的研发资源只有一定的概率能发现新技术，即创新投入到创新的产出并不具有固定的函数形式。大量研究表明，创新过程十分复杂，研发、生产和销售等相互作用，各种信息频繁反馈。所以，创新不一定是由发明开始到扩散的线性过程，而是可能有不同的创新源，如原料供应、生产、销售等企业价值链中的所有活动都有可能创新（王缉慈，2001）。市场不确定性首先是由于创新从投入到最后的市场化需要很长的时间，这期间消费观念及其他市场状况可能发生了

很大的变化；其次是因为可能存在多个企业间的创新竞赛，如竞争对手也可能开发出同类新产品，甚至可能存在蓄意模仿，对企业创新最后的市场化实现产生不确定性干扰。

技术创新的不确定性导致其具有高风险性的特点。企业很难完全解释和准确预测重大创新的技术绩效以及产品潜在用户的接受能力，对自身创新活动的商业结果往往模棱两可，更不用说对其他企业创新的预测。从成功率来看，纯学术性基础研究最终实现技术创新的概率只有5%，而所有技术创新的成功率约为50%。高失败率不仅会带来巨大损失，而且之前的巨大投入也无法收回。从风险投资的情况来看，投资于技术创新企业的风险资本取得成功的仅有10%，不成功的有60%。风险投资的收益年均回报率在美国为35%，在欧洲为20%（赵晶媛，2010）。很多时候，企业对自身的创新产品可能产生的全部用途并不了解。起初未能被准确预测但后来被证明是巨大成功的技术创新比比皆是，如无线电通信和计算机等（Pavitt，2009）。

（二）创新的系统性

企业创新并不是孤立的，而是在与其他组织的合作中相互依赖着进行的。这些组织可能是其他企业（供应商、客户、竞争者等），也可能是非企业组织，如大学、科研院所和政府部门。企业技术创新的这种非孤立性，或者系统性取决于技术创新本身的复杂性，即技术创新过程的技术变化具有多重性，涉及能力、手段、知识、工具、方法、方式、程序等，既有有形的又有无形的（赵晶媛，2010）。特别是在技术发展迅速、知识来源分布广泛的领域，任何一家企业都不可能拥有能在所有领域内保持领先并给市场带来重大创新所必需的全部技能（Powell 和 Grodal，2009）。现代企业已经本能地学会了密切关注其他企业的行动，并且广泛搜寻新观点、新输入要素、新的灵感源泉（Fagerberg，2009），培养对外部知识的吸收能力是创新型企业必须具备的一项职能。同时，合作研究成为企业采用的主要创新模式。许多著名的跨国企业，如通用汽车、联合利华等，不仅在母国内与大学、研究机构和供应商建立合作关系，更将这种合作拓展到海外，充分利用子公司所在国家的人力资源和市场资源发展创新。在中国，合作创新方兴未艾。在中关村，大学院所创办企业的产学研合作创新是推进原创成功转化的重要方式，如北大方正、清华紫光、中科软件等（赵晶媛，2010）。随着越来越多的企业开始进行研发合作、建立合作同盟，学习已经不局限于企业自身内部而扩展到了企业外。学术界业已建立第五代创新过程模型①，即系统集成网络模型，对当前企业创新过程进行描述，强调合作企业、组织间更密切的战略联系。

（三）创新的动态性

创新具有持续性，或者说动态性。由于市场竞争日益激烈，企业只有持续的创新才能在竞争中获胜。这种主观上的持续创新意愿使企业的技术创新具有动态性，成为一个累积过程（Cumulative process）。此外，客观条件也使企业的技术创新具有动态性。

首先，将发明转化成生产力，即市场化过程不是一蹴而就的（王缉慈，2001）。同时，无论是自发的发明还是研究和开发活动，都需要时间积累，许多新技术更是由原有技术的重新组合而成。原始创新和被诱发的创新之间存在着系统的相互依赖性：先验知识决定了对信息的解读和处理，创新的机遇来自之前相近技术的发展。具有相关技术知识基础的企业，更容易发现新的商机，进而持续创新（Feldman，1994）。这也被称为技术轨道（Technological trajectory），反映了某一技术领域内技术发展的方向和内在逻辑性与规律。

其次，技术创新可能陷入路径依赖（Path dependence）：技术演化敏感依赖于初始状态，即对初始条件中偶发的、微小的历史事件十分敏感，它们影响和决定技术最终朝哪一个方面发展，而一旦某一技术（往往此技术并非最优技术）受偶然性因素影响而被采用，收益递增机制便会促使它进一步流行并呈现前后连贯、相互依赖的特征，即选择具有强大的放大效应（魏后凯，2006），从而不断强化这种初始选择，而很难为其他潜在的甚至更优的竞争技术所替代（杜跃平等，2004）。特别是由于创新具有的高风险性，企业会倾向于采用已有技术而不再进行创新。对于企业来说，路径依赖是一把“双刃剑”：一方面，占优技术会不断地自我强化、巩固和完善，成为市场的主导；另一方面，由于路径的“刚性”，即使出现更优技术，也很难打破其封锁和对市场的垄断，这也意味着经济发展会被锁定在由次优或不优技术所决定的低效率状态。

① 参见文献综述部分。

## 二、知识的特性

知识是人们在实践中积累起来的经验和理性的总和（王缉慈，2001）。较之其他经济活动，创新更依赖于知识。具有商业价值的新产品体现了对科学、技术以及市场相关知识的有效组织和综合。作为一种特殊的信息，知识具有一些特别之处。

### （一）知识的层次与属性

根据认知程度，外部客观世界在人类的认知中可以划分为四个层次（吴季松，1999）。其中的原始资料称为“数据”（Data），并不依赖于人类对其是否认知，而当这些数据被人类感知后，不论是根据人类的直接经验还是间接经验，都会成为“信息”（Information）。信息一般没有经过组织，是十分表面化的初级知识。其后，人们通过规范的整理，并进行由表及里的分析，将信息提升为“知识”（Knowledge）。而在人们对知识进行系统地、由此及彼地递推和归纳，得到事物的一般性规律后，知识就上升为“理论”（Theory）（见图3-1）。

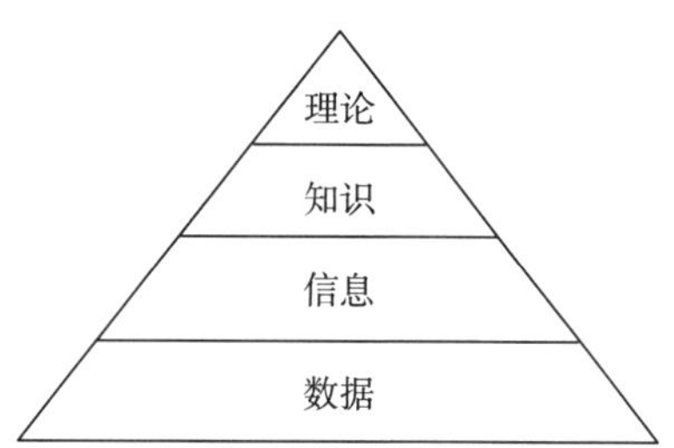


**图3-1 知识层次**

资料来源：吴季松（1999）。

作为创新的主要投入因素之一，知识按其可标准化、可编码化以及可传播的程度可划分为可编码化知识（显性知识）和隐含经验类知识（隐性知识），其中后者占据知识的绝大部分，而按可覆盖的人群范围，知识又可分为私有知识、俱乐部知识，以及公共知识（见表3-1）。

**表 3-1 知识的类别、分布和属性**

<table>
<tr><th></th><th>类别</th><th>属性</th><th>分布</th><th>载体</th></tr>
<tr><td rowspan="2">可编码化知识</td><td>编码化知识</td><td>大众、个人</td><td>较小部分</td><td>书面和大脑</td></tr>
<tr><td rowspan="2">未编码化知识</td><td>个人、大众</td><td>小部分</td><td>大脑</td></tr>
<tr><td>隐含经验类知识</td><td>个人</td><td>绝大部分</td><td>大脑</td></tr>
</table>

资料来源：王缉慈等（2001）。

（二）隐性知识与传播黏性

隐性知识是在实践中的感悟、领悟，通过直觉思维洞察而来的知识，属于人们内在的智慧，具有很强的个人属性。实际生活中大量存在隐性知识，如生产中的技艺和能力，市场前景的判断和人才选择，如何融资、如何开拓市场等都属于这类知识（王缉慈，2001）。编码化知识的传播途径可以是报纸、杂志、项目报告以及其他有形的介质。而不同于编码化知识，隐性知识由于其中的不确定性，标准的媒介并不能保证对其的准确描述，通常只可意会而不可言传，难以通过清晰的编码化呈现于教科书、说明书中。这也是 Michael Polanyi 做出“我们知道的远比我们可以说出来的多”这一论断的缘由，而且越是新颖的知识，越难以编码化。隐性知识的这种特性也有学者称为复杂性（Complex）或黏性（Sticky）。前者强调知识难以编码，后者强调知识强烈地依附于某个个人或者某个特定的群体。

由于隐性知识涉及面广，又不易从正式渠道获得，而需要交流双方借助语言、体态、情感等隐含表达方式的综合运用来表达这类知识，使对方领悟出一些该类知识的本质，所以，非正式交流是获得隐性知识的主要渠道。研究显示，科学家 40% 的知识是通过非正式交流获取的，工程师通过非正式渠道获取的知识更是高达 60%（王缉慈，2001），而隐性知识强烈的个人属性也使得其流动较之资金流动具有更强的地理黏性。加之知识具有累积性和自我增强性，使地理区位在创新以及经济增长中扮演着核心角色（Feldman，1994）。

（三）非私有物品与外部性

许多知识需要极低的传播成本，并且在转移、分配和传播过程中之前的拥有

者并没有失去它①，这种非排他性的存在，使知识具有公共物品②（Public good）的属性。但并不是所有的知识都是公共物品，在公共物品的另一端，知识根植于个体或组织（Deeply embedded knowledge），具有很强的私有属性。此外，由于理解和掌握某些知识需要具备一定的知识基础或者文化环境，有些知识只局限于一定的人群或者地域，即具有俱乐部物品（Club good）属性。私有知识和公共知识之间并不是绝对对立的，前者在一定情况下会转换为后者。对于企业来说，随着创新的市场化实现，新知识会在企业的商业活动中溢出，而且受高额利润的诱惑，其他企业会对创新产品实行"反求工程"③来获得相应的知识。这样企业私有的知识会逐渐为更多企业所掌握，知识的公共物品特性逐渐增强。

一般而言，大多数知识具有非私有性，使知识很容易出现外部性：创造知识的社会价值会超过创造知识的主体所能得到的补偿。与此同时，与其他非私有性物品类似，知识的生产容易出现私有投资低于社会最优投资的情况，即市场失灵，由此需要政府的介入。

## 第二节　区域环境与企业技术创新的不确定性：风险调节机制

随着生产进入大规模标准化时代，生产性企业的区位选择回到了古典区位论可以解释的阶段，即企业的区位选择只寻求生产成本最小化。但由于创新是非常规化的生产活动，世界范围内也出现了许多创新的聚集高地，再考虑到企业改造环境的主观能动性，区域环境对企业创新的影响较之于一般生产活动的影响更为复杂。针对企业技术创新的不确定性、系统性和动态性三大特点，基础环境、空间聚集以及政府政策等三类区域环境④将以风险调节、资源互补和诱导发生三种

① 萧伯纳说过："你有一个苹果，我有一个苹果，我们彼此交换，每人还是一个苹果；你有一种思想，我有一种思想，我们彼此交换，每人可拥有两种思想。"

② 根据范里安（2011），公共物品"是指对所有涉及的消费者都必须供应相同数量的物品"。虽然对知识的获取还需要个体具备相应的能力，个体间对公共知识的掌握程度不同，但这不违反公共知识供给上的等量性。

③ 傅家骥（1998）。

④ 受已有文献启发，本书将区域环境划分为上述三类并进行研究，参见本书第二章第二节。

机制对企业技术创新形成影响。区域环境影响企业的技术创新首先表现为，包括通信基础设施、文化和聚集等经过长期积累形成的区域环境，以及以地方政府政策为代表的具有短期时效的区域环境，均会对企业技术创新的风险进行调节。

## 一、长期积累环境对企业技术创新风险的调节

知识和信息是企业进行创新的基础资源。步入信息时代，信息交流、传播的主要依赖现代化的交通和信息通信技术。区域内任何有利于信息交互的基础设施，如交通、通信网络等条件的改善，都能增强企业信息获取的能力。开放型的信息网络更是使单个企业能以极其低廉的成本获得全球性的市场和技术信息。广泛地获取相关信息，包括与创新网络的各个主体进行交互，是企业规避创新不确定性的首要手段。越是能及时地获得关于市场和前沿技术的信息，企业的技术创新和新产品的市场化成功的概率越高。特别是对于中小企业而言，便利的信息获取使其能承受更高的创新风险。

区域的文化因素通过影响人们的思维方式、价值观以及互动方式等影响企业创新。特别是由于创新是对旧的生产方式等的破除，一个开放的具有包容性的区域环境是企业选择创新的前提。首先，不同的文化环境会影响企业创新的意愿。由于创新的高风险性，处于承担风险文化中的个体较之规避风险文化中的个体更愿意投资于创新。前者更愿意承受风险，面对创新成功的高收益有“不入虎穴焉得虎子”的冒险精神；而后者面对较小的风险都手足无措，企业可能会拒绝创新，或者采用与其他企业或高校、科研院所合作的方式以分散创新的风险。其次，文化环境会影响企业创新的类型。如注重社会可持续发展的文化中，个体会注重某项创新在未来几十年甚至上百年后的应用，因而允许创新从投入到成功有很长的时间跨度；而在短视文化中，企业创新对创新投入产出的时滞十分敏感，甚至只是为了获得短期的一时之利为创新设置期限，一旦期限到来，或者放弃创新或者将不成熟的新产品推向市场。处于开放的有冒险精神的以及远瞻性强的区域环境中的企业容易出现激进型创新，反之，则以渐进创新为主。最后，区域文化会影响区域内企业间的互动方式。由于创新的系统性，创新互动模式的重要性日益提高。以诚信和信任为特征的区域文化中，企业因相互间合作获益，创新风险降低。

聚集使一定的市场空间范围内的经济活动主体之间可以更加频繁地进行联

系，因此会减小企业创新的市场化风险。首先，聚集使企业与其上下游企业及其消费者之间的沟通更及时、高效，企业面对的需求相对明确，因而企业创新的市场化前景可以得到保证，风险降低（张辉，2003）。其次，根据大数法则原理，异质性企业的大量聚集使得任何一项活动，包括创新都有足够多的企业与之相适应，从而减少了社会经济波动的损失。例如，众多的下游企业的存在不仅能缓解需求和生产波动给上游企业造成的影响，也给上游企业的技术创新创造了更大的空间。但是，聚集中的企业也有更高的商业机密泄露的概率，一旦企业正在进行的创新计划被竞争对手获悉并被捷足先登，那么企业前期的创新投入将很难获得回报，使企业面临更大的创新风险。

## 二、短期时效环境对企业技术创新风险的调节

由于创新具有极大的不确定性，企业创新的成本十分高昂，又由于部分知识具有公共物品的特点，企业缺少对知识投资的激励，而鉴于创新对区域经济发展的巨大动力，地方政府一般不会对企业创新放任不管，而是积极参与到对企业技术创新风险的调节中来。

针对技术创新的技术不确定性，地方政府通过改善企业面临的客观环境进而调节技术创新的风险，如投资建设交通、通信等基础设施，提高企业获取信息的便利性；或者建立创新服务平台，为“产—学—研”合作牵线搭桥，分散单个企业的创新风险；或者发展风险投资基金，使企业有足够的创新资金。此外，直接地对企业的技术创新提供研发补贴或资金鼓励，给予企业税收优惠、利率优惠等，在减小企业创新成本的同时，也能缓解企业创新的相对风险。如图 3－2 所示，创新的收益需要经过很长的时间才能显现。前期的研发阶段需要创新资金的大量投入，而这些资金对于中小企业，特别是对于资金周转困难的企业而言通常是个天文数字。政府针对研发活动和新产品给予的税收优惠使得企业创新的资金收益曲线往上移动，一方面减少了创新资金的绝对需求额，另一方面缩短了企业创新实现盈亏平衡需要的时间，使企业创新的风险相对减小。世界历史上不乏这样的例子，在军用领域或者与大规模基础设施领域，由于民用市场的不成熟，市场本身不足以使企业有承受创新风险的能力时，政府的资助能够加速关键性技术的学习。

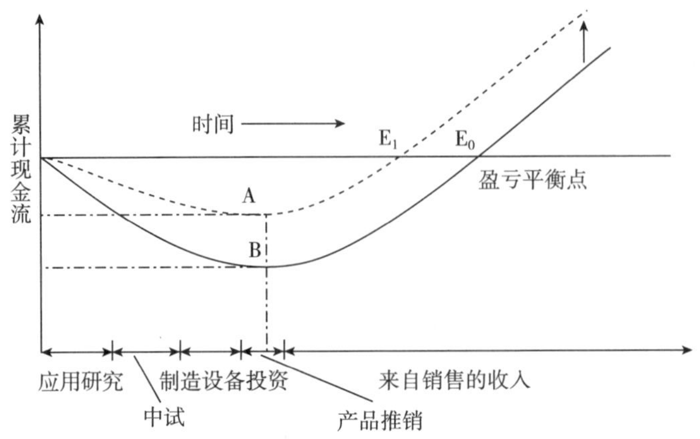


**图 3－2　政府激励与创新的资金收益**

资料来源：笔者研究绘制。

针对企业技术创新的市场不确定性，政府可以通过制定并实施知识产权保护制度等为企业技术创新提供良好的市场环境，保证企业对知识投资的激励。我们考虑盗版（Piracy）的存在如何影响企业创新的激励，以及政府管制的必要性。对于软件和传媒等高信息技术部门，极低的复制成本对企业的技术创新激励形成致命影响。虽然，有学者认为盗版产品对于合法产品本身具有一定的广告效应，盗版的盛行也为创新企业指明了未来的研发方向，所以盗版也具有一定的积极影响，但是大部分实证文献，如 Park 和 Ginarte（1998）、Ding 和 Liu（2009），Jaisingh（2009）均认为在知识产权制度（Intellectual Property Right，IPR）不健全的地区，盗版对创新企业的新技术研发热情形成阻碍，只有严格的政府规制才能提高产品质量。

考虑一种产品的市场，如软件，面临着盗版威胁。假设只有一个企业 $m$ 为了使预期收益高于一定值——$\overline{\pi}$，而进行研发投入。不失一般性地，假设$\overline{\pi}=0$。企业的研发投入量为 $R$，成功实现产品创新的概率是研发投入的函数，设为 $k\alpha(R)$，$0\leqslant k\alpha(R)\leqslant 1$，并且 $\alpha'(R)>0$，$\alpha''(R)<0$[①]。即我们假设创新的不确定性为 $ka(R)$，$k$ 可视为代表研发效率的参数。我们进一步假设 $-\alpha''(R)/\alpha'(R)$ 是递减的，即 $\alpha(R)$ 的曲率（Curvature）随 $R$ 的增大而减小。

① 该一阶、二阶条件使得企业可以取得最大化收益。

假设该企业面临盗版威胁，即区域内有其他专做盗版的企业 $c$①在仿造和销售不具有版权的产品。盗版产品是正版产品的不完全替代品，假设正版产品的质量为1，盗版产品的“质量”② 为 $q$。依据常识，$q \in (0, 1)$。

假设消费者服从0～1的均匀分布，即 $\theta \in [0, 1]$，同时 $\theta$ 也表示消费者对产品的评价。每个消费者具有三种选择：购买创新企业的产品，即正版产品；购买盗版产品；不消费。并且如果一个消费者决定购买产品，其能且只能购买一件产品。对应上述三种选择，$\theta$ 类消费者的效用函数可以写为：

$$U_\theta = \begin{cases} \theta - p_m \\ q\theta - p_c \\ 0 \end{cases} \tag{3.1}$$

其中，$p_m$，$p_c$ 分别表示正版产品和盗版产品的市场价格。消费者因为对产品的不同评价而不同，$q\theta$ 代表 $\theta$ 类消费者对盗版产品的评价。购买正版和盗版产品获得相等效用的边际消费者满足 $\theta_1 - p_m = q\theta_1 - p_c$，因此 $\theta_1 = (p_m - p_c) / (1 - q)$。购买盗版产品获得的效用等于不进行消费的效用的边际消费者满足 $0 = q\theta_2 - p_c$，因此 $\theta_2 = p_c/q$。因此正版产品和盗版产品的市场需求分别为：

$$D_m(p_m, p_c, q) = \int_{\theta_1}^{1} \mathrm{d}\theta = 1 - \theta_1 = 1 - \frac{p_m - p_c}{1 - q} \tag{3.2}$$

$$D_c(p_m, p_c, q) = \int_{\theta_2}^{\theta_1} \mathrm{d}\theta = \theta_1 - \theta_2 = \frac{qp_m - p_c}{q(1 - q)} \tag{3.3}$$

创新企业和盗版企业进行序列博弈（Sequential game）。在阶段1，创新企业选择研发投入 $R$，在阶段2，创新企业和盗版企业进行价格竞争。各企业的期望收益分别为：

$$E\pi_m = ka(R)r - R;\ E\pi_c = ka(R)\left(\frac{qp_m p_c - p_c^2}{q(1-q)}\right) \tag{3.4}$$

其中，$r = p_m D_m = p_m - (p_m^2 - p_m p_c) / (1 - q)$，表示创新企业如果在阶段1创新成功，其在阶段2可获得的收益。只有创新企业的阶段1创新成功，盗版企业才能在阶段2与其进行竞争。求解各企业的反应函数，有：

$$p_m = \frac{1 - q + p_c}{2};\ p_c = \frac{qp_m}{2} \tag{3.5}$$

① 我们可以理解为以一个企业代表的一类企业。

② 盗版也分高仿和低仿。

均衡价格为：

$$p_m^* = \frac{2(1-q)}{4-q};\ p_c^* = \frac{q(1-q)}{4-q} \tag{3.6}$$

创新企业阶段2的收益为：

$$r^*(q) = \frac{4(1-q)}{(4-q)^2} \tag{3.7}$$

将式（3.7）代入创新企业的期望收益函数，求解最大化期望收益时的均衡研发投入 $R^p$。期望收入 $E\pi_m^p = k\alpha(R^p)r^* - R^p$，并且满足 $\alpha'(R^p) = 1/kr^*$。

如果没有盗版企业的存在，$q=0$，$r^*(q=0) = 1/4$，均衡的研发投入 $R^*$ 满足 $\alpha'(R^*) = 4/k$。由于 $\alpha'(R^*) < \alpha'(R^p)$①，而 $\alpha'(R) > 0$，$\alpha''(R) < 0$，因此 $R^* > R^p$，即盗版的存在降低了企业的创新投入。同时 $dE\pi_m^p/dq < 0$②，即盗版的存在降低了创新企业的预期收益（见图3-3）。许多情况下，盗版越“猖獗”，盗版“质量”越高，即盗版质量可以近似为创新企业面临的盗版环境。所以，区域内的盗版越严重，企业创新的激励越弱，其期望收益也越低。反之，严格的知识产权制度能有效促进企业创新。

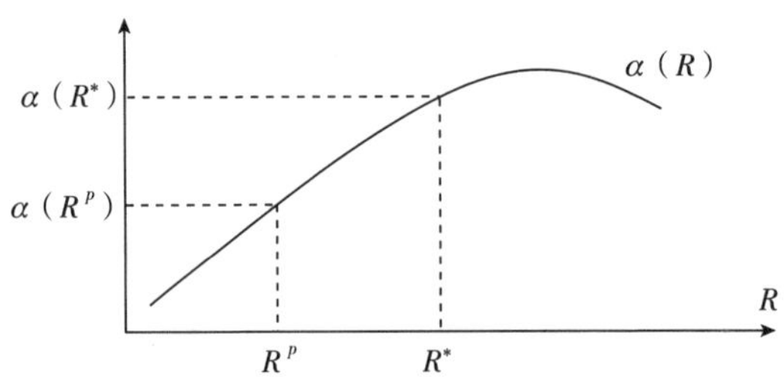


**图3-3 区域内是否存在盗版与创新企业的研发投入**

资料来源：笔者研究绘制。

① $\alpha'(R^*) - \alpha'(R^p) = \frac{4}{k} - \frac{1}{k}\cdot\frac{(4-q)^2}{4(1-q)} = -\frac{q(8+q)}{4k(1-q)} < 0$，$k>0$，$q\epsilon(0, 1)$。

② $\frac{dE\pi_m^p}{dq} = k\alpha(R^p)\frac{dr^*}{dq} + [k\alpha'(R^p)r^* - 1]\frac{dR^p}{dq} = k\alpha(R^p)\cdot\frac{-4(2+q)}{(4-q)^3} < 0$。

## 第三节　区域环境与企业技术创新的系统性：资源互补机制

区域环境可以为单个企业的技术创新提供互补性资源，如物质、知识等基础设施①，而聚集产生的知识溢出也是企业互补性知识的重要来源。

### 一、物质基础设施互补

企业创新的完成很多时候需要互补性创新环境的支持。例如，电动汽车的大范围推广历经百年，原因是缺少能与之匹配的电池。但是，这种互补性的创新环境并不仅仅限于技术层面，而可能是基础设施、资金、技能等。创新越是根本性的，它的成功就越是可能需要广泛的基础设施或组织及社会层面的变革（Fagerberg，2009）。20 世纪一些最重要的创新，如电和汽车，依赖于非常广泛的基础设施投资，包括电线、道路以及燃油的分销系统。特别是小型的、新成立的企业更需要区域提供相应的配套基础设施。这类基础设施一般具有规模经济的特点以及公共物品的性质，很容易出现市场失灵。又由于企业创新的成功需要得到创新系统内互补性资源的支持，政府一旦能打破技能、研究的基础设施和更广泛的经济基础设施方面的瓶颈，就能给企业创新创造良好的环境。

### 二、知识基础设施互补

以高校、科研机构为代表的公共科研机构可以为企业提供互补性知识。除教育、研究和公共服务的功能外，许多高校，特别是研究型高校均将促进经济发展作为自身的发展目标，而科研机构也以通过提供咨询等形式参与到企业的技术创

---

① 根据世界银行《世界发展报告 1994——为发展提供基础设施》的定义，基础设施分为经济基础设施和社会基础设施两大类，前者包括公共设施、公共工程以及其他交通部门，后者包括教育和卫生保健。本书主要从物质和知识两方面基础设施对创新的影响进行论述。

新中。

包括高校和科研院所的公共科研机构有多种方式与企业进行互动。一方面公共科研机构可以为企业提供互补性的基础研究，以接近“线性模型”的方式与企业进行互动。对于公共科研机构基础研究产生的某个新发现，如果企业认为此新发现有实用价值，企业就会联合公共科研机构中的科学家一起进行开发，或者对高校或科研院所给予研究经费资助。特别是在以科学发展为基础的产业中，如化工、生物工程、制药工业等，企业和研究机构的联系是非常紧密的。而且，由于许多对企业有价值的研究对科研机构的学者本身也很有价值，直观的就是能发表反映学术造诣的高质量的学术期刊，学者也主动与企业进行合作。另一方面公共科研机构还能为企业提供创新需要的人力资源，如高校提供由领先的研究者培养的毕业生，科研院所提供科研顾问。这些毕业生、科研顾问往往对新的研究方法和原理非常熟悉，对国际科研前沿有深刻了解，拥有企业自身难以提供的新理念、新技术、新观察方法和新技能（Pavitt，2009）。但由于企业和公共科研机构的不同性质，两者对科学研究的态度截然不同，这对两者的互动形成了挑战。受市场竞争的压力，企业对研究成果的需求往往是急迫的，很难忍受科研机构研究“文火慢炖”式的研究，而一旦服从于企业的需求，将研究的着眼点设定为产业的短期需求，公共科研机构基础性研究的质量就难以得到保证。对高校来说，这种短期见效的研究对于培养学生的实验能力和质疑的探究精神是无益的。

公共科研机构与企业的互动中最明显的特征是研究人员与企业的非正式接触十分重要。Cohen 等（2002）关于美国的调研发现，在公共科研机构与产业研发的众多互动方式中，非正式联系是第二重要的互动方式①（见图 3－4）。非正式的联系为企业提供了进入学术界的入口，企业家可以找到内行人士了解重要的技术发展状况以及相关研究人员的情况，科研人员也能深入洞察产业面临的困难以及实践中的前沿发展（Pavitt，2009）。考虑到交通成本、时间成本以及个人间信任的建立等，非正式接触有很强的地域局限性。正如 Glaeser 等（1992）所说，“知识在走廊和街道上传播比跨越大洲和海洋容易”。科研人员和企业间的非正式联系是知识传播最快速、最容易实现的路径，这为企业省去了等待新知识公开发表和出版所需的漫长过程。同时，有些有价值的知识几乎从不通过非当地化的途径传播，如关于科学实验失败的知识是很少公开发表的。而对他人教训的吸取也

① 各互动方式的重要性因产业而异，可参见 Cohen 等（2002），本书不做赘述。

能使企业的技术创新少走弯路，大大节约企业的研发时间和成本。

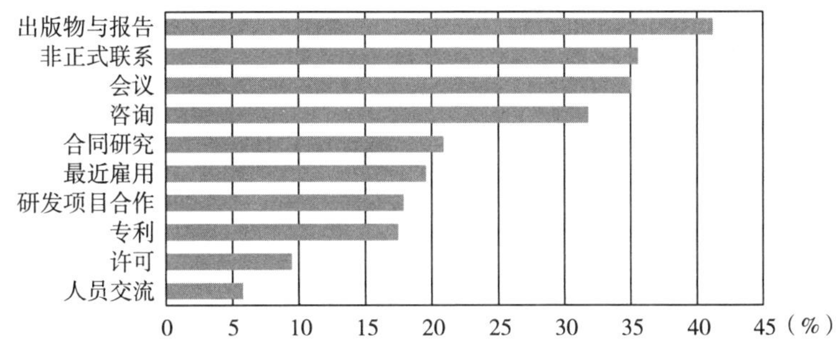


**图 3－4　公共科研机构与企业间各种交互方式对企业研发的重要性**

资料来源：笔者根据 Cohen 等（2002）绘制。

同时，相比于资金的高流动性，人力资本的流动性并不强（Feldman，1994）。所以，虽然说远距离的产学研合作是可能的，但由于近距离能增加交流的频率，区域内的公共研究机构更能为区域内的企业提供互补性研发支持。在中国，高等院校毕业生平均就业流动距离只有 235 千米，接近石家庄到太原的距离（赵晶晶和盛玉雪，2014）；在美国，由于家庭流动性的限制、对区位的偏好、对环境的熟悉、相对较高的搬迁成本，许多受雇于政府研究机构的生物技术科学家选择在研究机构所在地建立公司，成为“土生土长”的创新者（Feldman，2009）。

## 三、隐性知识互补

隐性知识是企业技术创新关键的知识类型之一。随着信息通信技术的日益普及和经济的全球化发展，许多要素的跨区域甚至跨国界流动逐渐使要素的分布变得无处不在，弱化了经济活动对地理的依赖性。当可编码化知识的获取越来越容易，隐性知识对于企业维持或者提升其竞争力越来越重要。特别是由于产品日益复杂，单个企业要想掌握产品中所包含的所有领域知识的进展是非常困难的。“模块化生产网络”中的单个企业需要对多个领域专业化知识进行整合才能进行新产品的开发和生产，而这不仅依赖于编码化知识的传递，还依赖于隐性知识的获取。

聚集是企业获取隐性知识的关键区域环境。聚集能产生知识溢出，也能降低企业获得隐性知识的成本。聚集不仅降低了企业面对面交流的时间、交通等成本，也使企业避开了隐性知识远距离传播的风险，增强了企业间的相互信任以及获取知识溢出的可能性。特别是一定地理范围内的高校和科研机构的知识溢出对创新资源匮乏的中小企业进行技术创新十分有益。正如马歇尔关于专业化产业聚集区的论述中所说，“（产业区中）……行业的秘密不再成为秘密，而是弥漫在空气中，孩子们不知不觉地学到许多秘密。优良的工作受到正确的赏识，机械上以及制造方面和企业的一般组织上的发明和改良之成绩，得到迅速的研究。如果一个人有了一种新思想，就为别人所采纳，并与别人的意见结合起来，因此它就成为更新的思想之源泉……”（马歇尔，1890）。

由于聚集潜在的经济性，地方政府倾向于通过划定科技园、技术园，以行政力量强制聚集的产生，希望各个企业能从与园区内的企业、科研机构合作中受益。同时，地方政府还会鼓励创新企业在大学周围进行聚集，以实现大学技术的商业化。政府以这种建立科技园区的形式激励并管理大学、研究和开发机构、企业和市场之间知识和技术的流动，并通过孵化器或衍生企业的过程促进基于创新的企业的产生和成长，同时提供高质量的场所和相关设施以及其他具有附加价值的服务。在这些政府规划形成的聚集区中，基础设施条件一般都较好，而与自发形成的聚集一样，园区内的企业、高校和科研机构都可能为企业的技术创新提供互补性知识以及知识溢出。

但是，单纯的地理邻近不足以产生知识溢出，地理邻近或者物理上的邻近并不是获得隐性知识的充分条件，也不是其必要条件，仅考虑地理邻近性可能会得到有误导性的政策启示。有效地聚集需要地理邻近和其他形式邻近性的相互补充，如认知邻近性、组织邻近性、社会邻近性和制度邻近性。只有具有一定的类似的知识基础，企业才能顺利将外部性知识吸收内化。没有任何稳定关系的企业“纯聚集”，或者企业没有相应的吸收能力，实现知识溢出只能是空谈。只有园区内的企业间、企业和研究机构间真正存在创新互动，园区建立对企业创新的促进作用才能出现。

同时，全球性知识网络和知识流动日益成为企业技术创新重要的思想来源，企业除自己生产的知识以及从区域内的公共科研机构和其他企业处获得知识（包括显性和隐性）外，还需获取非本地化的知识来源作为必要补充。即创新地理空

间分布具有双重性（见图 3－5），“当地的蜂音系统和全球性的渠道①”对于企业技术创新都很重要（Bathelt 等，2004）。没有企业可以把自己与非本地知识源泉割裂开来，因为区域创新系统倾向于鼓励技术停滞，具有锁定效应。

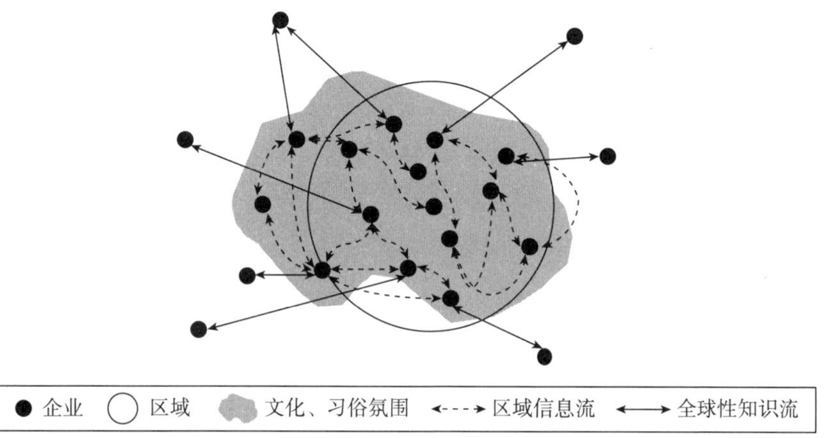


图 3－5 创新地理空间分布的双重性

资料来源：Bathelt 等（2004）。

## 第四节 区域环境与企业技术创新的动态性：诱导机制

区域环境对企业技术创新具有诱导性，最明显的就是政府战略性产业等政策的制定为企业技术创新做出方向性指引。此外，考虑区位选择的内生性，环境（聚集或分散）形成的过程与企业创新决策过程是相伴相生的。

① 原文为“Local buzz and global pipeline”。

## 一、政府政策对企业创新的诱导

政府可以通过制定相应政策诱导企业在某个方向上的持续创新。首先，政府的公共采购政策为企业技术创新提供了需求刺激。如美国计算机产业、韩国汽车产业的发展都与企业采购政策有着密切的联系。其次，政府为了掌握技术趋势会对科学成果进行评价。这种评价有助于政府预测出新的“战略性技术”，为区域的发展识别出的“战略性产业”，这也为企业技术创新提供了方向，而且政府主导的许多研究项目本身就具有指向性，为企业持续创新做出指引。

在当前，各国政府希望通过新技术革命引领产业革命，抢占未来国际市场制高点，都制定了相应的产业发展战略。如日本政府有关部门拟定了适应 21 世纪世界技术创新要求的四大战略性产业领域：一是环保能源领域；二是信息家电、宽带网、IT 领域；三是医疗、健康、生物技术领域；四是纳米技术、纳米材料产业。2010 年，根据《国务院关于加快培育和发展战略性新兴产业的决定》，中国将节能环保、新一代信息技术、生物、高端装备制造、新能源、新材料和新能源汽车七个产业设定为当下的战略新兴产业，并制定了相应的扶持政策。政府这种战略产业的设定一方面成为企业技术创新的方向，另一方面与战略产业配套的政策也减少了企业技术创新的成本和风险。但政府的创新政策也可能会过于局限于“高技术”“战略性技术”所定义的若干产业等，而忽略传统产业的创新潜力。

## 二、内生聚集与企业动态技术创新

如果说上文关于聚集对企业技术创新的影响中将聚集视为外生的区域环境，那么，如果企业的区位选择（聚集或分散）、企业的研发决策（动态创新）都是内生的，聚集如何影响企业的研发决策？甚至，企业的区位选择会形成聚集吗？

虽然我们在上文一些分析中讨论了聚集对企业技术创新的风险调节以及知识溢出对企业技术创新的知识互补，但聚集的本质是什么我们却没有回答。聚集既可以理解成名词，表示一种状态，如郝寿义（2007）认为，非均质空间条件下，经济行为主体根据其自身的约束条件和区位的客观差异，进行合理的区位选择，这种区位选择的结果与客观的地理空间相互结合，使空间上的分布呈现非均质状态，亦即聚集状态；又可以理解为动词，表示一种过程，如 Ottaviano 和 Puga

(1998) 认为，聚集可以理解为一种具有自我累积性的过程。综合来看，聚集是经济行为主体（本书主要研究企业）区位选择导致的非均质分布状态，而且这种状态会自我增强。所以，聚集具有内生性：一方面，聚集作为一种环境变量影响企业的经济活动，包括技术创新；另一方面，企业的战略性区位选择可能导致空间聚集或者分散。此外，企业的研发决策受到区域环境包括聚集的影响，而由于知识溢出的存在，聚集也反过来对企业研发决策形成影响（见图3-6）。

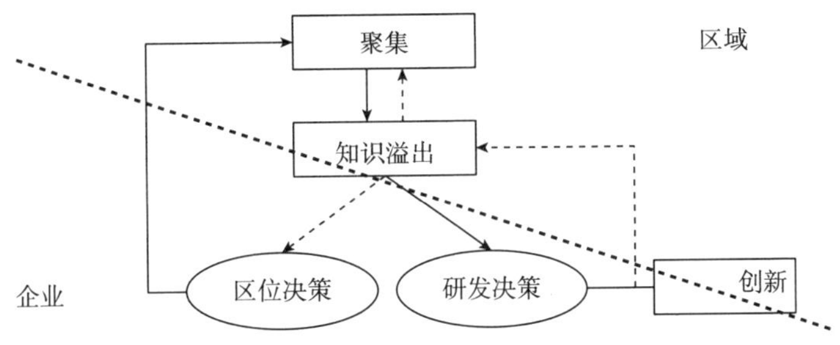


**图3-6　区位决策、研发决策与聚集的逻辑关系**

资料来源：笔者整理绘制。

当企业的区位选择（聚集或分散）、企业的研发决策都是内生的，聚集和企业的动态创新间有什么关系？本书将通过建立企业研发内生的空间竞争模型进行分析。

以 Hotelling（1929）模型为基础的空间寡头竞争模型一般包括价格竞争和产量竞争两种不完全竞争方式①。已有研究一般认为价格竞争难以产生聚集，因为企业趋向于远离竞争对手以避免激烈的价格竞争，而产量竞争可以产生聚集（Anderson 和 Neven，1991）。目前，在这种空间竞争结构中考虑企业技术创新的文献不多，如 Ebina 和 Shimizu（2012）构建了企业区位选择、研发投入决策和产量竞争三阶段博弈组成的空间竞争模型。他们认为当企业研发是其获得产品差异的途径，若企业间产品具有互补性质，企业倾向于形成聚集但是增大研发投入量，以产品差异弥补空间差异的不足；而如果企业间产品具有替代性，则企业倾向于分散化布局，以获得空间最大差异，同时企业研发投入变少；即空间和研发

① 参考文献综述部分。

投入两个维度均能形成企业产品差异，而且两个维度的差异具有互补性，而进一步考虑到知识溢出的文献只有 Piga 和 Poyago - Theotoky（2005）、Zhang 和 Li（2013）等。两者均构建了企业区位选择、研发投入决策和价格竞争三阶段博弈的空间竞争模型①，与 Ebina 和 Shimizu（2012）不同之处主要有两点：一是对第三阶段博弈的处理，是进行价格竞争还是产量竞争；二是研发决策子博弈中是否存在知识溢出。

一般而言，空间价格竞争对现实的解释力不足：一是价格竞争难以出现聚集②，二是价格竞争中各个企业的市场范围绝不重合③，这些都与现实有很大的出入。因此，本书将对 Ebina 和 Shimizu（2012）的三阶段空间产量竞争博弈进行扩展，以分析内生区位决策和研发决策如何相互影响。对于能源等产品，由于运输具有非常高的固定成本④，以及运输的不可分性等，生产决策和价格决策之间通常有时滞性，产量和销量较之价格更难改变。对于这种产品企业更容易进行产量竞争而非价格竞争⑤。而除增加考虑知识溢出外，本书中假设企业致力于进行降低边际生产成本的技术创新，与 Ebina 和 Shimizu（2012）的技术创新是增加产品替代性的设置略有不同。

假设在一个线性空间 $x \in [0, 1]$ 中均匀分布着具有相同偏好的消费者⑥。存在两个企业，企业的区位为 $y_i \in [0, 1]$，$i = 1, 2$。不失一般性地，假设企业 2 处于企业 1 的右边，即 $y_1 \leq y_2$，两个企业距离 $d = y_2 - y_1$。

在每个点 $x$ 上，需求函数为 $P_x = a - b(q_1 + q_2)$。其中，$P_x$ 为价格，$q_i$ 为企

---

① 两者区别在于：一是市场结构的设置，后者区分了公共研发机构和私人研发机构；二是博弈的顺序，后者同时考虑了"区位决策—研发决策—价格竞争"以及"研发决策—区位决策—价格竞争"两种博弈顺序，认为博弈顺序会影响博弈结果。

② D' Aspremont 等（1979）证明了原始的 Hotelling's 模型中当企业在区位上很近时是不存在纯策略价格均衡的。Anderson 和 Neven（1991）也认为，当企业同时进行区位决策，预期到激烈的价格竞争会使得利润趋于零，企业永远不会选择聚集。亦可参考 Piga 和 Poyago - Theotoky（2005）、Zhang 和 Li（2013）的均衡结果。

③ 同质产品的情况下，价格竞争的企业间市场范围是不相互重合的，除非产品具有异质性，而现实是生产完全可相互替代产品的企业的市场范围在许多情况下是重合的。

④ 对于原油和天然气而言，传输管道的布局几乎不可更改。

⑤ 根据安同良、杨羽云（2002），以价格竞争为主的行业有以下特征：产品差别化程度较小、行业正处于成熟期或衰退期、行业集中度正在提高等。

⑥ 消费者分布假设与本章第二节一致，但此处消费者是同质的。

业 i 在点 $x$ 的销售量。两企业均只生产同一种产品，$b>0$，产品具有完全替代性①。

企业以不变边际成本 $c_i$ 进行生产，且此成本与其有效研发量 $E_i$ 有关，$c_i=\bar{c}-cE_i/2$，并进一步假设 $\bar{c}$ 为 0②。企业自身的研发产出量为 $e_i$③，与自身研发投入 $R_i$ 满足 $e_i=I(R_i)=2R_i^{1/2}$④。由于存在知识溢出，企业 $i$ 的有效研发产出 $E_i$ 不仅包括自身的研发产出 $e_i$，还受益于企业 $j$ 的研发产出，而且知识溢出的程度与两个企业的区位选择有关⑤，即

$$E_i=e_i+(1-d)e_j,\ i,\ j=1,\ 2;\ i\neq j \tag{3.8}$$

当两个企业的区位选择出现聚集，即 $y_2=y_1$，知识溢出达到最大，而当两个企业分别处于市场的两端，$y_2=1$，$y_1=0$，知识溢出达到最小⑥。

$t$ 为运输费率，$t>0$。$t(x-y_i)^2$ 为消费地到产地（企业所在地）的交通成本⑦，由企业承担⑧。为保证价格的非负性以及两企业均覆盖完整的消费空间，假设 $a>t+2c_1-c_2$。则企业 $i$ 在点 $x$ 上的利润为：

$$\pi_i=(p_i-t(x-y_i)^2-c_i)q_i \tag{3.9}$$

企业的总利润为：

$$\prod_i=\int_0^1\pi_i\mathrm{d}x-R_i \tag{3.10}$$

两企业在阶段 1 首先进行区位选择（$y_i$），在阶段 2 作出研发投入决策（$R_i$），最后在阶段 3 进行产量竞争（$q_i$）。我们按逆序法分别求各阶段的子博弈均衡。

---

① Shimizu（2002）、Ebina 和 Shimizu（2012）拓展考虑了产品间具有不完全替代性或互补性的空间古诺竞争模型。

② Biscaia 和 Sarmento（2012）分析了企业具有不同（外生）边际生产成本的情况。当 $c=0$，本书退化为最基本的空间古诺竞争模型。为保证市场价格的非负性质，$c$ 必须满足一定的取值范围，见下文。

③ 与前文的不同在于此处两企业均进行研发，且具有相同的知识生产函数。为简化分析，此处不单独考虑创新的不确定性，可以认为创新的不确定性已经体现在知识生产函数中。

④ 服从收益递减规律：$I'(R)\geqslant 0$，$I''(R)\leqslant 0$。

⑤ 参考 Piga 和 Poyago – Theotoky（2005）、Zhang 和 Li（2013）的设置。

⑥ Piga 和 Poyago – Theotoky（2005）、Zhang 和 Li（2013）在其论文的模型扩展部分都考虑了包含溢出系数的溢出方程。这是一个对称溢出的形式，以后的研究中可以对此进行不对称扩展。

⑦ 为简化计算，采用了二次运输成本函数。此处设置与价格竞争文献如 Piga 和 Poyago – Theotoky（2005）、Zhang 和 Li（2013）类似。

⑧ 与价格竞争中消费者承担运输成本不一样，产量竞争中一般假设生产者承担运输，这样企业掌握了运输环节，可以对消费者进行价格歧视。

（一）产量子博弈

在阶段3，两企业在已定区位和研发产出后在每个点 $x$ 上都进行产量竞争。

$$\pi_1 = (a - bq_1 - bq_2 - t(x - y_1)^2 - c_1)q_1 \quad (3.11)$$

$$\pi_2 = (a - bq_1 - bq_2 - t(x - y_1)^2 - c_2)q_2 \quad (3.12)$$

视对方产量一定，企业 $i$ 利润最大化时的产量可以通过对式（3.11）、式（3.12）求解一阶条件得到①：

$$\frac{\partial \pi_i}{\partial q_i} = a - 2bq_i - bq_j - t(x - y_i)^2 - c_i = 0 \quad (3.13)$$

由此企业的反应函数为：

$$q_i = \frac{a - bq_j - t(x - y_i)^2 - c_i}{2b} \quad (3.14)$$

可以解出企业在点 $x$ 处的最优产量为②：

$$q_i^* = \frac{a - 2c_i + c_j - 2t(x - y_i)^2 + t(x - y_i)^2}{3b} \quad (3.15)$$

相应的点 $x$ 处价格为：

$$p = \frac{a + c_1 + c_2 + t(x - y_1)^2 + t(x - y_2)^2}{3} \quad (3.16)$$

为保证价格非负的性质，假设 $c$ 满足 $0 < c < \sqrt{\frac{9ab}{8\ (9a - 2t/3)}}$。则两企业在 $x$ 点的利润分别为：

$$\pi_1 = \frac{1}{9b}[a - 2c_1 + c_2 - 2t(x - y_1)^2 + t(x - y_2)^2]^2 \quad (3.17)$$

$$\pi_2 = \frac{1}{9b}[a + c_1 - 2c_2 + t(x - y_1)^2 - 2t(x - y_2)^2]^2 \quad (3.18)$$

（二）研发投入子博弈

在阶段2，两个企业将区位视为已知，进行研发投入的不合作博弈。由于两个企业完全相似，以及三阶段博弈的复杂性，我们仅研究对称均衡的结果③。对称均衡中两企业总利润相等 $\prod_1 = \prod_2$，研发投入满足 $R_1 = R_2$，企业区位选择

① 二阶条件满足，$\partial^2 \pi_i / \partial q_i^2 = -2b < 0$。

② 可见产量竞争中每个企业都供应整个市场空间，$x \in [0, 1]$，与价格竞争形成鲜明对比。

③ Piga 和 Poyago－Theotoky（2005）采用了类似的研究路径。Anderson 和 Neven（1991）曾证明空间古诺竞争的均衡一定是对称均衡。

亦满足对称性，即 $y_1+y_2=1$，$y_1=(1-d)/2$。令 $D=(1+2y_1)cR_1^{1/2}$，$A=a+D-t(y_1^2+2y_1-1)$，企业 1 的总利润为：

$$\prod_1=\int_0^1\frac{1}{9b}[a-2c_1+c_2-2t(x-y_1)^2+t(x-y_2)^2]^2\mathrm{d}x-R_1$$
$$=\frac{1}{9b}\left(A^2+(2At-t^2)(2y_1-y_2)+\frac{-2At+4t^2(2y_1-y_2)^2}{3}+\frac{t^2}{5}\right)-R_1 \tag{3.19}$$

对式（3.19）求研发投入的一阶导并令其为0①，有：

$$\underbrace{\left[c^2(1+2y_1)^2-\frac{9b}{2}\right]}_{B}R_1^{1/2}+\underbrace{c(1+2y_1)\left(a-ty_1^2+ty_1-\frac{t}{3}\right)}_{M}=0 \tag{3.20}$$

其中，$B=\left[c^2(1+2y_1)^2-\frac{9b}{2}\right]<0$，$M=c(1+2y_1)\left(a-ty_1^2+ty_1-\frac{t}{3}\right)>0$。企业 1 的最优研发投入量 $R_1^*$ 为：

$$R_1^*=\left(\frac{M}{B}\right)^2 \tag{3.21}$$

由于两企业完全相似，企业 2 的最优研发投入 $R_2^*=R_1^*$。

将式（3.21）代入式（3.19），企业 1 的利润可以写成区位 $y_1$ 的函数：

$$\prod_1=\frac{1}{9b}\left(A^2+(2At-t^2)(3y_1-1)+\frac{-2At+4t^2(3y_1-1)^2}{3}+\frac{t^2}{5}\right)-R_1^* \tag{3.22}$$

### （三）区位选择子博弈

当目标函数式（3.22）达到最大，企业区位选择为最优，此时 $y_1^*=y_2^*=0.5$。这与 Biscaia 和 Sarmento（2012）的研究结论类似，他们认为空间古诺模型中企业的区位决策不受任何企业边际成本的影响。由于解析解不够直观，所以本书将进行数值模拟②。参数设置如下：$a=5$，$b=1$，$t=0.5$，$c=0.1$③。模拟显

---

① 二阶条件满足：$\frac{\partial^2\prod_1}{\partial R_1^2}=-\frac{MR_1^{-3/2}}{9b}<0$。

② 对于多阶段博弈，由于解析解较难求解，甚至无解，采用数值模拟的方法是许多文献的选择，如 Piga 和 Poyago－Theotoky（2005），Zhang 和 Li（2013）等。

③ 此处仅为了以数值模拟的方式对企业区位选择和研发投入决策的关系进行研究，而此种设置能保证利润、产量和价格等的非负性。下文中有关于一些参数取值范围的讨论。

示，两企业的最终区位博弈均衡结果为在中点聚集①。若 $y_1 = 1 - y_2 < 0.5$，$\partial\prod_1/\partial y_1 > 0$，$\partial\prod_2/\partial y_2 < 0$，两个企业均有向中点移动的趋势。当企业2位于中点，企业1（$y_1 < 0.5$）通过向中点移动，一方面利润由于距离区间［$y_1$，1］的消费者更近而得到增加，另一方面利润由于远离区间［0，$y_1$］的消费者而会减少。由于区间［$y_1$，1］比［0，$y_1$］更大，所以通过向中点聚集，企业1净利润的变动是正向的。此外，由于运输函数是凸的②，在向中点聚集的过程中，区间［$y_1$，1］运费的减少大于区间［0，$y_1$］运费的增加。市场的获取以及运费的减少使企业有向中点聚集的倾向。一旦相遇于中点，两个企业都没有离开此点的动机。当采用其他参数，模拟结果类似（见图3-7和图3-8）。

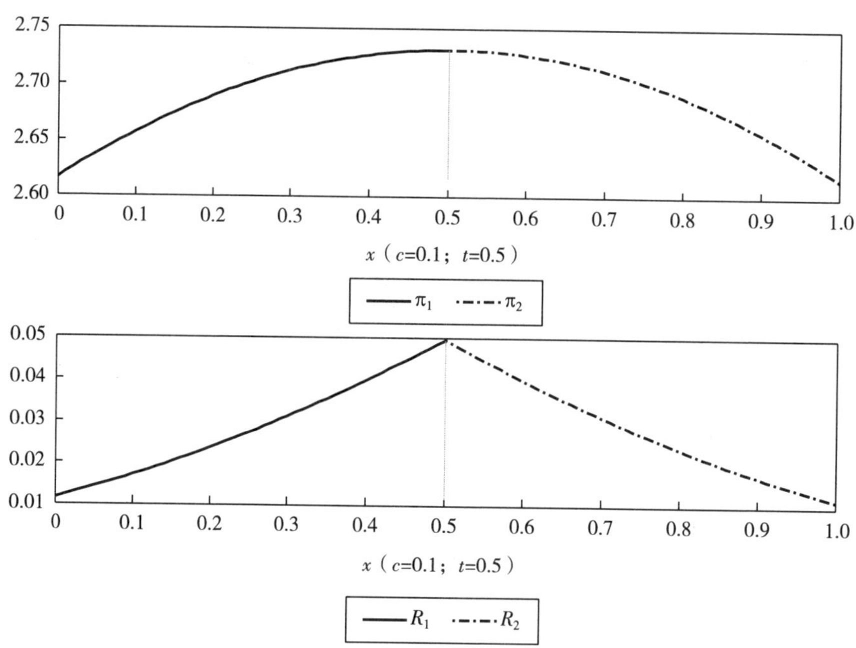


**图3-7　空间产量竞争下企业的区位选择与其利润及研发投入量（数值模拟一）**

资料来源：笔者研究绘制。

① 图中两企业的利润曲线完全重叠。

② 上文假设运费为 $t(x-y_i)^2$。Anderson 和 Neven（1991）讨论了运输成本函数是凹性的情形。

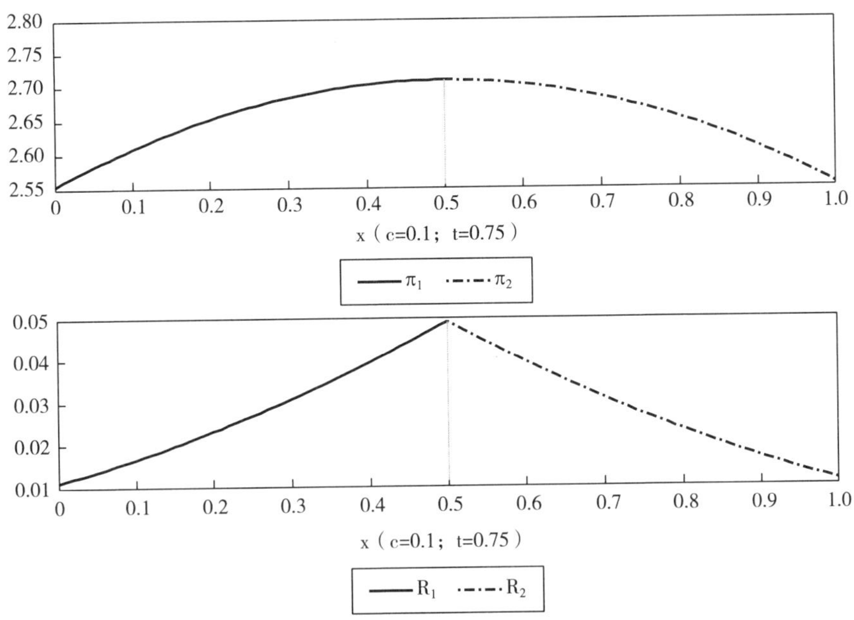


**图3-8 空间产量竞争下企业的区位选择与其利润及研发投入量（数值模拟二）**

资料来源：笔者研究绘制。

空间产量竞争中，对称的区位决策会使企业的研发投入量随着两个企业间的距离减小而增大，并当企业在中点聚集时研发投入达到最大值 $R_1^* = [c(a-t/12)/(2c^2-9b/4)]^2$ 时，相比于一般的空间产量竞争①，考虑知识溢出的空间古诺模型中，知识溢出形成了企业聚集的另一向心力：企业为了获得这种邻近产生的溢出而有接近彼此的倾向，而与分散的区位选择（$y_1 \neq y_2$）相比，聚集中的两个企业能从竞争对手处获得的知识溢出达到最大。这与 Piga 和 Poyago - Theotoky（2005）研究结论完全不同，他们认为在价格竞争中，企业研发投入量随着企业间距离减小而减少，而且聚集使企业完全不进行研发（图3-9）。

聚集均衡中，随着研发在降低企业边际生产成本中的作用增强（$c$ 增大），企业进行研发的动力增强。由于 $c<\sqrt{9b/8}$，式（3.23）严格大于0，最优研发投入在该取值范围内是 $c$ 的增函数，而随着运费率 $t$ 的增加，企业进行研发的动力减弱。因为 $a>t/12$，式（3.24）严格小于0，最优研发投入量 $R_1^*$ 会随着 $t$

① Anderson 和 Neven（1991）；Biscaia 和 Sarmento（2012）等。

的增加而减少。

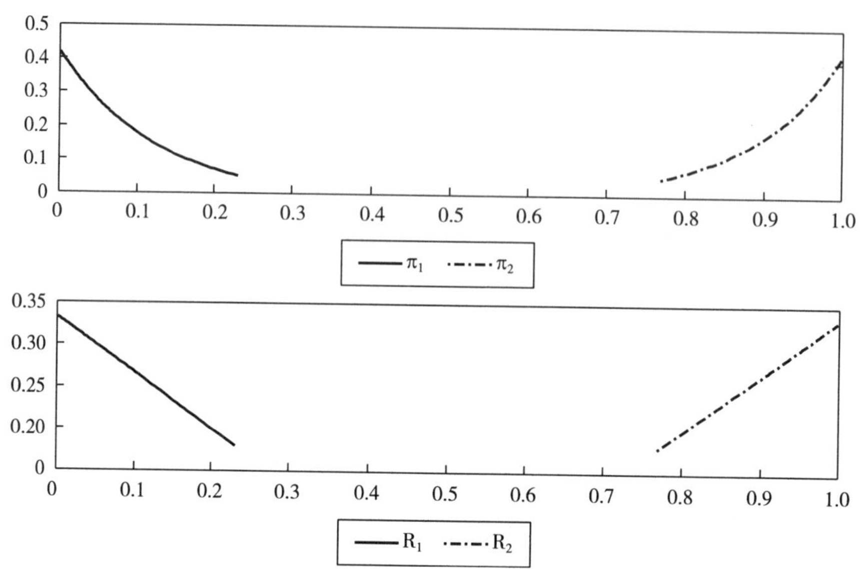


**图 3－9　空间价格竞争下企业的区位选择与其利润及研发投入量**

注：根据 Piga 和 Poyago－Theotoky（2005）的 Proposition 1，空间价格竞争下：两企业均衡区位决策为：$y_1^* + y_2^* = 1$，$y_1^* = \frac{4 - 12t - 27t^2 + 9t^{3/2}\sqrt{6+9t}}{4(2+3t)}$；此时企业利润为：$\prod_1^* = \prod_2^* = \frac{9t^2}{8+12t}$；企业研发投入量为：$R_1^* = R_2^* = \frac{3t(2+3t-\sqrt{t}\sqrt{6+9t})}{4+6t}$；其中，$t$ 为运费率，满足 $\frac{2}{9} < t \leqslant \frac{5+\sqrt{13}}{9}$。

资料来源：笔者根据 Piga 和 Poyago－Theotoky（2005）研究结果绘制。

$$\frac{\partial R_1^*}{\partial c} = -\frac{2c(a - t/12)^2(2c^2 + 9b/4)}{(2c^2 - 9b/4)^3} \tag{3.23}$$

$$\frac{\partial R_1^*}{\partial t} = -\frac{c^2(a - t/12)}{6(2c^2 - 9b/4)^2} \tag{3.24}$$

## 第五节　区域环境效应的空间溢出机制

在一个开放的经济体中，任何区域都不能孤立地存在。区域间的联系首先表现为要素具有空间流动性，而且随着分工的深化，要素的空间流动呈现出新的特点；其次表现为区域会共同分享（或承担）道路等具有公共物品性质的基础设施；最后表现为地方政府在制定区域政策时会主观地将其他地方政府的行为纳入考虑。由此，企业的技术创新面对的是存在空间相关性的区域环境。

## 一、区际分工与要素流动

要素禀赋在空间上的不均匀分布，即空间具有异质性，促使地区间分工和贸易的形成。在区际分工的过程中，不同地区的职能朝不同的方向发展，使地区间产品互换成为可能，也使不同区域间有相互合作的需要。这样，在市场经济条件下，以贸易为主的包括各种要素流动的各种区域联系使不同区域紧密地联系在一起，区域也因此成为一个开放的系统[①]（见表3－2）。

**表3－2　空间发展的主要联系**

| 联系类型 | 要素 |
|---|---|
| 物质联系 | 公路网、水路网、铁路网、生态上的相互依赖 |
| 经济联系 | 市场模式、原材料的中间产品流、资本流、前后向及双向的生产联系、消费和购物形式、收入流、行业结构和地区间产品流动 |
| 人口流动联系 | 临时和永久性的人口移动、通勤 |
| 技术联系 | 技术相互依赖、灌溉系统、通信系统 |
| 社会性联系 | 访问形式、亲戚关系、礼仪、典礼和宗教活动、社会团体间相互作用 |
| 服务联系 | 能量流和网络、信贷和金融网络、教育、培训、医疗、职业、商业和技术服务形式、交通运输服务系统 |
| 政治、行政、组织联系 | 组织结构关系、政府预算流、组织间相互依赖、权利—批准—监督模式、行政区间交易模式、非正式的政治决策链 |

资料来源：朱明清（1991）。

在开放的区域系统中，与技术创新相关的要素，如资金、人力资本和信息、技术等，均具有很强的区际流动性。首先，自由资本会在所有区域中进行选择性投资。区际资本流动的主要原因是利润的差别，以流入地区具有对外界资本的某

① 区域除具有自我完整性外，还具有开放性，在高一级的区域系统（国家）中承担一定的分工职能。本书的绪论部分曾对“区域”进行过定义。

种吸引力的存在为前提。对于以获得利润最大化为目标的自由资本，只有某地区整体的创新环境优越，预期的创新收益相比其他区域高，资本才会选择流入。其次，人力资本基于流动将获得的效用和需要付出的成本做出流动区域选择。人力资本的期望效用既包括经济效用，也包括非经济效用。前者表现为人力资本流动是个追求高工资、低失业率的过程，而后者表现为人力资本的流动决策中还考虑非经济因素，如气候、温度、公共服务、文化等。最后，人口的流动以及区际贸易的进行都会促进信息和技术在区域间的传播和扩散，特别是交通、通信技术的发展大大提高了信息和技术的传播速度和扩散范围。如果没有扩散，创新很难对人类社会和经济发展产生真正的影响。特别是对于落后地区而言，扩散是其创新过程的重要组成部分。

分工越发展，区际要素流动越频繁，区域间联系越密切，即区域间分工的深化是促进区域联系的强大动力。从发展趋势来看，地区分工经历了部门间分工、部门内分工和产业链分工①三个阶段（魏后凯，2006），对应的专业化也经历了部门专业化（Sectoral specialisation）、产品专业化和功能专业化（Functional specialisation）三个过程，后者也有学者称为垂直专业化（Vertical specialization），即特定产品生产过程的不同工序、环节在不同区域分散开来，形成跨区域的生产链条或体系。根据 Duranton 和 Puga（2005）的研究，美国城市已经由部门专业化转向了功能专业化：虽然城市仍以专业化发展为主要趋势，但城市，特别是中大型城市，越发以其专业化功能（如专业化于管理和服务还是生产）而非专业化部门被人们所识别。而随着全球化的深入和全球化分工的形成，这种功能专业化也在全世界扩散开来：各地区按照产业链的不同阶段和环节进行专业化分工，价值链在区域间呈片段化分布。发达国家凭借其技术优势，抢占各产业价值链上的高技术高附加值环节，如研发、设计和营销以及核心部件的生产，而将链条的低技术环节，如原材料供应、加工组装和非核心部件的生产，转移给处于较低发展水平的国家。随着知识经济的不断发展，价值链在全球的细分达到了空前的程度（曾新胜，2006）。

与部门间分工阶段和部门内分工阶段相比，在产业链分工阶段，区际联系方式发生了质的变化，跨区域甚至跨国经济组织之间的相互依赖性日益增强，跨国

① 类似的概念有“价值链分工”（孙文远，2006），“纵向分工”（卢峰，2004），相关概念辨析参见卢峰（2004）、朱凤涛等（2008）。

企业成为经济全球化的主要推动力。作为唯一的在其组织内就能实施并控制全球创新的组织，跨国企业通过国外直接投资（FDI）、贸易、许可、交叉授权、国际技术和科学合作等形式影响跨国界的创新的发展和扩散（Narula 和 Zanfei，2009）。

## 二、基础设施的空间相关

基础设施是社会发展的先行资本。许多有益于企业技术创新的基础设施都不仅限于区域内企业的独享，而是在更高一级区域系统中，如国家，由各个区域共享，包括物质基础设施，如道路交通、信息网络等，以及知识基础设施，如研究型高校和科研院所等。由此，基础设施这一区域环境变量在对企业技术创新形成影响时体现出一对多的关系，而在区域这一层次上又体现出空间相关关系。

首先，基础设施具有层级属性。由于不同的基础设施的最低效率规模（Minimun Efficient Scale，MES）[①] 不同，基础设施可以由不同层级的政府提供，基础设施服务的地域范围和发展目的也不尽相同。不同基础设施的平均成本曲线由技术决定。如图 3－10 所示，假设存在两类基础设施。对于第一种基础设施，MES 相对于市场需求较小，以小的生产规模进行生产即可保证生产的非负利润，因此，各区域可以自行承担该类基础设施的建设[②]。而对于第二种基础设施而言，由于固定成本非常大，只有一个生产者可以获得正利润，而且一个生产者即可满足全部市场需求中的大部分，因此需要中央政府主导这种基础设施的建设，在全国建立且仅建立一项即可。实际中，那些开发风险极大、需要巨额固定投资的项目，如中国的三峡大坝，均需要由中央政府出面。相比之下，地方政府负责的基础设施项目大多规模比较小，只惠及区域内的个体。一般而言，涉及多个区域共同利益的，以及外部性特别强的基础设施项目通常由更高一级的区域政府主导。如州际公路的建设、跨省水道的治理、国家科研体系等通常由中央政府主导进行。中央政府也负责基础设施建设标准的制定，这样一来，即使中央政府不直接对基础设施的建设进行投资和管理，各地方政府遵循这种统一的标准分开建设也能实现基础设施的全国联通，如通信光缆、省内道路的建设等。

---

① MES 是指相对于需求的规模，平均成本最小时的产量水平（范里安，2011）。

② 我们不讨论完全竞争的情况。

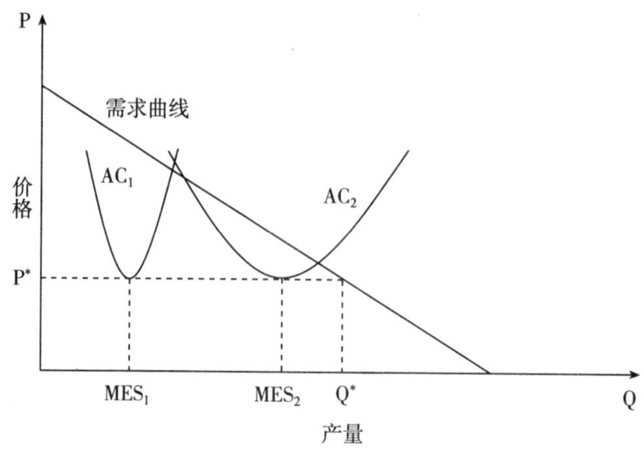


**图 3-10　不同最低效率规模的基础设施**

资料来源：笔者研究绘制。

其次，基础设施具有外部性（刘玉海，2012）。许多基础设施在空间布局和联系上体现出网络特征，如通信、交通等。单个区域内的基础设施是高一级区域中基础设施的组成部分，而且只有与其他区域的基础设施形成连接才能最大限度地发挥基础设施的效益。而每个区域从自身基础设施，如信息网络、交通网络建设中获得的效益会因为其他区域也建设其相关网络而增大，即基础设施具有网络外部性。此外，基础设施作为公共物品，易出现一般的外部性。例如，地方政府在教育上的公共开支除了会对本地区形成影响外，更可能由于人力资本的流动使邻近区域获益，此时，公共开支就出现了外部性。由于创新能驱动地方经济发展，各地方政府都倾向于制定各种相关政策以促进创新，如加大研发投入和教育投入，为创新提供良好的信息交互环境等。因此，对于创新的区域环境而言，基础设施的外部性不能忽略。

## 三、地方政府间博弈

由于公共开支具有外部性，地方政府在制定投入决策时会将其他地方政府的预期反映纳入考虑，由此形成地方政府间的战略性交互。作为公共经济学研究的主要议题之一，政府间的战略性交互的理论模型可以分为两类：溢出模型（Spillover models）和资源流动模型（Resource - flow models）（Brueckner,

2003）。虽然模型设置的结构不同，但是两类模型最终揭示的政府间关系是一致的。本书将采用溢出模型，对地方政府关于创新的公共支出进行模型刻画。

假设代表性地方政府 $i$ 关于新知识的生产，即创新的公共投入为 $z_i$，一般地，如果该地方政府在制定投入政策时考虑了其他地方政府的公共投入量，则代表性地方政府 $i$ 的目标函数可以写成：

$$U(z_i,\ z_{-i};\ X_i) \tag{3.25}$$

其中，$z_{-i}$表示除区域 $i$ 外的其他区域的公共投入向量，$X_i$ 为决定区域 $i$ 公共投入的关于区域 $i$ 的其他变量。

在纳什博弈（Nash behavior）中，区域 $i$ 将 $z_{-i}$视为已知，并选择合适的 $z_i$ 以达到 $U$ 的最大化。一阶条件为 $\partial U/\partial z_i = Uz_i\ (z_i,\ z_{-i};\ X_i)\ = 0$，解此方程可以得到区域 $i$ 关于 $z_i$ 的最优选择：

$$z_i = R(z_{-i};\ X_i) \tag{3.26}$$

可见区域 $i$ 的最佳公共支出 $z_i$ 是一个关于其自身特征 $X_i$ 以及其他区域公共投入 $z_{-i}$的函数，方程 $R$ 代表了区域 $i$ 的反应函数（Reaction function）。

为了更具体地体现地方政府间会出现关于创新投入的战略交互，本书假设区域的效用取决于其他消费以及新知识。设 $c_i$ 为区域 $i$ 的其他消费，等于区域的总收入 $y_i$ 减去该区域关于创新的公共开支 $z_i$，$c_i = y_i - z_i$。$P$ 表示新知识，取决于所有区域关于创新的公共投入，即 $P = P\ (\sum_j z_j)$，并且各地方政府都能获得的新知识相等①。同时 $P' > 0$，即任何一个区域公共支出越高，能生产的新知识越多。通过整理，区域的效用函数可以写成：

$$U(y_i - z_i, P(\sum_j z_j)) \equiv U(z_i, z_{-i}, y_i) \tag{3.27}$$

最大化效用函数，解得关于 $z_i$ 的一阶条件为 $\partial U/\partial z_i = -U_{ci} + U_p P' = 0$。如果创新产出服从线性形式，即假设 $P = \eta + \gamma \sum_j z_j$，则 $P' = \gamma > 0$，上述一阶条件可以写成：

$$U_{ci} = U_p \gamma \tag{3.28}$$

进一步假设区域的效用函数服从 Cobb – Douglas 形式，即

$$U_i = c_i^{\alpha} P^{\beta} \tag{3.29}$$

其中，$\alpha > 0$，$\beta > 0$。可以写出区域关于创新的公共投入函数：

---

① 这里我们只考虑作为公共物品的知识，其他不具有公共物品特性的知识可以放到 $c_i$ 项。

$$z_i = \Gamma_i - \frac{\alpha}{\alpha + \beta\gamma}\sum_{j \neq i} z_j \tag{3.30}$$

其中，$\Gamma_i$ 为取决于总收入 $y_i$ 的常数。可见，当区域 $i$ 在作出公共开支决策时，不仅考虑自身的总收入还考虑其他区域的公共投入 $z_j$。在这种战略交互下，区域政策具有空间相关性①。

## 第六节　本章小结

本章着重识别并分析基础环境、空间聚集以及政府政策三类区域环境，如何以风险调节、资源互补和诱导三种机制，对具有不确定性、系统性和动态性的企业技术创新进行影响（3×3 式的影响机制）（见图 3－11）。分析认为：包括信息获取的便利程度和区域文化等在内的长期积累形成的区域环境，以及以区域政府为主导的知识产权制度、税收、研发补贴等具有短期时效的区域环境均能对企业技术创新的风险进行调节；而以交通、信息基础设施为主的物质基础设施和以高校、科研院所为主的知识基础设施，以及聚集产生的隐性知识溢出均能对企业技术创新提供互补性资源；此外，政府的采购和发展政策能诱导企业技术创新的方向和程度。

考虑到企业在区域环境形成中的不可或缺，即企业具有改造其所处环境的主观能动性，本章考虑了聚集是内生的情况下，企业创新如何变化（企业的动态创新）。研究认为空间产量竞争中，当企业的区位决策（进而区域聚集出现与否）、研发决策都内生时，市场的获取、运费的减少以及知识溢出的获得会使企业有聚集的倾向，同时研发投入量随着两企业间的距离减小（趋于聚集）而增大，并当企业在中点聚集时研发投入达到最大值。这与空间价格竞争中聚集和研发的关系完全不同。不足的是，本章仅对聚集这一区域环境变量进行内生化，其他区域环境变量的内生化留待以后研究。

由于要素具有空间流动性，以及更高区域层次基础设施的共享和地方政府间会进行政策博弈，任何区域都不能孤立地存在。本章最后分析了与微观企业个体

① 至于公共物品可能出现的搭便车问题，我们不多做分析。

技术创新相关的区域环境空间相关性的来源，对于下文估计模型的合理构建做好理论上的铺垫。

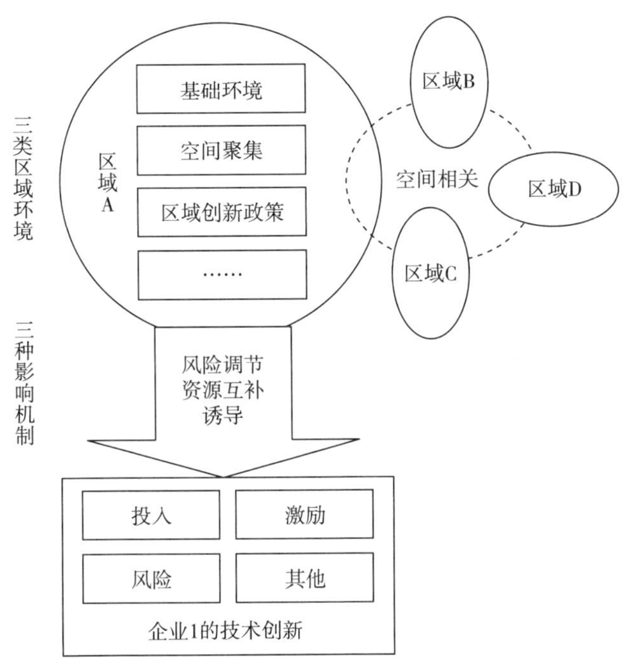


**图3-11　区域环境对企业技术创新的3×3式影响机制**

注：企业1处于区域A中。

资料来源：笔者研究绘制。

# 第四章　多层次空间模型的构建及贝叶斯估计

"区域—企业"是一种特殊的数据结构：位于同一区域的企业共享相同的区域环境。作为分析嵌套数据结构的主要模型，阶层模型在社会科学中得到了许多应用。与大多数采用阶层线性模型的已有研究不同，本章以阶层线性模型为基础，扩展考虑区域的空间相关性，建立企业技术创新的多层次空间模型并讨论其估计方法，为下文的实证分析做好方法上的铺垫。本章对于缺乏创新的系统性和网络性的现有实证研究是一种突破。

## 第一节　多层次结构数据的特点及多层次线性模型的构建

由于包含多个层级，阶层结构数据与一般的单层次数据有很大的不同。本节将对多层次结构的数据特点进行介绍，并建立相应的估计模型。

### 一、阶层结构数据的特点

阶层结构[①]数据最显著的特点是具有组内相关性。这种组内相关可能来自数据的获取方式。在一般的社会科学研究中，如果数据是来自简单的随机抽样(Sample random sampling)，那么数据是不应该也不会有相关性的。但是我们很难在设计时做到完全简单随机抽样。如教育心理研究中往往采用多阶段随机集群抽

① 参见绪论。

样（Multi - stage random cluster sampling）：首先从许多学校中抽取部分学校，其次从所抽取学校中抽取一个或数个班级，最后对该班级进行全面问卷调查。此外，即使数据的获取方式是简单地随机抽样，个体间也可能因为嵌套于相同的群组而具有相似的特征：在对个体层进行分析时，属于同一群组的所有个体的某些资料都是相同的数值，如同一区域内的所有企业面临相同的区域政策变量、共享相同的基础设施等。所以，在集群抽样与嵌套设计下，观测值彼此之间因为受到相同的环境变量、情境变量或脉络变量（Contextual variable）的影响，产生了共享的经验，因而存在某种程度的相似性。因此每个观测值所提供的信息不再是独立的，个体层次所能提供的信息有所减少，存在设计效应（Design effect）。而在完全简单随机抽样中，每个个体都是独立的信息提供者。

由于企业个体嵌套于区域环境，企业技术创新的变异有两个来源：企业之间以及区域之间。因为同一区域的企业共享相同的区域环境数据，一般回归分析中对个体独立性的假设一般并不合理：相同的区域效应作用于区域内的所有企业，使得残差项中包括了组内相关（温福星，2009；Corrado 和 Fingleton，2012；Elhorst，2014）。这样就违反了一般回归分析中对误差项必须独立的假设。以下我们将简单地证明这种非独立性的存在是如何影响最小二乘估计的。

假设我们关心的是重要自变量 $X$ 对因变量 $Y$ 的影响，如 $X$ 是企业研发投入，$Y$ 是创新产出。但我们忽略了所收集的企业数据中有一些是来自相同的区域，即每个区域都有不少的企业信息被收集到。因此，某些区域属性会使同一区域内的企业数据产生关联，即来自相同区域的企业其研发投入产出之间的相似性要比不同区域之间的企业相似性高，因为他们面临相同的区域环境、情境、文化以及创新氛围等的影响。假设同一区域内企业间的相似性或相关性是正向的，当我们忽略这些区域内企业之间相似属性时，会从完全独立的角度进行回归分析，即采用以下方程式进行回归：

$$Y_i = \alpha + \beta X_i + e_i \tag{4.1}$$

注意，此处 $e_i$ 为投入无法解释的部分，下脚标 $i$ 表示数据的顺序编号，即所收集的企业样本编号。我们在数据设计时可以使相同区域的企业数据是彼此相邻的，所以数据编号是连续的。如果企业受到其所在区域的影响，企业技术创新产出中无法由企业投入所解释的部分在同一区域内的企业之间具有正向关系：

$$e_i = \phi e_{i-1} + \varepsilon_i \tag{4.2}$$

对于正向相关，$0<\phi<1$。$\varepsilon_i$ 为真正的误差项，假设其满足正态独立同分布：

$$\varepsilon_i \sim N(0,\ \sigma^2) \tag{4.3}$$

将式（4.2）代入式（4.1），整理可得：

$$\begin{aligned} Y_i &= \alpha + \beta X_i + \phi e_{i-1} + \varepsilon_i \\ &= \alpha + \beta X_i + \phi^2 e_{i-2} + \phi \varepsilon_{i-1} + \varepsilon_i \\ &\vdots \\ &= \alpha + \beta X_i + \sum_{i=j}^{\infty} \phi^j \varepsilon_{i-j} + \varepsilon_i \end{aligned}$$

式（4.1）的残差项可以表示为：

$$e_i = \sum_{i=j}^{\infty} \phi^j \varepsilon_{i-j} + \varepsilon_i \tag{4.4}$$

求其方差，有：

$$\mathrm{Var}(e_i) = \mathrm{Var}(Y_i \mid X_i) = \mathrm{Var}(\sum_{i=j}^{\infty} \phi^j \varepsilon_{i-j} + \varepsilon_i) = \frac{\sigma^2}{1-\phi} \tag{4.5}$$

可见，残差项的方差要比真正的误差项的方差大（温福星，2009）。这也使普通最小二乘估计变得无效。这种嵌套数据普通最小二乘估计无效的一种应对办法是对残差的方差进行一定的矫正，如 Baldwin 等（2008），或者采用阶层线性模型。

## 二、阶层线性模型

一般地，对于要解释的企业某种指标，如企业技术创新产出，我们可以写出如下方程：

$$Y_{ij} = \alpha_j + \beta_j X_{ij} + \gamma Z_j + \varepsilon_{ij} \tag{4.6}$$

其中，$j$ 表示区域，$i$ 代表每个区域内的企业。企业嵌套在区域中，$j=1$，2，3，…，$m$，共有 $m$ 个区域。各区域分别有 $n_1$，$n_2$，$n_3$，…，$n_m$ 个企业，总企业数为 $N=\sum_{j=1}^{m} n_j$。$Y_{ij}$代表因变量，如企业的技术创新产出。$X_{ij}$ 为企业层自变量，如企业的创新投入。$Z_j$ 代表区域层特征，如区域聚集程度等。回归系数截距项 $\alpha_j$ 在所有样本中可能都一样，当然也允许各区域互不相同；斜率项 $\beta_j$ 也类似，如果各区域不同，表示投入与产出之间的关系各区域具有不一致性。$\gamma$ 为区域特征对企业创新产出的影响系数。$\varepsilon_{ij}$代表一般回归分析中的误差项，$\gamma$ 代表产出中无法由上述各种自变量解释的部分。

对于“区域—企业”这种具有两个层次的数据结构，式（4.6）涉及变动的参数 $\alpha_j$、$\beta_j$ 和固定参数 $\gamma$，无法利用一般的回归模型进行分析。同时，上述设计没有将嵌套关系内的相关性表达出来（温福星，2009）。因此我们可以采用阶层线性模型（HLM，多层次结构）。完整的阶层线性模型的一般设置为：

Level 1：

$$Y_{ij}=\beta_{0j}+\beta_{1j}X_{ij}+\varepsilon_{ij} \tag{4.7}$$

$$\varepsilon_{ij}\sim N(0,\ \sigma^2) \tag{4.8}$$

Level 2：

$$\beta_{0j}=\gamma_{00}+\gamma_{01}Z_j+u_{0j} \tag{4.9}$$

$$\beta_{1j}=\gamma_{10}+\gamma_{11}Z_j+u_{1j} \tag{4.10}$$

$$\begin{pmatrix}u_{0j}\\u_{1j}\end{pmatrix}\sim N\left(\begin{pmatrix}0\\0\end{pmatrix},\ \begin{pmatrix}\tau_{00} & \tau_{01}\\\tau_{10} & \tau_{11}\end{pmatrix}\right) \tag{4.11}$$

$$\mathrm{Cov}(\varepsilon_{ij},\ u_{\cdot j})=0 \tag{4.12}$$

式（4.7）、式（4.8）代表阶层线性模型分析的第一层结构，即企业层的投入产出关系，而式（4.9）~式（4.11）则为阶层线性模型分析的第二层回归模式，即以第一层方程式的回归参数①（截距项 $\beta_{0j}$ 和斜率项 $\beta_{1j}$）作为因变量，分别对区域层的自变量 $Z_j$ 进行回归分析。其中，式（4.7）也可以称为个体层次方程式或组内方程式，式（4.9）、式（4.10）则是总体层次方程式或组间方程式（温福星，2009）。$\gamma_{00}$、$\gamma_{01}$、$\gamma_{10}$、$\gamma_{11}$ 分别表示第二层自变量对第一层回归方程式回归系数的影响。式（4.9）表达了第一层回归方程式的截距项在各区域间可以是不一样的，且可以由区域的特征来解释。同理，式（4.10）表达了第一层回归方程式的斜率项在各区域间也可以是不一样的，也可以由区域的特征来解释。式（4.7）~式（4.10）中 $\varepsilon_{ij}$、$u_{0j}$、$u_{1j}$ 分别为各回归式的误差项。与 $\varepsilon_{ij}$ 类似，$u_{0j}$、$u_{1j}$ 代表自变量 $Z_j$ 无法解释 $\beta_{0j}$ 和 $\beta_{1j}$ 的部分。不失一般性地，假设误差项 $u_{0j}$、$u_{1j}$ 服从二元联合正态分布，两者均值均为 0，方差分别为 $\tau_{00}$、$\tau_{11}$，协方差为 $\tau_{10}$。同时，不同层次的误差项之间不相关，即式（4.12）。模型可以用图 4 - 1 表示。

① 回归参数而非回归参数的估计值。

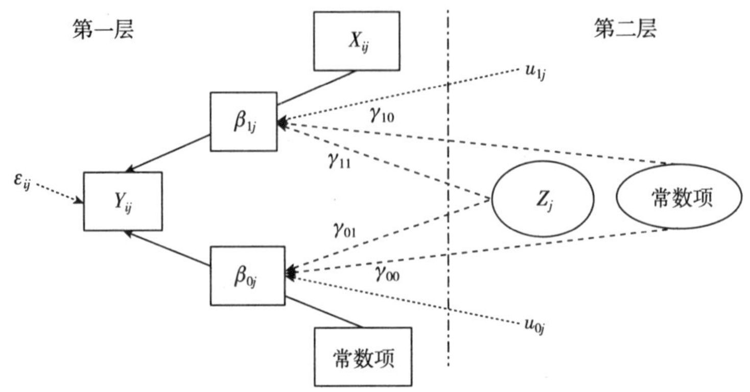


**图4-1 两层结构的阶层线性模型系数**

资料来源：改编自温福星（2009）。

我们可以将式（4.9）、式（4.10）代入式（4.7），整理得到混合模式（Mixed model）：

$$Y_{ij} = (\gamma_{00} + \gamma_{01}Z_j + \gamma_{10}X_{ij} + \gamma_{11}Z_jX_{ij}) + (u_{0j} + u_{1j}X_{ij} + \varepsilon_{ij}) \tag{4.13}$$

可见，阶层线性模型与一般的回归分析，如式（4.6），明显不同的地方在于①多出了 $\gamma_{11}$ 一项，该系数代表的是交互作用 $Z_jX_{ij}$ 对 $Y_{ij}$ 的影响力，即总体层次自变量 $Z_j$ 通过个体层次自变量 $X_{ij}$ 对因变量 $Y_{ij}$ 的调节效应（Moderate effect）。②误差项多出了几个成分，即阶层线性模型将不同层级的误差项都考虑了进来。正因为引入了这一项不同层级误差项组合（$u_{0j} + u_{1j}X_{ij} + \varepsilon_{ij}$），才解决了相同区域内企业间的相似性问题。若真实数据产生过程（Data Generation Process，DGP）是式（4.13），一般回归分析式（4.6）不仅可能因为遗漏变量（$Z_jX_{ij}$）产生估计偏误，更会因为违反误差项的独立性假设①和方差齐性假设②得到无效估计。

在实际的模型设置中，式（4.9）、式（4.10）中的 $Z_j$ 可以根据理论基础选取不一样的变量。由于式（4.9）、式（4.10）隐含着第一层各组之间回归式的截距和斜率项都是不一样的，完整的阶层线性模型式（4.7）~式（4.12）又称为完全随机变动系数模型（Random varying coefficient model）。在完整的阶层线性模型假设下，第一层有多少个自变量，第二层的方程数就会比第一层的自变量个

① $Corr(u_{0j} + u_{1j}X_{ij} + \varepsilon_{ij},\ u_{0j} + u_{1j}X_{i'j} + \varepsilon_{i'j}) \neq 0$。

② $Var(u_{0j} + u_{1j}X_{ij} + \varepsilon_{ij}) = \tau_{00} + 2X_{ij}\tau_{01} + X_{ij}^2\tau_{11} + \sigma^2$。

数多一（截距项），同时，第一层有多少个回归系数参数，第二层就有多少个误差项。

如果式（4.10）中不含随机误差项，即允许各区域企业的投入产出斜率项不一致，但认为其完全可以被第二层变量 $Z_j$ 所解释，是非随机变动的，此时模型退化为非随机变动斜率模型：

$$Y_{ij} = \beta_{0j} + \beta_{1j}X_{ij} + \varepsilon_{ij} \tag{4.14}$$

$$\beta_{0j} = \gamma_{00} + \gamma_{01}Z_j + u_{0j} \tag{4.15}$$

$$\beta_{1j} = \gamma_{10} + \gamma_{11}Z_j \tag{4.16}$$

更进一步地，如果第一层各组间斜率项是一致的，即企业的投入产出斜率系数在各区域之间是不变的，各组间的不同仅仅体现在截距项部分，模型退化为随机截距项模型（Random intercept model）①：

$$\beta_{1j} = \gamma_{10} \tag{4.17}$$

也可写成整体模式或混合模式：

$$Y_{ij} = (\gamma_{00} + \gamma_{01}Z_j + \gamma_{10}X_{ij}) + (u_{0j} + \varepsilon_{ij}) \tag{4.18}$$

当因变量的组间差异不可忽视时，我们应该采用阶层线性模型。而各组间的因变量是否同质，即是否具有组间差异，可以通过如下零模型（Null model）②进行判断：

$$Y_{ij} = \beta_{0j} + \varepsilon_{ij} \tag{4.19}$$

$$\beta_{0j} = \gamma_{00} + u_{0j} \tag{4.20}$$

或者整合写成：

$$Y_{ij} = \gamma_{00} + u_{0j} + \varepsilon_{ij} \tag{4.21}$$

式（4.21）中 $\gamma_{00}$ 代表所有总体的平均，结合式（4.8）、式（4.11）～式（4.12）的假设，式（4.21）$Y_{ij}$ 的方差可以写为：

$$\begin{aligned} \mathrm{Var}(Y_{ij}) &= \mathrm{Var}(\gamma_{00} + u_{0j} + \varepsilon_{ij}) \\ &= \mathrm{Var}(u_{0j}) + \mathrm{Var}(\varepsilon_{ij}) \\ &= \tau_{00} + \sigma^2 \end{aligned} \tag{4.22}$$

其中，$\tau_{00}$ 代表“组间方差”，$\sigma^2$ 为组内方差，即阶层线性模型 $Y_{ij}$ 的方差可以拆分为组内方差和组间方差两部分。总方差中可以被组间方差所解释的百分比

① 此外还有其他的模型设置方式，参见温福星（2009）、Snijders 和 Bosker（2012）。

② 又称为虚无模型，无条件模型（Empty model，Unconditional model）。

记为组内相关系数（Intraclass correlation coefficient，ICC）①：

$$ICC = \frac{\tau_{00}}{\tau_{00} + \sigma^2} \tag{4.23}$$

若该系数较小，则可以直接用一般的回归模型进行分析。反之，当系数越大，代表组间差异较大，而相比之下各组内的数据较同质，此时必须考虑阶层线性模型。根据邱皓政（2005）对相关研究的梳理，一般认为，当 ICC≥0.059 时，造成因变量的组间变异是不可忽略的，即因变量在组间的分布是不太一样的，必须将组间效应考虑到阶层线性模型里（温福星，2009）。

## 第二节　多层次线性模型的空间拓展

线性计量模型的适用要求相当严格，而经济发展中日益凸显的非线性特征使传统计量经济学方法面临巨大的挑战。如经济学研究中日益强调微观个体的“理性预期”，经济行为的“外部性”；经济地理学中的“地理学第一（二）定律”；技术创新学中的“系统创新”等概念。特别是在以微观决策解释聚集为核心的新经济地理学研究中，非线性特征贯穿始终②。作为非线性计量研究的主要方法，空间计量经济学在近二三十年得到了飞速发展，这也是本书对阶层线性模型进行空间非线性拓展的基础。

---

① $ICC = \frac{Corr\,(Y_{ij},\ Y_{i'j})}{\sqrt{Var\,(Y_{ij})}\sqrt{Var\,(Y_{i'j})}} = \frac{Corr\,(\gamma_{00} + u_{0j} + \varepsilon_{ij},\ \gamma_{00} + u_{0j} + \varepsilon_{i'j})}{\sqrt{\tau_{00} + \sigma^2}\sqrt{\tau_{00} + \sigma^2}} = \frac{\tau_{00}}{\tau_{00} + \sigma^2}$。对于完全随机变动系数模型，式（4.7）~式（4.12），类似的有残差组内相关系数（Residual intra - class correlation coefficient，RICC）。此系数不再是常数，而是随自变量的改变而改变。

$$RICC = \frac{Corr(u_{0j} + u_{1j}X_{ij} + \varepsilon_{ij},\ u_{0j} + u_{1j}X_{i'j} + \varepsilon_{i'j})}{\sqrt{Var(u_{0j} + u_{1j}X_{ij} + \varepsilon_{ij})}\sqrt{Var(u_{0j} + u_{1j}X_{i'j} + \varepsilon_{i'j})}} = \frac{\tau_{00} + (X_{ij} + X_{i'j})\tau_{01} + X_{ij}X_{i'j}\tau_{11}}{\sqrt{\tau_{00} + 2X_{ij}\tau_{01} + X_{ij}^2\tau_{11} + \sigma^2}\sqrt{\tau_{00} + 2X_{i'j}\tau_{01} + X_{i'j}^2\tau_{11} + \sigma^2}}$$。

② “经验研究的缺乏可能是因为存在规模报酬递增和不完全竞争的经济模型具有典型的很强的非线性。这对传统的经济计量学方法提出了一个重大的挑战。”（Fujita 等，2011）

## 一、空间计量经济学简要发展史

自从 Paelinck 和 Klasse（1979）经典的《空间计量经济学》发表至今，空间计量走过了 30 多个年头①。作为计量经济学的重要分支，空间计量经济学（Spatial econometrics）在经历了起飞前、起飞期后，已经逐渐进入成熟期，实现了从边缘到主流的融入（Anselin，2009）（见表 4－1）。

**表 4－1　空间计量经济学发展大事记**

| 年份 | 作者 | 主要书籍 | 备注 | |
|---|---|---|---|---|
| 1979 | Paelinck 和 Klaassen | *Spatial econometrics* | 截面数据处理中极少考虑空间相关 | 起飞前 |
| 1981 | Cliff 和 Ord | *Spatial processes: Models and applications* | | |
| 1988 | Anselin | *Spatial Econometrics: Methods and Models* | | 起飞期 |
| 1997 | LeSage | *Bayesian estimation of spatial autoregressive models* | Matlab toolboxes | |
| 2001 | Baltagi | *Econometric analysis of panel data* | 计量经济学教科书第一次正式讨论空间面板 | |
| 2006 | Spatial Econometrics Association（SEA）成立 | | | 成熟期，空间计量进入主流研究领域 |
| 2009 | LeSage 和 Pace | *Introduction to Spatial Econometrics* | 涉及动态面板，大量的研究开始关注空间面板模型，空间潜变量模型、空间流模型及其应用 | |
| 2014 | Elhorst | *Spatial Econometrics: From Cross－sectional Data to Spatial Panels* | | |
| 2014 | LeSage 和 Pace | 《空间计量经济学导论》中文版 | | |

资料来源：笔者研究整理。

空间计量经济学与标准计量经济学的不同之处在于前者能处理数据和模型的

① 如果推算到 Cliff 和 Ord（1969）关于空间自相关的论文，空间计量已经是 40 多岁的“中年人”了。

空间性（Spatial effects），包括空间相关性（Spatial dependence），如外部性以及个体决策的相互依赖性等，和空间异质性（Spatial heterogeneity）。由于并不存在能直接从一维的时序相关拓展到二维的空间相关的估计方法，处理具有空间性的数据需要一套全新的计算方法。根据 Anselin（2009），现代空间计量经济学完整的一套方法包括四步：模型的设定（Secification）、参数估计、模型检验以及预测。

模型的设定包括如何设置空间相关和空间异质性。前者可以是解释变量具有空间相关（*Wy*）、自变量具有空间（*WX*），误差项具有空间相关（*Wu*），或者是三者的组合（LeSage 和 Pace，2009）。后者可以分为离散和连续两种设置方法，离散的方法是为不同类型的区域设置虚拟变量，连续的方法则允许估计参数随（连续）空间改变。空间计量模型估计方法有三类：一是工具变量估计/矩估计（Instrumental Variables/General Method of Moments，IV/GMM），代表学者有 Anselin，Lung－fei Lee，Baltagi，虞吉海等；二是最大似然估计（Maximum Likelihood，ML）即其拓展，如拟极大似然估计（Quasi－Maximum Likelihood，QML），代表学者有 Elhorst 和 Anselin 等；三是贝叶斯计量（Bayesian Econometrics），代表学者有 LeSage、Pace、Lacombe 等。其中第一类估计方法较之后两者的优势在于无须对干扰项的分布进行假设，且可以避免许多复杂的计算，在处理除因变量空间滞后项外的其他变量内生性时 IV/GMM 的优势更加明显，而 ML 和 Bayesian 面对其他变量内生的情况往往束手无策，目前的文献也很少涉及（Elhorst，2014）。但由于在估计时对空间自相关等待估参数是无任何约束的，IV/GMM 有可能导致估计值并不在有效的参数空间中，而 ML 和 Bayesian 则不会有这样的问题①。当前主流的可用于空间估计的软件主要有 GeoDa、Matlab，以及 Stata 和 R 等。空间模型用于预测在目前还比较少见（Anselin，2009），而根据不同的估计方法，模型的检验方法略有不同。变量空间相关性的检验不涉及估计方法，常用的指标有 Moran's I 统计量等。

随着计算机计算能力的大幅提高和个人电脑的普及，空间计量在理论和应用方面都得到了前所未有的推进。根据 Arbia（2011），大部分关于空间计量经济学的文献集中发表在 *Econometrica* 等七大顶级主流计量经济学期刊②，以及 *Geo-*

① 三类估计方法的比较可参见 Elhorst（2014）。

② 期刊具体为：*Econometrica*，*Journal of Econometrics*，*Econometric Reviews*，*Journal of Applied Econometrics*，*Journal of Time Series Econometrics*，*Econometrics Journal and Econometric Theory*.

*graphical Analysis* 等九大顶级区域科学期刊[①]上，其中后者占比为前者的 3 倍。其理论和研究方法相关文献与应用性文献的比例为 36∶56。理论和方法方面，研究主题集中在空间面板数据建模、估计、模型设置、数据空间相关性检验、空间离散数据建模、空间权重矩阵对估计的影响、模型稳定性、空间交互重力模型、稳健性推断、样本选择、社会交互等诸多方面。而空间计量经济学应用性文献的研究主题早已突破其最初的区域科学的局限，拓展到更多其他的社会科学中，如区域经济增长与收敛、经济活动的空间分布、产业集群、区域劳动力市场、土地利用、房地产、金融、政治选举行为等。

但由于发展时间较短，空间计量经济学还是一门相对较年轻的学科，目前对空间计量还存在许多质疑，特别体现在对空间权重矩阵 $W$ 的设置过于主观的不满上。$W$ 体现了各个体单元间的空间相关邻近关系，通常在进行整个估计分析前由研究者自行设定。实证文献中，大量采用的空间权重矩阵有邻接权重矩阵、反距离权重矩阵、经济权重矩阵以及嵌套矩阵等类型。对空间权重矩阵的质疑主要是两方面：一是空间权重矩阵的选取过于主观，二是估计结果会因为选取的空间权重矩阵过大（所研究的个体量很大），或者矩阵属于强联系（矩阵密度非常高）而产生偏误。也有学者认为如果正确解读外生变量的效应，估计结果对 $W$ 的敏感性会下降（LeSage 和 Pace，2010）。

## 二、遗漏变量与区域环境效应空间相关

本书第三章已经从地方政府的战略交互模型推演出区域环境效应会具有空间相关性。此处，本书将进一步从计量估计的角度证明考虑区域环境效应空间相关的必要性。

假设区域整体的环境效应 $\theta$ 由区域某些特征 $Z$，如区域政策、聚集程度等决定。真实的数据产生过程（DGP）为不包含空间相关关系的线性模型：

$$\theta = Z\gamma \tag{4.24}$$

进一步地，我们可以将外生变量 $Z$ 分为可衡量部分 $Z^a$，如地方政府的创新

① 期刊具体为：*Geographical Analysis*, *Regional Studies*, *Papers in Regional Science*, *Journal of Geographical Systems*, *Journal of Regional Science*, *International Regional Science Review*, *Regional Science & Urban Economics*, *Annals of Regional Science and Spatial Economic Analysis*.

投入，以及难以衡量的部分 $Z^b$，如区域文化：

$$\theta = Z^a\gamma^a + Z^b\gamma^b \tag{4.25}$$

在实际建模时 $Z^b$ 会变成遗漏变量进入误差项，$\varepsilon = Z^b\gamma^b$：

$$\theta = Z^a\gamma^a + \varepsilon \tag{4.26}$$

如果 $Z^a$ 与 $Z^b$ 之间不相关，且 $\varepsilon \sim N(0, \sigma^2 I_m)$，上式就是最普通的线性模型。当满足高斯—马尔科夫假设（Gauss - Markov Assumption），最小二乘估计是最优线性无偏估计（Best Linear Unbiased Estimators，BLUE）。

但是，由于相邻的区域文化相似，各区域也连接到相同的高速公路，共享一些公共基础设施等，遗漏变量可能存在空间相关。假设不可衡量的变量 $Z^b$ 存在如下自回归形式的空间相关：

$$Z^b = \rho W Z^b + u \tag{4.27}$$

$$Z^b = (I_m - \rho W)^{-1} u \tag{4.28}$$

$$u \sim N(0, \sigma_u^2 I_m) \tag{4.29}$$

其中，$\rho$ 表示空间相关系数，反映了区域的空间相关程度，取值一般在（-1，1）。$W$ 为一般的 $n \times n$ 维（行标准化）空间权重矩阵。该矩阵定义区域间的邻近关系，当区域 $j$ 是区域 $i$ 的近邻时，$W_{ij} > 0$，否则 $W_{ij} = 0$，另外矩阵的主对角线元素 $W_{ij}$ 均为 0，即认为区域不能是自身的近邻。$u$ 是 $m \times 1$ 维（$m$ 个区域）误差项，假设满足独立性和同方差假设。由于 $Z^a$ 与 $Z^b$ 之间不相关，真实的 DGP 可写成空间误差模型（Spatial Error Model，SEM）：

$$\theta = Z^a\gamma^a + (I_m - \rho W)^{-1}(\gamma^b u) \tag{4.30}$$

定义 $\varsigma = r^b u$，式（4.30）可写成：

$$\theta = Z^a\gamma^a + (I_m - \rho W)^{-1}\varsigma \tag{4.31}$$

$$E(\theta) = Z^a\gamma^a \tag{4.32}$$

此时，$\gamma^a$ 的最小二乘估计仍是无偏估计（LeSage 和 Pace，2009），但不是有效的。

如果可衡量变量与遗漏变量存在相关性（这在实际中是可能的，如越开放的区域，政府创新的动力越强，公共创新投入会越高），最简单的，可假设 $Z^a$ 与 $\varsigma$ 存在线性相关，相关系数为 $\eta$：

$$\varsigma = Z^a\eta + v \tag{4.33}$$

$$v \sim N(0, \sigma_v^2 I_m) \tag{4.34}$$

对上述方程进行整合，可以得到 DGP 的简约式：

$$\theta = Z^a\gamma^a + (I-\rho W)^{-1}Z^a\eta + (I-\rho W)^{-1}v$$

$$(I-\rho W)\theta = (I-\rho W)Z^a\gamma^a + Z^a\eta + v$$

$$\theta = \rho W\theta + Z^a(\gamma^a + \eta) + WZ^a(-\rho\gamma^a) + v \tag{4.35}$$

$$\theta = \rho W\theta + Z^a\delta + WZ^a\xi + v \tag{4.36}$$

可见，当存在空间相关的变量 $Z^b$，且此变量与模型其他外生变量 $Z^a$ 存在相关性时，真实的线性数据产生过程等价于空间杜宾模型（Spatial Durbin Model，SDM）。该模型中包含被解释变量 $\theta$ 的空间滞后项 $W\theta$，以及可衡量自变量 $Z^a$ 的空间滞后项 $WZ^a$。若直接将因变量 $\theta$ 对可衡量变量 $Z^a$ 进行普通最小二乘法估计，会因为遗漏变量 $Z^b$ 而得到有偏估计。

上述 SDM 模型是比较一般的模型，模型有几种特例：当 $\eta$ 为 0 时，模型退化为 SEM；若 $\xi$ 为 0，模型退化为空间自回归模型（Spatial Autoregressive Model，SAR）；若 $\rho$ 为 0，模型为外生变量滞后的空间模型（Spatial Lag of X Model，SLX）。

$$\theta = Z^a\delta + WZ^a\xi + v \tag{4.37}$$

## 三、随机截距项多层次空间模型

已有文献中采用阶层模型（非空间或空间模型）对区域环境效应（Contextual effects）进行建模有多种方式（Raudenbush 和 Bryk，2002）：如随机截距项模型（Smith 和 LeSage，2004；Gelman，2006；LeSage 和 Fischer，2007；Parent 和 LeSage，2008；Jensen 和 Lacombe，2012；Lacombe 和 McIntyre，2014），随机斜率项模型，个体层级误差项含阶层结构（Corrado 和 Fingleton，2012；Baltagi 等，2014），或者上述三种方式的自由结合，如同时包含随机截距项和随机斜率项，也称随机系数模型（Van Oort 和 Burger，2012；周密等，2012，2013；盛玉雪等，2013a；Elhorst，2014）。本书将在阶层线性随机截距项模型①的基础上拓展建立包含区域环境效应空间相关性的企业技术创新产出的多层次空间模型②（见

① 参见式（4.7）~式（4.9）和式（4.17）。

② Corrado 和 Fingleton（2012）以及 Elhorst（2014）考虑的是误差项具有空间相关的多层次空间模型。受时间所限，本书未能对完整的阶层线性模型（式 4.7 ~ 式 4.12）进行拓展，缺乏考虑区域环境对个体的调节效应（区域环境通过调节个体变量的影响能力对个体进行影响）。相关研究可留待以后进行。

图 4-2)。

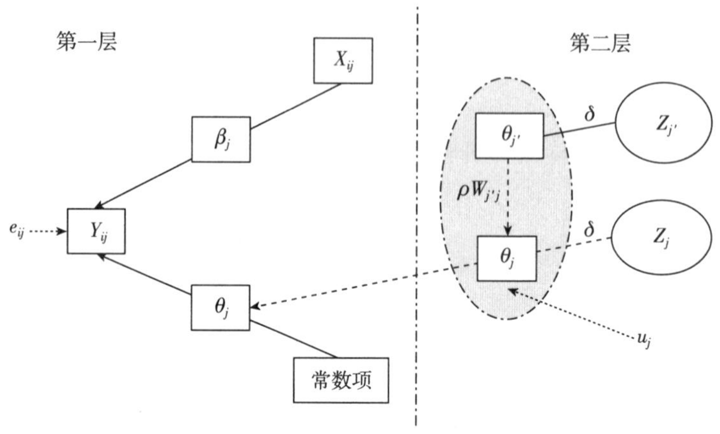


**图 4-2　两层结构的随机截距项多层次空间模型系数**

资料来源：笔者研究整理。

假设企业技术创新产出 $Y_{ij}$ 取决于其创新投入 $X_{ij}$，以及其所处区域的整体环境 $\theta_j$；与上一小节一样，企业嵌套在区域中，下角标 $j$ 表示区域，$i$ 代表每个区域内的企业。一共有 $m$ 个区域，$j=1, 2, 3, \cdots, m$。总企业数为 $N=\sum_{j=1}^{m} n_j$，分布在 $m$ 个区域中，$i=1, 2, \cdots, n_j$；并且区域环境效应具有空间相关性，即具有空间自回归结构：

Level 1：

$$Y_{ij}=\theta_j+\beta_j X_{ij}+e_{ij} \tag{4.38}$$

Level 2：

$$\theta_j=\rho\sum_{j'=1}^{m} W_{j'j}\theta_{j'}+\delta Z_j+u_j \tag{4.39}$$

本书将此模型称为阶层空间自回归模型（Hierarchical Spatial Autoregressive Model, HSAR）。写成矩阵形式：

$$Y=\Delta\theta+X\beta+e \tag{4.40}$$

$$\theta=\rho W\theta+Z\delta+u \tag{4.41}$$

其中，$Y$ 为 $N\times 1$ 维向量，代表企业的技术创新产出。$X$ 为 $N\times k$ 维企业投入向量。$\theta$ 为 $m \times 1$ 维区域环境效应列向量。$\Delta$ 为 $N \times m$ 维的指示矩阵：如果企业 $i$ 处于区域 $j$，则 $\Delta_{ij}=1$，否则为 0。此矩阵将相应的区域环境效应指定给该区域内的所有企业。$Z$ 为 $m \times h$ 维区域特征向量。$W$ 定义与上文一致，表示 $m \times m$ 维空间权重矩阵。$e$ 和 $u$ 分别代表企业个体层以及区域总体层的误差项。$\beta$ 为 $k \times 1$ 维企业层待估参数，$\rho$ 为待估的空间相关系数。$\delta$ 为 $h \times 1$ 维待估的区域层参数。另外，通过以［$Z$ $WZ$］替代 $Z$，此模型可以很简便地拓展至阶层空间杜宾模型（Hierarchical Spatial Dubin Model，HSDM）。为简便起见，本书先以 HSAR 进行分析。

定义 $B = I - \rho W$，式（4.41）可以写成：$\theta = B^{-1}(Z\delta + u)$。将其代入式（4.40），整理可得到：

$$Y = X\beta + \Delta B^{-1}(Z\delta + u) + e \tag{4.42}$$

根据惯例，假设两层次的误差项都服从正态独立同分布，并且两层次之间误差项不相关：

$$e \sim N(0,\ \sigma_e^2 I_N) \tag{4.43}$$

$$u \sim N(0,\ \sigma_u^2 I_m) \tag{4.44}$$

$$\mathrm{Cov}(\varepsilon,\ u) = 0 \tag{4.45}$$

则可以写出 $Y$ 的分布：

$$Y \sim N(X\beta + \Delta B^{-1}Z\delta,\ \Delta B^{-1}u + e) \tag{4.46}$$

企业创新产出 $Y$ 的方差协方差矩阵具有以下形式：

$$\begin{aligned}
\mathrm{var}-\mathrm{cov}(\Delta B^{-1}u + e) &= E((\Delta B^{-1}u + e)(\Delta B^{-1}u + e)') \\
&= E(\Delta B^{-1}uu'(\Delta B^{-1})' + ee' + \Delta B^{-1}ue + eu'(\Delta B^{-1})') \\
&= E(\Delta B^{-1}uu'(\Delta B^{-1})' + ee') \\
&= E(\sigma_u^2 \Delta B^{-1}(\Delta B^{-1})' + \sigma_e^2 I_N
\end{aligned} \tag{4.47}$$

因此，$Y$ 的变异可以分解为区域层误差的变异和个体企业层的变异两个不相关部分的非线性叠加。由此，一般的企业单层次研究中对误差项的独立同分布假设并不能满足。

## 四、多层次空间模型的解读

对多层次空间模型 HSAR（式（4.41））的估计参数进行解读可以分两个层

次进行。个体企业层参数 $\beta$ 表示企业创新投入的边际产出弹性（变量均取对数）。而根据链式法则（Chian law），区域特征 $Z$ 通过影响区域环境效应 $\theta$ 进而影响企业个体的产出 $Y$。而由于区域层效应具有空间自回归结构，$Z$ 对 $\theta$ 的影响变得不够直接明了①。

$$Y = \Delta\theta + X\beta + e$$

$$\theta = \rho W\theta + Z\delta + u$$

$$B = I - \rho W$$

$$Y = X\beta + \Delta B^{-1}(Z\delta + u) + e$$

$$\frac{\partial Y}{\partial X} = \beta \tag{4.48}$$

$$\frac{\partial Y}{\partial Z} = \frac{\partial Y \partial\theta}{\partial\theta \partial Z} = \Delta\frac{\partial\theta}{\partial Z} \tag{4.49}$$

$$\frac{\partial\theta}{\partial Z} = B^{-1}\delta = (I - \rho W)^{-1}\delta$$

$$= I\delta + \rho W\delta + \rho^2 W^2\delta + \rho^3 W^3\delta + \cdots \tag{4.50}$$

由式（4.48）~式（4.50）可知，与大部分空间计量模型类似，某个区域的区域特征 $Z_j$ 的改变会对所有区域的区域环境效应 $\theta$ 形成影响，进而影响各区域下辖的所有企业。因此，式（4.48）体现了企业 $ij$ 对企业 $ij$ 的“1 对 1”的影响，而式（4.50）体现了区域 $j$ 对所有区域的“1 对 $m$”的影响。对于 $m$ 个区域构成的区域系统，外生的区域特征 $Z$ 变化对区域环境效应 $\theta$ 的影响是 $m \times m$ 维的。式（4.49）进一步把区域的这种“1 对 $m$”的影响转变为“1 对 $n$”的影响。后两者体现了具有空间相关性时，区域环境效应对企业技术创新的非线性影响。

由于在研究中汇报一个 $m \times m$ 维的影响矩阵不太实际，LeSage 和 Pace（2009）提出了一套简要的标量总结法（Scale summary）。这种统计推断模式逐渐在空间计量文献中普及。本书将采用他们的方法。记式（4.50）为 $m \times m$ 维矩阵 $S$，则直接效应（Direct effect）等于 $S$ 主对角的平均值，表示区域自身特征 $Z_j$ 的改变对自身 $\theta_j$ 的影响（包括反馈效应）；间接效应（Indirect effect，Spillover effect）等于矩阵 $S$ 非主对角线行和的平均②，表示其他区域特征 $Z_{-j}$ 的改变对区域 $\theta_j$ 的平均影响；总效应（Total effect）等于前两者之和。

① 为了简便起见，此处我们认为 $X$ 和 $Z$ 均为一元变量。若为多元变量可通过加下脚标体现。

② 也可取列和的平均，解读有所不同。

$$\overline{M}_{direct} = tr(S)/m \tag{4.51}$$

$$\overline{M}_{total} = (\tau_m{}'S\,\tau_m)/m \tag{4.52}$$

$$\overline{M}_{indirect} = (\tau_m{}'S\,\tau_m - tr(S))/m \tag{4.53}$$

其中，$\tau_m$ 为 $m$ 维所有元素全为 1 的列向量。从式（4.51）~式（4.53）可知，SAR 模型具有一些过强的约束（Elhorst，2014；LeSage，2014）：对于 $h$ 维外生变量 $Z$，不同区域特征的直接效应和间接效应具有相等的比值：若 $Z_{(h1)}$（如区域创新政策）的直接效应是其间接效应的 2 倍，那么 $Z_{(h2)}$（如区域聚集）的直接效应也必须是其间接效应的 2 倍。这种约束在大多数的实证研究中是不太可能成立的。与 SAR 不同，SDM 还包含外生交互项 $WZ$，即认为邻近区域的外生环境对本区域亦有影响。这种不同使得 SDM 不像 SAR 那样受到约束。同时，HSDM 模型与 HSAR 模型参数解读的不同体现在 $\partial\theta/\partial Z$ 上。对于 HSDM：

$$\theta = \rho W\theta + Z\delta + WZ\xi + u$$

$$\begin{aligned}\frac{\partial\theta}{\partial Z} &= B^{-1}(\delta + W\xi) = (I - \rho W)^{-1}(\delta + W\xi) \\ &= (I\delta + W\xi) + \rho W(I\delta + W\xi) + \rho^2 W^2(I\delta + W\xi) + \cdots \end{aligned} \tag{4.54}$$

由于式（4.50）和式（4.54）均包含 $(I - \rho W)^{-1}$，都可以展开成一个无限叠加的过程，因此 HSAR 和 HSDM 均属于全局溢出（Global spillover）模型（LeSage，2014），即一个区域的变化会对其邻居有影响，对邻居的邻居有影响，对邻居的邻居的邻居还有影响……虽然这种影响呈递减形式（$-1 < \rho < 1$），并最终无限逼近 0。

当 $\rho = 0$，SDM 模型退化为 SLX，即式（4.55）。该模型仅具有空间局部溢出（Local spillover），即一个区域 $Z$ 的改变仅对直接相邻的区域有影响。对此模型的解读较之前面的两个模型要简单直接得多。

$$\theta = Z\delta + WZ\xi + u$$

$$\frac{\partial\theta}{\partial Z} = \delta + W\xi \tag{4.55}$$

如果考虑两种类型的区域（发达区域，落后区域），我们可以通过对矩阵 $S$ 进行分块，进一步分解出两种类型区域之间的溢出效应（LeSage 和 Sheng，2014）。这在很多情况下是人们的兴趣所在：发达区域对落后区域的影响与后者对前者的影响一般不会相等（不对称溢出）。

假设 $m$ 个区域可以分为两种类型，类型 $H$ 的区域有 $m_1$ 个，类型 $L$ 的区域有

$m_2$ 个，$m = m_1 + m_2$。区域的数据排列服从先 $H$ 再 $L$，则空间相关矩阵 $W$ 可以分成四块（Block）：$m_1 \times m_1$ 维的 $W_{11}$、$m_1 \times m_2$ 维的 $W_{12}$、$m_2 \times m_1$ 维的 $W_{21}$ 和 $m_2 \times m_2$ 维的 $W_{22}$。$W_{11}$表示 $H$ 类区域的 $H$ 类邻居，$W_{12}$表示 $H$ 类区域的 $L$ 类邻居，$W_{21}$代表 $L$ 类区域的 $H$ 类区域，$W_{22}$代表 $L$ 类区域的 $L$ 类区域。则 SDM 的矩阵 $S$ 可以分成类似的四块①：

$$S = \left( I_m - \rho \begin{bmatrix} W_{11} & W_{12} \\ W_{21} & W_{22} \end{bmatrix} \right)^{-1} \begin{pmatrix} I_{m1}\delta + W_{11}\xi & W_{12}\xi \\ W_{21}\xi & I_{m1}\delta + W_{22}\xi \end{pmatrix} = \begin{pmatrix} S_{11} & S_{12} \\ S_{21} & S_{22} \end{pmatrix} \tag{4.56}$$

通过采用 LeSage 和 Pace（2009）的标量总结法，$L$ 类区域对 $H$ 类区域的溢出效应为：

$$\overline{M}_{LH} = (\tau_{m1}{}' S_{12} \tau_{m2}) / m_1 \tag{4.57}$$

$H$ 类区域对 $L$ 类区域的溢出效应为：

$$\overline{M}_{HL} = (\tau_{m2}{}' S_{21} \tau_{m1}) / m_2 \tag{4.58}$$

通过对比 $\overline{M}_{HL}$和 $\overline{M}_{LH}$，可大致知道各类型间的区域溢出效应是否对称。当然，这种分解可以扩展到三种或更多类型的区域间。

## 第三节　贝叶斯估计及其与多层次模型的渊源

贝叶斯理论源于英国学者 Thomas Bayes 与 1763 年在英国《皇家学会哲学学报》上发表的论文“论有关机遇问题的求解”。目前，贝叶斯理论已在经济学、风险管理、市场影响、人工智能和可靠性工程等领域得到了广泛应用。贝叶斯学派（Bayesian）作为数理统计两大学派之一，在新世纪发展迅速。多层次模型较一般模型具有更多需要估计的参数，而贝叶斯在处理高维待估参数时较经典频率统计更简便，这也是本书选取贝叶斯方法进行估计的原因。

### 一、贝叶斯估计的相关概念

人们的学习过程一般都是利用可以得到的信息不断地修正已有的看法，逐渐

① SAR、SDM 和 SLX 的 $S$ 矩阵不同。由于 SDM 包含其他两模型，此处仅写出 SDM 的分解。

逼近真理。贝叶斯估计的核心——贝叶斯定理（Bayes' rule），正是体现了这种学习过程：利用所掌握的信息不断地更新对于所建立模型的确信程度。

假设 $y$ 代表数据（Data），$\alpha$ 为待估参数（Coefficients），两者均可以表示为向量或者矩阵。与经典频率计量不一样的是，贝叶斯计量认为 $\alpha$ 是随机的而非固定的。贝叶斯定理如下：

$$p(\alpha \mid y) = \frac{p(y \mid \alpha)p(\alpha)}{p(y)} \tag{4.59}$$

其中，$p(\alpha)$ 是先验密度函数（Prior density），代表对估参数 α 的初始估计[①]；$p(y \mid \alpha)$ 是数据基于模型参数的密度函数，也叫似然函数（Likelihood function），取决于数据产生过程（DGP）；$p(y)$ 为数据的边缘密度函数（Marginal probability function[②]）；$p(\alpha \mid y)$ 为后验密度函数（Post density）。式（4.59）体现了后验知识是基于数据的对先验知识的更新。

由于 $p(y)$ 与模型参数 $\alpha$ 无关，式（4.59）可简写成：

$$p(\alpha \mid y) \propto p(y \mid \alpha)p(\alpha) \tag{4.60}$$

即"后验分布与先验分布和似然函数的乘积成比例"。后验分布 $p(\alpha \mid y)$ 包括了我们的先验信息以及在看到数据后我们对未知参数 $\alpha$ 的所有认识。对于 $M$ 维 $\alpha$，单个参数 $\alpha_j$ 边缘后验分布（Marginal posterior）可以通过对余下所有参数积分求得：

$$p(\alpha_j \mid y) = \int p(\alpha \mid y)d\alpha_1 \cdots d\alpha_{j-1}d\alpha_{j+1} \cdots d\alpha_M \tag{4.61}$$

我们可以基于这一后验分布进行类似频率统计的各种统计推断，如点值估计（均值、中位数、标准差等）、区间估计（置信区间等）、条件约束检验等。通过合理设置下式的 g（α），可以实现上述大多数推断。

$$E[g(\alpha) \mid y] = \int g(\alpha)p(\alpha \mid y)d\alpha \tag{4.62}$$

如式 $g(\alpha) = \alpha_j$，则式（4.61）等价于计算参数 $\alpha_j$ 的后验均值；如 $g(\alpha) = 1(\alpha_j \geqslant 0)$，则式（4.62）等价于计算参数 $\alpha_j$ 非负的概率。$1(A)$ 是指示方程，当条件 $A$ 成立，方程取值为 1，否则为 0。一般而言，$E[g(\alpha) \mid y]$

---

① 关于先验分布的设置可参考 Koop（2003）、Hamada 等（2014）等。

② 也叫 Marginal distribution/probability dendity。$p(y) = \int p(y \mid \alpha)p(\alpha)d\alpha$。

都存在，但特别的情况下也可能不存在①。如果不确定其存在与否，可以汇报基于分位数的估计结果（中位数、四分位差等）。特别地，除点估计外，贝叶斯估计常进行最大后验密度置信区间（Highest Posterior Density Intervals，HPDI）估计②。

极少数情况下，式（4.61）和式（4.62）具有简易的解析式，大多数情况下，特别是当存在多个未知参数（高维待估参数）时，通过传统的对其他参数积分求出某待估参数的边缘后验密度函数是非常复杂甚至不可能实现的，这些困难均来自于求解高维积分的需要，造成了贝叶斯推断在实际应用上的困难。20世纪80年代末90年代初，计算机发展起来的后验仿真器（Posterior simulators）的出现打破了这一僵局，使贝叶斯学派在处理高维参数估计时真正实现了优于经典频率学派③。这种方法一般也叫马尔科夫蒙特卡洛方法（Markov Chain Monte Carlo，MCMC）。

MCMC 算法的目的是通过模拟的方法，直接从后验分布中生成参数向量的仿真样本，并基于这些样本展开后续的统计推断。通过 MCMC 算法将得到参数向量 $\alpha$ 的一个仿真序列 $\alpha^{(iter)}$，$iter = 1, 2, \cdots, ndraws$。当模拟步数 $iter$ 足够大以后，$\alpha^{(iter)}$ 将收敛于一个由后验分布生成的随机序列。由于仿真序列中的各元素不是独立的，但之间的相关性将随着元素间隔的增大而逐渐消失，因此，一般要忽略掉 MCMC 算法的前 $nomit$ 次样本（$nomit$ 是个比较大的数，也叫预烧期（Burn - in period）），仅以之后的仿真序列 $\alpha^{nomit+1}$，$\alpha^{nomit+2}$，…，$\alpha^{ndraws}$ 作为后验分布的样本④。常见的 MCMC 算法有两类：Metropolis - Hastings 算法（M - H Algorithm）和 Gibbs 抽样（Sampler），后者又能算是前者的一种特例。

## 二、阶层先验分布

在贝叶斯的框架中，对于每一个待估参数都需要设置相应的先验分布。但

① 本书不多做讨论，可参考 Koop（2003）。

② 某待估参数的 95% HPDI 表示估计者有 95% 的信心该区间包含该参数的真实值。

③ 频率学派和贝叶斯学派的比较可以参见 Koop（2003）、朱慧明（2009）、LeSage 和 Pace（2009）。

④ 关于 nomit 和 ndraws 的选取，以及马氏链收敛性的判断（MCMC diagnostics）参见一般贝叶斯统计推断类教材。

是有些情况下，相对于样本数量，待估参数维数会过高。例如，针对 $M$ 个个体，时长为 $T$ 的 $M\times T$ 维的面板数据，个体效应模型要估计参数有 $M+k$ 维（$M$ 维截距项（$\alpha_j$，$j=1$，2，…，$M$），$k-1$ 维斜率项，以及误差项的方差）。但是一般而言，许多现实分析中的面板数据集 $T$ 相对于 $M$ 会非常小，这样的话待估参数维数就会过高。阶层先验分布（Hierarchical Prior，也叫多层先验分布（韩明，1997））是贝叶斯处理高维待估参数的常用手段之一（Koop，2003）。通过将参数的先验分布写成阶层模式，许多模型的估计变得十分简便。

对于高维的待估参数 $\alpha$，$p(\alpha)=\prod_{j=1}^{M}p(\alpha_j)$，通过引入 $R$ 维参数 $v$，根据概率法则（Law of probability），$M$ 维向量 $\alpha$ 中的每个元素的概率分布 $p(\alpha_j)$ 均可以分两步写出①：

$$p(\alpha_j)\propto p(\alpha_j\mid v)p(v) \tag{4.63}$$

由于 $v$ 被视为与 $\alpha$ 一样的随机变量，也需要从数据中估计得到，参数 $v$ 被称为超参数（Hamada 等，2014）。超参数不在似然函数中出现，一般而言 $R\ll M$。这样，$M$ 维的估计简化成 $R$ 维的估计。当然，参数的先验分布还可以按上述方式，即为参数 $v$ 再引入参数 $v^*$……进一步写成具有更多层次结构的先验分布。一般也称不在似然函数中出现的模型参数为第一阶参数，而第二阶参数则包括在第一阶参数的先验分布中出现的参数。第二阶和更高阶参数共同组成了模型的超参数。

由于多层次空间模型中一些参数是由另一些参数的函数决定的，与贝叶斯的超参数思想不谋而合，因此贝叶斯方法是估计多层次模型的主要方法之一。特别是在生态科学、气候学、疾病学等对具有时空属性的变量进行的研究中，阶层时空模型几乎默认采用贝叶斯估计（Arab 等，2008；张俊辉等，2013）。

---

① 当然，任何阶层先验分布都可以写成非阶层模式：$p(\alpha)=\int p(\alpha\mid v)p(v)\,dv$。

# 第四节 截面多层次空间模型的贝叶斯估计

我们将采用贝叶斯的方法对前文建立的多层次空间模型进行估计①。由于HSDM包含HSAR以及HSLX为特例，而HSAR的贝叶斯估计完全适用于HSDM②。为求简便，本书将讨论HSAR的贝叶斯估计。与极大似然估计类似，贝叶斯估计也需要事先对干扰项 $e$ 的分布进行假设（一般假设 $e$ 服从均值为0方差为 $\sigma^2$ 的正态分布）。大多数贝叶斯计量文献都按“似然函数—先验分布—后验分布—计算”（Likelihood - prior - posterior - computation）的结构进行研究。本书将遵循这种惯例。

## 一、似然函数

我们重写阶层空间自回归模型（HSAR），式（4.38）~式（4.45）如下：

$$Y=\Delta\theta+X\beta+e$$

$$\theta=\rho W\theta+Z\delta+u$$

$$B=I-\rho W$$

$$\theta=B^{-1}(Z\delta+u)$$

$$Y=X\beta+\Delta B^{-1}(Z\delta+u)+e$$

$$e\sim N(0,\ \sigma_e^2 I_N)$$

$$u\sim N(0,\ \sigma_u^2 I_m)$$

$$\mathrm{Cov}(\varepsilon,\ u)=0$$

① 虽然本书在关于区域环境对企业技术创新的影响进行理论分析时，曾考虑企业改造环境的主观能动性，将区域环境变量之一聚集，进行了内生性处理，即理论分析了内生区域环境（聚集）对于企业研发决策的影响，但囿于估计方法的限制（目前的研究也很少对除因变量以外的其他解释变量的内生性问题进行ML或Bayesian估计，可以预想这类分析的复杂性甚至不可能性（Elhorst，2014）），本书我们只能假设在等式右边除了因变量的空间滞后项 $Wy$ 外的所有解释变量 $X$ 都是外生的。如何对包含内生解释变量 $X$ 的多层次空间模型进行估计留待以后的研究。

② 仅需增加设置外生解释变量，而无须改变算法。

$Y \sim N(X\beta + \Delta B^{-1}Z\delta,\ \Delta B^{-1}u + e)$

根据 Koop（2003）、Smith 和 LeSage（2004），模型的似然函数可写为：

$$p(y \mid \beta,\ \theta,\ \rho,\ \delta,\ \sigma_e^2,\ \sigma_u^2) = p(y \mid \beta,\ \theta,\ \sigma_e^2)p(\theta \mid \rho,\ \delta,\ \sigma_u^2) \tag{4.64}$$

其中，当 $B$ 为非奇异矩阵时，给定参数（$\rho$，$\delta$，$\sigma_u^2$），$\theta$ 的条件概率分布为：

$$\theta \mid (\rho,\ \delta,\ \sigma_u^2) \sim N(B^{-1}Z\delta,\ \sigma_u^2(B'B)^{-1}) \tag{4.65}$$

参数 $\rho$，$\delta$，$\sigma_u^2$ 起到了超参数的作用。

## 二、先验分布

遵循一般研究中的设置，我们设置了如下先验分布：

$$p(\beta,\ \rho,\ \delta,\ \sigma_e^2,\ \sigma_u^2) = p(\beta)p(\rho)p(\delta)p(\sigma_e^2)p(\sigma_u^2) \tag{4.66}$$

$$\beta \sim N_k(\underline{\beta},\ \underline{V_\beta}) \tag{4.67}$$

$$\sigma_e^2 \sim IG(a_1,\ b_1) \tag{4.68}$$

$$\delta \sim N_h(\underline{\delta},\ \underline{V_\delta}) \tag{4.69}$$

$$\sigma_u^2 \sim IG(a_2,\ b_2) \tag{4.70}$$

$$\rho \sim U(\lambda_{\min}^{-1},\ \lambda_{\max}^{-1}) \tag{4.71}$$

具体而言，我们对 $\beta$ 和 $\delta$ 设置正太先验分布，如式（4.67）和式（4.69）所示。式中 $k$ 和 $h$ 分别表示解释变量矩阵 $X$ 和 $Z$ 所含解释变量维数。$N_k$（$\mu$，$\sum$）表示一个均值为 $\mu$，方差协方差矩阵为 $\sum$ 的 $k$ 元正态分布。由于过于强的先验分布可能会使得估计有偏误，所以我们设置了无信息的先验分布（Uninformative priors）：均值为 0，但标准差趋于无穷，$\underline{\beta} = \underline{\delta} = 0$，$\underline{V_\beta} = cI_k$，$\underline{V_\delta} = cI_h$，$c = 10^{10}$。

Gelman（2006）讨论了阶层模型方差参数的多种先验分布。此处，我们对于 $\sigma_e^2$ 和 $\sigma_u^2$ 设置无信息的 IG（Inverse - Gamma）先验分布，即令式（4.68）和式（4.70）中 $a_1 = b_1 = a_2 = b_2 = 0$。

对于 $\rho$ 我们设置了如式（4.71）所示的均匀先验分布，其中 $\lambda_{\min} < 0$，$\lambda_{\max} > 0$，分别表示空间权重矩阵 $W$ 的最小和最大特征值。对于行标准化的（Row Standardized）的空间权重矩阵 $W$，上述先验分布变成 $U$（$\lambda_{\min}^{-1}$，1）。

## 三、后验分布

根据贝叶斯定理，后验分布与似然函数和先验分布的乘积成比例：

$$p(\beta, \theta, \rho, \delta, \sigma_e^2, \sigma_u^2 \mid y) \propto p(y \mid \beta, \rho, \delta, \sigma_e^2, \sigma_u^2) p(\beta, \rho, \delta, \sigma_e^2, \sigma_u^2)$$

$$\propto (\sigma_e^2)^{-n/2} \exp\left\{-\frac{1}{2\sigma_e^2}(y - X\beta - \Delta\theta)'(y - X\beta - \Delta\theta)\right\} \times$$

$$|B| (\sigma_u^2)^{-m/2} \exp\left\{-\frac{1}{2\sigma_u^2}(B\theta - Z\delta)'(B\theta - Z\delta)\right\} \times$$

$$|\underline{V_\beta}|^{-1/2} \exp\left\{-\frac{1}{2}(\beta - \underline{\beta})' \underline{V_\beta^{-1}} (\beta - \underline{\beta})\right\} \times$$

$$(\sigma_e^2)^{-(a_1+1)} \exp\left\{-\frac{b_1}{\sigma_e^2}\right\} \times$$

$$|\underline{V_\delta}|^{-1/2} \exp\left\{-\frac{1}{2}(\delta - \underline{\delta})' \underline{V_\delta^{-1}} (\delta - \underline{\delta})\right\} \times$$

$$(\sigma_u^2)^{-(a_2+1)} \exp\left\{-\frac{b_2}{\sigma_u^2}\right\} \times$$

$$U(\lambda_{\min}^{-1}, \lambda_{\max}^{-1}) \tag{4.72}$$

在设置了无信息的先验分布后，后验分布可写成：

$$p(\beta, \theta, \rho, \delta, \sigma_e^2, \sigma_u^2 \mid y)$$

$$\propto (\sigma_e^2)^{-n/2} \exp\left\{-\frac{1}{2\sigma_e^2}(y - X\beta - \Delta\theta)'(y - X\beta - \Delta\theta)\right\} \times$$

$$|B| (\sigma_u^2)^{-m/2} \exp\left\{-\frac{1}{2\sigma_u^2}(B\theta - Z\delta)'(B\theta - Z\delta)\right\} \times$$

$$(\sigma_e^2)^{-1} \times (\sigma_u^2)^{-1} \times U(\lambda_{\min}^{-1}, \lambda_{\max}^{-1}) \tag{4.73}$$

由于存在多个未知参数①，通过传统的对其他参数积分求出单个待估参数的边缘后验密度函数非常复杂甚至可能无解。因此，我们将采用 MCMC 方法进行估计。

## 四、MCMC

通过分析后验分布式（4.73），求出各参数的完全条件分布（Full conditional distribution）如下。其中，· 表示除了关注的待估参数外其他所有的待估参数。

### （一）$\beta$ 的完全条件分布

从后验分布中提取包括 $\beta$ 的项，则 $\beta$ 的完全条件分布为：

---

① 具体共有 $k$（$\beta$）$+h$（$\delta$）$+m$（$\theta$）$+1$（$\rho$）$+1$（$\sigma_e^2$）$+1$（$\sigma_u^2$）维待估参数。

$$p(\beta \mid \cdot) \propto \exp\left\{-\frac{1}{2\sigma_e^2}(y - X\beta - \Delta\theta)'(y - X\beta - \Delta\theta)\right\} \sim$$

$$N_k(U_0^{-1}g_0,\ U_0^{-1}) \tag{4.74}$$

可见 $\beta$ 的完全条件分布服从均值为 $U_0^{-1}g_0$，方差（协方差）为 $U_0^{-1}$ 的 $k$ 元正态分布。其中 $U_0 = (\sigma_e^2)^{-1}(X'X)$，$g_0 = (\sigma_e^2)^{-1}X'(y - \Delta\theta)$。

（二）$\delta$ 的完全条件分布

与 $\beta$ 的完全条件分布类似，第二层参数 $\delta$ 的完全条件分布为：

$$p(\delta \mid \cdot) \propto \exp\left\{-\frac{1}{2\sigma_u^2}(B\theta - Z\delta)'(B\theta - Z\delta)\right\} \sim$$

$$N_h(U_1^{-1}g_1,\ U_1^{-1}) \tag{4.75}$$

可见 $\delta$ 的完全条件分布也服从多元正态分布，其中均值为 $U_1^{-1}g_1$，方差（协方差）为 $U_1^{-1}$，$U_1^{-1} = (\sigma_u^2)^{-1}(Z'Z)$，$g_1 = (\sigma_u^2)^{-1}Z'(B\theta)$。

（三）$\theta$ 的完全条件分布

从后验分布中提取包括 $\theta$ 的项，得到随机截距项 $\theta$ 的完全条件分布为：

$$p(\theta \mid \cdot) \propto \exp\left\{-\frac{1}{2\sigma_e^2}(y - X\beta - \Delta\theta)'(y - X\beta - \Delta\theta)\right\} \times$$

$$\exp\left\{-\frac{1}{2\sigma_u^2}(B\theta - Z\delta)'(B\theta - Z\delta)\right\} \sim$$

$$N_m(U_2^{-1}g_2,\ U_2^{-1}) \tag{4.76}$$

所以，$\theta$ 的完全条件分布仍服从多元正态分布。$U_2 = (\sigma_e^2)^{-1}(\Delta'\Delta) + (\sigma_u^2)^{-1}(B'B)$，$g_2 = (\sigma_e^2)^{-1}\Delta'(y - X\beta) + (\sigma_u^2)^{-1}(B'Z\delta)$。

（四）$\sigma_e^2$ 的完全条件分布

$\sigma_e^2$ 的完全条件分布为 IG 分布：

$$p(\sigma_e^2 \mid \cdot) \propto (\sigma_e^2)^{-n/2-1}\exp\left\{-\frac{1}{2\sigma_e^2}(y - X\beta - \Delta\theta)'(y - X\beta - \Delta\theta)\right\} \sim$$

$$IG(v_1,\ \mu_1) \tag{4.77}$$

其中，$v_1 = n/2$，$\mu_1 = (y - X\beta - \Delta\theta)'(y - X\beta - \Delta\theta)/2$。

（五）$\sigma_u^2$ 的完全条件分布

$\sigma_u^2$ 的完全条件分布亦为 IG 分布：

$$p(\sigma_u^2 \mid \cdot) \propto (\sigma_u^2)^{-m/2-1}\exp\left\{-\frac{1}{2\sigma_u^2}(B\theta - Z\delta)'(B\theta - Z\delta)\right\} \sim$$

$$IG(v_2,\ \mu_2) \tag{4.78}$$

其中，$v_2 = m/2$，$\mu_1 = (B\theta - Z\delta)'(B\theta - Z\delta)/2$。

（六）$\rho$ 的完全条件分布

后验分布中包含 $\rho$ 的项除其先验分布 $U$ 外，还有第一层的似然函数。

$$p(\rho \mid \cdot) \propto \exp\left\{ -\frac{1}{2\sigma_e^2}(y - X\beta - \Delta\theta)'(y - X\beta - \Delta\theta) \right\} \times U(\lambda_{\min}^{-1},\ \lambda_{\max}^{-1}) \tag{4.79}$$

可见，此分布并不服从任何已知的分布（LeSage 和 Pace，2009）。

（七）MCMC 步骤

由于 $\rho$ 的完全条件分布并不服从任何已知的分布，因此我们将采用随机游走 M－H 算法对 $\rho$ 进行抽样，对余下其他参数（$\beta$，$\theta$，$\delta$，$\sigma_e^2$，$\sigma_u^2$）进行 Gibb 抽样①，即对 $\beta$，$\theta$，$\delta$ 进行多元正态分布抽样，对 $\sigma_e^2$，$\sigma_u^2$ 进行 IG 抽样。由于估计中采用了两种算法，也叫 Metropolis－within－Gibbs 算法。具体过程如下：

首先，给定抽样的初始点 $\alpha^{(0)} = (\beta^{(0)},\ \theta^{(0)},\ \rho^{(0)},\ \delta^{(0)},\ \sigma_e^{2(0)},\ \sigma_u^{2(0)})$，假设第 $iter-1$ 次的迭代值为 $\alpha^{(iter-1)}$，则第 $iter$ 次迭代由以下 6 个步骤完成：

Step1：由 $\beta$ 的完全条件分布抽取 $\beta^{(iter)}$；

Step2：由 $\sigma_e^2$ 的完全条件分布抽取 $\sigma_e^{2(iter)}$；

Step3：由 $\delta$ 的完全条件分布抽取 $\delta^{(iter)}$；

Step4：由 $\sigma_u^2$ 的完全条件分布抽取 $\sigma_u^{2(iter)}$；

Step5：由 $\theta$ 的完全条件分布抽取 $\theta^{(iter)}$；

Step6：基于 $\rho$ 的完全条件分布，以 M－H 算法构造 $\rho^{(iter)}$。

记 $\alpha^{(iter)} = (\beta^{(iter)},\ \theta^{(iter)},\ \rho^{(iter)},\ \delta^{(iter)},\ \sigma_e^{2(iter)},\ \sigma_u^{2(iter)})$，$\alpha^{(iter)}$，$iter = 1, 2, \cdots, ndraws$，就是参数向量 $\alpha$ 的一个仿真序列。

在对 $\rho$ 进行抽样时，我们采用 LeSage 和 Pace（2009）的转向随机游走链方法构造候选值 $\rho^*$。转向参数 cc 的设置如下，以保证候选值有适中的接受率（在 40%～60%），以免抽样陷入分布的低概率部分。

$$\begin{aligned} &\rho^* = \rho^c + cc \cdot N(0,\ 1) \\ &cc = cc/1.1 \quad \text{if} \quad acc < 40\% \\ &cc = cc/1.1 \quad \text{if} \quad acc > 60\% \end{aligned} \tag{4.80}$$

其中，$\rho^c$ 为当前值，$acc$ 为候选值的接受概率：

① Smith 和 LeSage（2004）提出了另一种逆 CDF 抽样方法，较之标准的随机游走 M－H 算法更高效。

$$acc(\rho^*, \rho^c) = \min\left\{1, \frac{p(\rho^* \mid \cdot)}{p(\rho^c \mid \cdot)}\right\} \tag{4.81}$$

## 五、仿真测试

对于一般的数据集，上文的 Metropolis - within - Gibbs 算法是否能找到真实的参数？本书将通过构造一些数据集进行仿真测试（Simulation Exercise），对上文的估计方法进行直观检验。

（一）实验一

我们首先构造了一个 $m$ 为 30 的“区域—企业”系统，各区域企业数 $n_j$ 随机给定，总企业数为 $N = \sum_{j=1}^{m} n_j = 1856$。真实的数据产生过程（Data Generation Process，DGP）为阶层空间杜宾模型（HSDM）：第一层解释变量 $X$ 包含两个变量，变量根据标准正态分布 $N$（0，1）随机生成，参数 $\beta$ 设为（-2，2）。第二层解释变量 $Z$ 包含一个变量，生成过程与 $X$ 类似，参数（$\delta$，$\xi$）设为（-1，1）；空间权重矩阵 $W_{m\times m}$ 随机生成，即首先随机生成各区域的经纬度，均服从 $N$（0，1），之后构造行标准化（Row standardized）的最近六邻空间权重矩阵①；空间相关系数 $\rho$ 设为 0.7，表示空间相关程度比较高；第一层的误差项方差 $\sigma_e^2$ 设为 2，第二层误差项方差 $\sigma_u^2$ 设为 1。即真实的 DGP 可以写成：

$$Y = \Delta\theta - 2X_1 + 2X_2 + e$$

$$\theta = 0.7W\theta - Z + WZ + u$$

$$e \sim N(0, 2I_N)$$

$$u \sim N(0, I_m)$$

$$\mathrm{Cov}(\varepsilon, u) = 0$$

表 4-2 中呈现了对以上人为构造数据集的若干种不同模型的估计结果。可见，当真实 DGP 为 HSDM，如若忽略了微观企业嵌套于总体区域的特性，仅将区域特征 $Z$ 指定给相应区域，进行如模型 1 一般的单层次结构分析，则 OLS 的估计结果是有偏的，而完全忽略其他区域变量对本区域内企业个体的影响（表 4-2 模型 1 并未估计 $WZ$ 的系数 $\xi$）将得到不同的政策启示。

① 矩阵的具体构造参见本书第五章第二节。

表4－2中模型2至模型6均以本书建立的Metropolis－within－Gibbs算法进行[①]，抽样次数为2500次，预烧期设为1500次[②]。其中模型2～模型4为非空间模型，又可称为随机截距项阶层线性模型[③]。其他为空间模型：模型5为HSAR，模型6为HSDM。相比之下，随着所采用的估计模型逐渐逼近真实的DGP，第二层的误差项方差估计值越来越小并趋近于1，即估计越来越准确。特别是加入考虑区域环境效应的空间相关性$\rho$后，区域层误差方差的估计值靠近真实值60%。

**表4－2 仿真实验一估计结果**

| 模型 | true value | $\beta_1=-2$ | $\beta_1=2$ | $\delta=-1$ | $\xi=1$ | $\rho=0.7$ | $\sigma_e^2=2$ | $\sigma_u^2=1$ |
|---|---|---|---|---|---|---|---|---|
| 1 | $Y=c+X\beta+(\Delta Z)\delta+\varepsilon$ | －2.105 | 1.978 | －1.197 | | | 4.726 | |
| 2 | $Y=\Delta\theta+X\beta+e$<br>$\theta=u$ | －2.047 | 1.988 | | | | 1.980 | 5.229 |
| 3 | $Y=\Delta\theta+X\beta+e$<br>$\theta=c+u$ | －2.045 | 1.987 | | | | 1.983 | 4.977 |
| 4 | $Y=\Delta\theta+X\beta+e$<br>$\theta=c+Z\delta+u$ | －2.045 | 1.992 | －1.205 | | | 1.979 | 2.497 |
| 5 | $Y=\Delta\theta+X\beta+e$<br>$\theta=\rho W\theta+c+Z\delta+u$ | －2.046 | 1.991 | －1.360 | | 0.577 | 1.978 | 1.864 |
| 6 | $Y=\Delta\theta+X\beta+e$<br>$\theta=\rho W\theta+Z\delta+WZ\xi+u$ | －2.048 | 1.990 | －1.297 | 1.345 | 0.675 | 1.983 | 1.360 |

注：全部通过了显著性检验。此外，受篇幅所限，此表省略了某些估计中的常数项。

（二）实验二

为了直观地看到本书建立的Metropolis－within－Gibbs算法在多层次空间模型估计时的可靠性，我们增加实验二。此实验中我们增大了样本量：构造一个$m$为100的“区域—企业”系统，各区域企业数$n_j$仍然随机给定，总企业数为$N=\sum_{j=1}^{m}n_j=5225$。真实的DGP为HSAR。真实参数设置如下：

① 对不存在的参数忽略相应的抽样步骤。

② 为了节省时间，此处设置了较短的抽样步长，但是马尔科夫链已基本收敛。

③ 参见本书第四章第一节。

$$Y=\Delta\theta-2X_1+2X_2+e$$
$$\theta=0.7W\theta+Z+u$$
$$e\sim N(0,\ 2I_n)$$
$$u\sim N(0,\ I_m)$$
$$\mathrm{Cov}(\varepsilon,\ u)=0$$

抽样次数为10000次，预烧期设为6000次。我们将算法关于$\rho$的每一步迭代值显示在图上，其中$\rho$的真实值为0.7。由图可见，迭代中$\rho$的抽样值早早地就收敛于真实值附近（见图4－3）。抽样期到达大约500次之后，每一次迭代中$\rho$的接受率就保持在0.4～0.5的比较稳定水平（见图4－4），而除去预烧期以后，$\rho$对称分布在真实值左右（见图4－5）。此外，以环境效应估计值$\hat{\theta}$与真实值$\theta$计算的模型拟合优度$\mathrm{corr}^2$（$\theta$，$\hat{\theta}$）等于0.968，接近于1①。因此，本书的算法较好地还原了数据集的真实结构（见表4－3）。

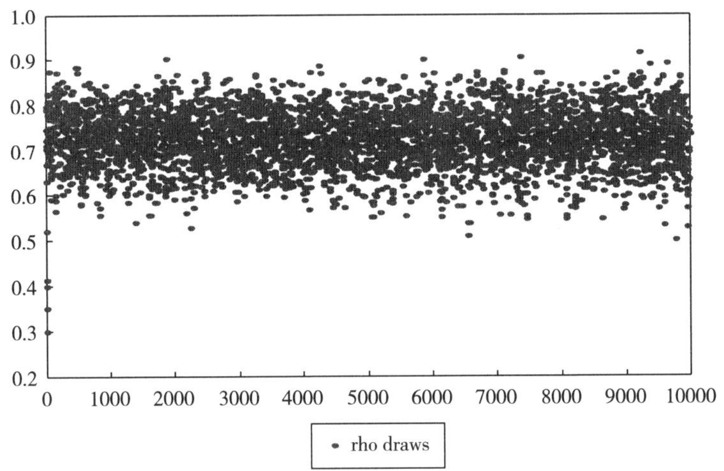


**图4－3 仿真实验二$\rho$的抽样值**

资料来源：笔者研究整理。

① 在空间模型中一般可采用实际值与拟合值相关系数的平方$\mathrm{corr}^2$（$Y$，$\hat{Y}$）来反映模型拟合优度（LeSage和Pacce，2009），$\mathrm{corr}^2(Y,\ \hat{Y})=\frac{[(Y-\bar{Y})'(\hat{Y}-\bar{Y})]^2}{[(Y-\bar{Y})'(Y-\bar{Y})][(\hat{Y}-\bar{Y})'(\hat{Y}-\bar{Y})]}$。本书此处借用这种思想。

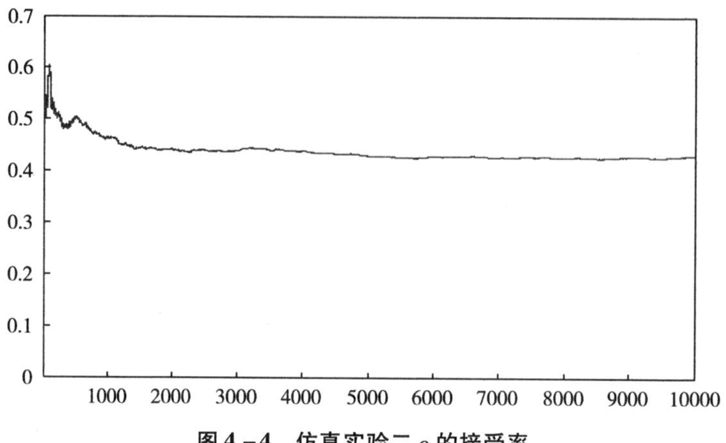


**图 4-4　仿真实验二 $\rho$ 的接受率**

资料来源：笔者研究整理。

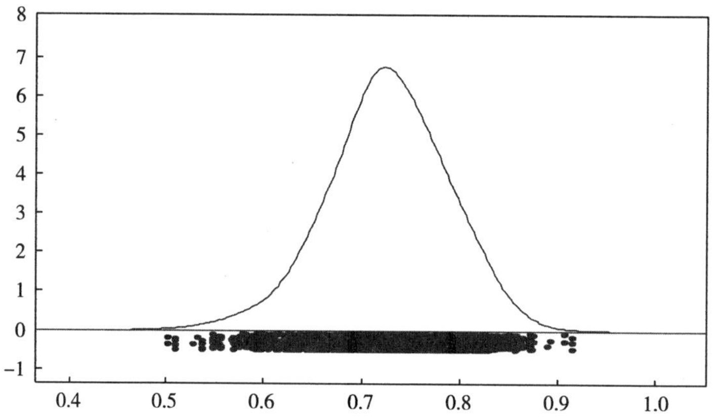


**图 4-5　仿真实验二 $\rho$ 的后验概率分布**

资料来源：笔者研究整理。

**表 4-3　仿真实验二估计结果**

| true value | $\beta_1=-2$ | $\beta_1=2$ | $\delta=1$ | $\rho=0.7$ | $\sigma_e^2=2$ | $\sigma_u^2=1$ |
|---|---|---|---|---|---|---|
| OLS | -2.052 | 2.036 | 1.204 |  | 3.725 |  |
| HSAR | -2.032 | 2.010 | 0.937 | 0.725 | 1.985 | 0.638 |

注：全部通过了显著性检验。此外，受篇幅所限，此表省略了某些估计中的常数项。

（三）实验三

此实验中我们仍采用 $m$ 为 100 的“区域—企业”系统，各区域企业数 $n_j$ 仍然随机给定，总企业数为 $N = \sum_{j=1}^{m} n_j = 5096$。真实的 DGP 设为 HSDM。除第二层解释变量变为两个外，其他设置与实验一类似。真实的 DGP 可以写成：

$$Y = \Delta\theta - 2X_1 + 2X_2 + e$$

$$\theta = 0.8W\theta - Z_1 + Z_2 - 0.5WZ_1 + 0.7WZ_2 + u$$

$$e \sim N(0,\ 2I_N)$$

$$u \sim N(0,\ I_m)$$

$$\mathrm{Cov}(\varepsilon,\ u) = 0$$

**表 4－4　仿真实验三估计结果**

| parameter | true value | HSAR | | | HSDM | | |
|---|---|---|---|---|---|---|---|
| | | mean | std | 95% HPDI | mean | std | 95% HPDI |
| $\beta_1$ | −2 | −2.003 | 0.020 | [−2.043　−1.964] | −2.003 | 0.019 | [−2.043　−1.965] |
| $\beta_2$ | 2 | 1.985 | 0.019 | [1.946　2.024] | 1.984 | 0.019 | [1.947　2.022] |
| $\delta_1$ | −1 | −0.826 | 0.138 | [−1.096　−0.549] | −0.860 | 0.140 | [−1.134　−0.587] |
| $\delta_2$ | 1 | 0.995 | 0.113 | [0.773　1.215] | 1.036 | 0.117 | [0.806　1.266] |
| $\xi_1$ | −0.5 | | | | −0.786 | 0.402 | [−1.605　−0.029] |
| $\xi_2$ | 0.7 | | | | 0.651 | 0.295 | [0.078　1.227] |
| $\rho$ | 0.8 | 0.819 | 0.044 | [0.727　0.903] | 0.750 | 0.059 | [0.627　0.856] |
| $\sigma_e^2$ | 2 | 1.972 | 0.039 | [1.896　2.052] | 1.973 | 0.039 | [1.900　2.051] |
| $\sigma_u^2$ | 1 | 1.254 | 0.201 | [0.915　1.703] | 1.264 | 0.205 | [0.923　1.722] |
| Direct effect | | | | | | | |
| $Z_1$ | −1.402 | −1.066 | 0.182 | [−1.432　−0.708] | −1.227 | 0.188 | [−1.616　−0.874] |
| $Z_2$ | 1.464 | 1.285 | 0.160 | [0.981　1.601] | 1.409 | 0.177 | [1.074　1.781] |
| Indirect effect | | | | | | | |
| $Z_1$ | −6.097 | −3.799 | 1.417 | [−7.123　−1.885] | −5.579 | 1.776 | [−9.737　−2.627] |
| $Z_2$ | 7.036 | 4.597 | 1.672 | [2.460　8.792] | 5.671 | 1.847 | [2.892　10.070] |
| Total effect | | | | | | | |
| $Z_1$ | −7.500 | −4.865 | 1.541 | [−8.444　−2.667] | −6.807 | 1.906 | [−11.351　−3.642] |
| $Z_2$ | 8.500 | 5.883 | 1.786 | [3.537　10.309] | 7.080 | 1.983 | [4.030　11.796] |

资料来源：笔者研究整理。

抽样次数为仍设为 10000 次，预烧期设为 6000 次。表 4－4 汇报了两种模型

的估计结果，包括参数以及效应的后验均值、后验标准差、95% HPDI。由于空间相关的存在，第二层解释变量 $Z$ 的总效应远大于其系数（$|-7.5|>|-1|$，$8.5>1$），即某单个区域外生变量的改变，影响不限于该区域自身，而是通过 W 扩散到其他区域。HSAR 的强约束性在我们的实验中得到体现，即两个区域外生变量 $Z_1$、$Z_2$ 的效应估计值存在比例关系：$-1.066/-3.799=1.285/4.597$，而 HSDM 由于估计了 WZ 一项而不受这种约束。计算也发现，真实的效应中也并不存在这种关系。因此 HSAR 模型不应该是研究的首选。

## 第五节　本章小结

由于“区域—企业”属于阶层数据结构，本章在讨论阶层结构数据及其特点后，认为嵌套数据的普通最小二乘估计是无效的，因此，本章建立了阶层线性模型。又由于当存在遗漏变量或者空间溢出时，必须考虑区域的空间相关性，本章以阶层线性模型为基础，扩展考虑区域的空间相关性，建立了企业技术创新的多层次空间模型，并对其参数进行了解读。其后论述了多层次空间模型的贝叶斯 MCMC 估计方法，并进行了仿真实验，为第五章的实证研究做好研究方法上的准备。

虽然关于技术创新的理论分析早已认识到创新的非线性特征，但大多数已有实证研究文献仍采用线性模型，使理论和实证研究存在脱节。本章多层次空间模型的构建，对于缺乏体现创新的系统性和网络性的已有实证研究是一种突破，对于解决理论研究和实证研究的脱节提供了一种方法。但囿于估计方法的限制，虽然第三章的理论分析部分我们曾试图将区域环境变量内生化，本章的估计部分我们只能假设在等式右边除因变量的空间滞后项 $Wy$ 外的所有解释变量 $X$ 都是外生的。内生 $X$ 的研究须留待以后进行。

# 第五章　区域环境效应与我国企业技术创新

创新是非线性的，区域是开放的。那么，我国的企业技术创新中的区域环境效应处于何种水平？本章将在第三章理论分析的基础上，采用第四章构建的阶层空间模型，对我国企业技术创新中的区域（城市）环境效应进行研究。在我国区域增长极带动经济发展的战略背景下，本章将进一步对增长极与腹地间的相互溢出效应进行分解测算。

## 第一节　中国企业技术创新空间分布及区域环境概况

多年以来，我国企业在全国研发支出中占据了大半壁江山，与一些技术发达国家不相上下①。本小节将以城市为区域单元，对我国企业技术创新的空间分布及其所处的区域环境进行分析，为之后的实证测算做好背景铺垫。根据对已有研究的梳理以及本书第三章的理论分析，本节将从三个方面对企业技术创新的区域环境进行描述，包括基础性环境、空间聚集以及区域创新政策情况。

本章选择城市作为研究的区域单元，主要有四点原因：一是城市满足区域的自我完整性、系统性和职能属性三点特征②；二是城市是绝大多数创新的温床，因此本书这种区域层次的选择是合理的；三是由于数据的可获得性；四是综观全书，聚集是本书重要的变量之一，已有文献探讨聚集时多针对城市进行，本书依循这种惯例。

---

① 见绪论表1－1。

② 见绪论。

## 一、中国企业技术创新的空间分布

### （一）技术创新的测度指标及数据来源

对技术创新的测度一般可以分为结果类和投入类两类指标，前者包括专利、新产品产值以及新企业形成等指标，后者包括研发投入等指标。此外还有一些综合性指标或者基于调查的主观性指标①。受数据所限②，本书将采用新产品产值对企业技术创新进行衡量。这种指标选取与许多文献一致，如 Van der Panne（2004）、Boschma 和 Weterings（2005）、徐彪等（2011）、Nathan 和 Lee（2013）、董晓芳和袁燕（2014）等在研究聚集经济或者区域文化对企业创新影响中均采用了新产品指代创新。

本章所有企业层级的数据均来自中国工业企业数据库。该数据库对我国国有工业企业以及规模以上（年主营业务收入在 500 万元以上③）非国有工业企业进行统计，统计信息包括基本的生产信息以及所处地县，行业代码等。此数据库是目前为止包含我国工业企业信息最全面的微观数据库之一，数据库中企业占我国工业总产值的 95% 左右。由于数据库并非公共开放，而且最近几年的数据还未经核验，包含了过多不可靠信息，本书作者仅以 2007 年的数据进行研究。此外，2008 年后世界出现的金融危机对我国的经济发展产生了一定的影响，相比之下 2007 年更能反映平稳发展状态下的我国经济。

### （二）我国企业技术创新的空间分布特征

以 2007 年我国工业企业数据库为基础，本书对我国工业企业总产值和新产品产值的空间分布进行了统计④。

统计发现，我国大部分具有新产品产值的企业集中在京津、胶州半岛、长三角、珠三角和成渝一带。其中，一半以上的新产品产值集中在以沿海大城市为主的 14 个城市中，包括上海、天津、北京、深圳、长春、重庆、青岛、杭州、宁

---

① 见绪论。

② 2007 年中国工业企业数据库中仅有此两项指标，缺少专利等指标的统计。

③ 2011 年标准改为 2000 万元及其以上。

④ 此处，我们以企业信息中的四位行政区编码指代其所处的城市，与后文实证部分略有不同。行政编码由国家统计局统一编制，2007 年县及县以上行政区划代码来自：http：//www.stats.gov.cn/tjsj/tjbz/xzqhdm/200802/t20080215_38311.html。感兴趣的读者可联系作者索取具体的分布图。

波、绍兴、广州、苏州、无锡和南京。有45个城市没有任何工业企业具有新产品产值。这些城市大多分布在西南和西北等边境和贫困地区。在城市，新产品产值与工业总产值之间的相关系数为0.84[①]。新产品产值占企业总产值的比例最高的十大城市为：长春（44.5%）、汕尾（36.9%）、重庆（33.4%）、绵阳（33.2%）、自贡（31.2%）、天津（31.0%）、北京（30.2%）、德阳（28.2%）、十堰（28.0%）和柳州（26.6%）。

按各城市总（新产品）产值从低到高排序，并求累计总（新产品）产值占全部城市总（新产品）产值的比重，本书绘制了生产和创新在城市间分布的洛伦茨曲线（Lorenz curve）（见图5-1）。可见，不论是生产还是创新的洛伦茨曲线都严重凸向绝对不平均线（由横轴和右侧纵轴组成）。基尼系数（Gini coefficient）可以定量地反映分布的平均程度，该系数等于洛伦茨曲线与绝对平均线包围面积占绝对平均线和绝对不平均线之间面积之比。根据张建华（2007）：

$$Gini = 1 - \frac{1}{m}(2\sum_{j=1}^{m} p_j + 1) \tag{5.1}$$

其中，$m$ 为城市数量，$p_j$ 为变量（如各城市工业总产值占全部总值的百分比）按低到高排序后第 $j$ 个城市的变量累计值。基尼系数为1表示变量在各城市间分布绝对不平均，而基尼系数为0表示空间分布绝对平均。计算显示，新产品产值在城市间分布的基尼系数为0.824，高于企业总产值的基尼系数（0.669），即创新较之生产在各个城市间的分布更不均匀[②]。本书还计算了城市企业数量、工业企业从业人员、工业企业研发投入的基尼系数，分别为0.638、0.612和0.816。再次验证了上述结论：我国企业技术创新的空间分布极不均匀，而且不均匀程度高于生产的空间分布。

## 二、知识基础环境分布

### （一）高校与科研机构分布

企业创新离不开以高校和科研机构的支持。目前在我国，以高校和科研机构

---

① 投入方面，研发投入与总从业人员的相关系数为0.78。

② 洛伦茨曲线和基尼系数一般用于衡量国民收入的分配情况。一般以基尼系数0.4为收入分配差距的警戒线，超过0.5的基尼系数意味着收入差距悬殊。本书根据我国工业企业生产总值和新产品产值在各城市的分布计算的基尼系数均高于0.5，反映了生产和创新在我国空间上的极不均匀分布。当然，这种临界值的确定与收入分配的临界值不一定一致。

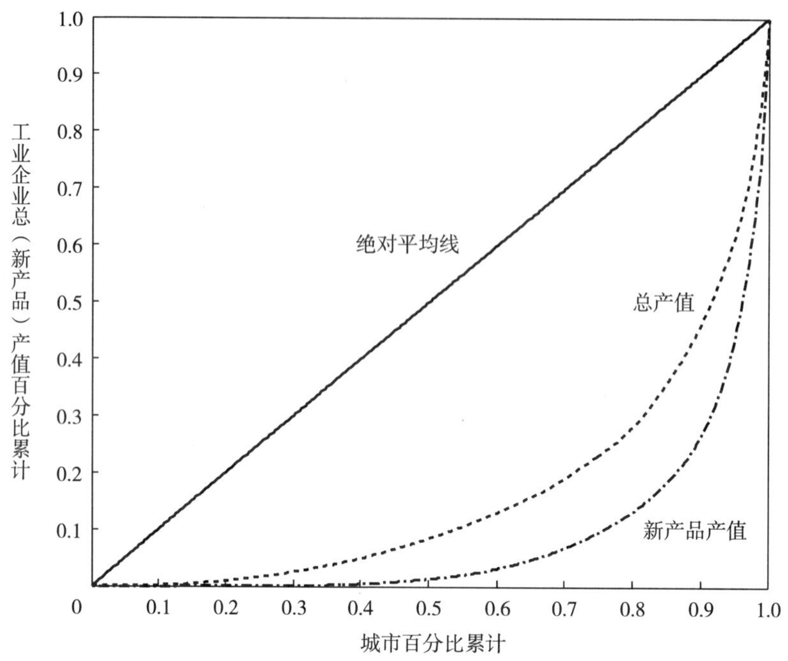


**图 5－1　各城市工业总（新产品）产值洛伦茨曲线**

资料来源：笔者根据中国工业企业数据库 2007 年汇总绘制。总（新产品）产值基尼系数为 0.669（0.824）。

为代表的公共科研资源分布极其不均衡，大多数公共科研资源集中分布在少数地区。如根据《中国城市统计年鉴》（2007），2006 年我国 286 个城市共有普通高等学校 1915 个①，其中 14 个城市没有普通高校，而以北京、上海、广州为代表的 8%的城市却集中了 51%的高校，高校专任教师数量更是占到了全部的 56%，普通高等学校（专任教师、学生）数在城市分布的基尼系数为 0.65（0.71、0.70），科研人员的基尼系数为 0.68。虽然较之工业企业的生产和创新而言，这些知识基础设施在城市间的空间分布更平均，但仍然体现出很强的不均衡性。

因为高校办学目标各有侧重，不一定都以科研为主，所以高校数量总量并不一定能反映地区的科研能力。相比之下，科研机构更能代表地区的科研资源和实力。本书对中国国家级重点实验室进行统计发现，目前我国共有 306 个国家重点

① 为了对应后文的实证研究，此处关于高校等基础科研环境的分布采用 2006 年的数据。

实验室，其中主管单位为高校的大约有180个[①]，主要分布在北京（34）、武汉（15）、上海（18）、南京（11）、成都（10）、西安（10）以及杭州（10）等高校集中的城市。其他科研单位主管的国家重点实验主要集中在北京（39）和上海（16），其他城市，如长春、南京、兰州、天津、武汉等有零散分布（见表5-1）。这进一步说明了我国科研资源分布呈现明显的极化特征。

**表5-1 国家重点实验室分布不完全统计（截至2014年12月）**

| 城市 | 高校主管数量 | 其他单位主管数量 | 城市 | 高校主管数量 | 其他单位主管数量 |
|---|---|---|---|---|---|
| 北京 | 34 | 39 | 广州 | 8 | 2 |
| 上海 | 18 | 16 | 长沙 | 6 | — |
| 武汉 | 15 | 2 | 天津 | 5 | 2 |
| 南京 | 11 | 3 | 大连 | 4 | 2 |
| 杭州 | 10 | — | 哈尔滨 | 4 | 1 |
| 成都 | 10 | — | 沈阳 | 2 | 2 |
| 西安 | 10 | 1 | 昆明 | 1 | 2 |
| 长春 | 8 | 5 | 兰州 | 1 | 3 |

资料来源：笔者根据中国科技资源共享网（http：//www. escience. gov. cn/lab/）整理。

### （二）“产学研”合作概况

除培养自身能力、进行自主创新外，我国企业也积极通过加强与高校和科研机构的合作，进行合作创新。

首先，企业不断加大对高校科研经费的支持。由于高校科研具有基础性研究的特征，政府一度在中国高校的研发经费来源中充当大家长的角色。进入20世纪90年代后，高校的研发活动特征发生变化，产学研合作逐渐流行，来自企业的研发经费支持大大改变了高校研发经费的来源结构。根据政府的科技统计报告[②]，1990年中国高等院校研发经费中来源于政府的比例高达66.6%，而2005～2012年，高校研发经费中企业资金由88.9亿元增至260.5亿元，年均增长

① http：//www. escience. gov. cn/lab/，统计截至2014年12月。高校主管的实验室包括大学和学院为第一主管单位的实验室。考虑到医学科学院的特殊性，本书将中国人民解放军军事医学科学院等医学科学院与中国科学院的一系列研究所主管的实验室均划分为其他科研机构。

② 中国科技统计网，科学技术部发展计划司．科技统计报告（2009年第26期）［EB/OL］．http：//www. sts. org. cn/index. asp.

16.6%。2012年高校研发经费中企业资金的比例已达33.4%，即高校与产业界之间已经有较稳固的联系，企业已经十分注重高校的创新支撑作用。

其次，产学研合作成效明显。政府的科技统计报告显示，按项目合作形式分，2009年企业与国内高校或研究机构合作的项目占到15.9%①。此外，“十五”期间国家科技计划项目②中产学研合作项目数占比由“九五”的12.4%提高到21.9%③。其中，产学研合作方式主要有三种：一是以企业为主，高校和科研院所配合进行研发和技术攻关；二是以学研为主，产业部门为辅；三是政府或其他单位牵头进行产学研合作。2006～2008年，国家火炬项目中98%的产学研合作是以企业主导的产学研合作进行，星火项目中这一方式的占比也达到80.3%。其他类型的国家科技计划项目也有40%以上是以企业为主导进行的。通过参与甚至与主导产学研合作，企业实现了“借鸡下蛋”：仅以所发表的论文数量看，企业从产学研合作中获得的收益近十年年均增长13.3%（见图5－2）。

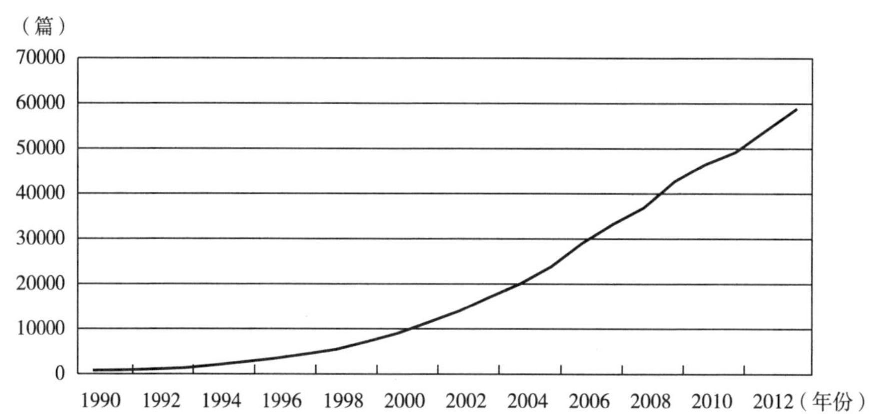


**图5－2　1990～2012年“产—学—研”合作论文数量趋势**

资料来源：CNKI期刊数据库。检索条件：笔者单位包含“大学”或者“研究院”并且作者单位包含“公司”。

① 中国科技统计网，科学技术部发展计划司．科技统计报告（2013年第13期）［EB/OL］．http：//www.sts.org.cn/index.asp.

② 包括973项目、863项目、国家科技攻关（支撑）项目、国家火炬项目、国家星火项目。

③ 中华人民共和国科学技术部，科学技术部发展计划司．科技统计报告（2009年第24期）［EB/OL］．http：//www.most.gov.cn/index.htm.

此外，跨区域产学研合作盛行，特别是与科研极点的合作。我国科研力量分布十分不均，以北京为代表的一些城市是我国主要的科学技术辐射源①。由于跨区域的科技合作能促进新技术研发和技术流动、扩大技术成果的应用范围，不论是政府还是企业都积极地鼓励和参与与科研极点之间的交互。根据政府科技统计报告，2006～2008 年国家科技计划项目中 20.4% 是产学研项目（5458 项），其中北京地区牵头的占到了 25%。在这些产学研项目中，合作单位均位于北京的项目仅有 313 项，而北京学研界单独为外地企业提供技术支持达 474 项，与其他地区的学研机构合作共同给外地企业提供技术支持 408 项，均高于对北京本地企业的辐射力度（见表 5－2）。武汉亦是我国重要的科研节点，其辐射力也扩散到全国各省。据政府科技统计报告②，2001～2007 年，武汉市 55 所高校和 104 所研究所的技术流向地域包括 33 个省份，其中湖北省内合同数 9890 项，占 47.91%，技术交易额 489844 万元，占比 53.25%。即武汉的科研能力近乎一半是被其他省份吸收的，并且一半是被北京、广东、江苏和浙江等发达省份吸收的。期间，武汉流向北京的技术项目数和交易额虽有波动但总体呈上升趋势，2007 年较 2001 年项目数增加了 3 倍，交易额增长了 3.18 倍。

**表 5－2　2006～2008 年国家科学计划项目产学研区域间合作情况**　单位：项

| | 北京企业 | 外地企业 | 北京和外地企业的联合 |
|---|---|---|---|
| 北京院所或高校 | 313 | 474 | 112 |
| 外地院所或高校 | 140 | 3639 | 159 |
| 北京与外地院所或高校的联合 | 149 | 408 | 64 |

资料来源：笔者根据《科技统计报告》，（2009 年第 24 期）整理。

## 三、我国企业空间聚集概况

对聚集程度的测度与聚集经济的测度之间存在本质的区别：前者仅是对微观

① 中华人民共和国科学技术部．科技统计报告［EB/OL］．科学技术部发展计划司，2009（24），http：//www.most.gov.cn/index.htm.

② 中华人民共和国科学技术部．科技统计报告［EB/OL］．科学技术部发展计划司，2009（15），http：//www.most.gov.cn/index.htm.

主体客观上的空间分布状态进行描述，后者则是关注聚集对经济方面的影响，如是否促进了经济发展或者创新的生成，通常需要基于聚集程度的指标再进行分析才能得到。本书将首先构造聚集的衡量指标，并对产业链分工背景下我国企业的空间聚集进行分析。

（一）聚集的衡量方法

国内外学术界对经济活动的聚集程度①的衡量方法主要有基尼系数、EG 指数（Ellison - Glaeser index）、赫芬达尔指数（Herfindahl index）、标准差系数、集中率、集中指数等（魏后凯，2006）。

相对于一般的聚集，专业化聚集和多样化聚集更强调聚集的结构组成。衡量方法的不一致正是文献中关于专业化和多样化哪种环境更有利于创新和经济发展之争无固定答案的主要原因之一（Beaudry 和 Schiffauerova，2009）。一些文献迫于数据的原因，以一个指标同时度量专业化和多样化：如赫芬达尔指数越大，地区的专业化程度越高，否则地区呈高度多样化。但是专业化和多样化并不是非此即彼的现象，前者更强调某一个产业在某地区的分布特点，后者却是刻画某地区分布的所有产业的特点，很多时候，专业化和多样化是同时存在的（Duranton 和 Puga，2000；Van der Panne，2004；Beaudry 和 Schiffauerova，2009；盛玉雪等，2013），因此需要以不同的指标分别衡量。

根据 Beaudry 和 Schiffauerova（2009）的整理，文献中衡量专业化和多样化聚集的指标均可以划归为比例类、规模类、类别类及其他类四类。其中，区位商（Location Quotient）和赫芬达尔指数的倒数是相关研究中最常用的计算专业化和多样化程度的指标。本书亦采用这两个指标进行研究。其中，区域 $i$ 的专业化程度为：

$$LQ_i = \max_j(LQ_{ij}) \tag{5.2}$$

$$LQ_{ij} = S_{ij}/S_j \tag{5.3}$$

区域 $i$ 的多样化程度为：

$$HHI_i = 1/\sum_j S_{ij}^2 \tag{5.4}$$

其中，$S_{ij}$表示区域 $i$ 产业 $j$ 的产值在区域 $i$ 总产值中的占比；$S_j$ 表示产业 $j$ 在全国所有产业中产值的占比。其中，产值可以换成就业人数、增加值等其他总量

① 关于聚集（集聚）与集中的对比可以参考魏后凯（2006）的相关论述，本书不再赘述。

指标。

（二）基于产业链分工的空间聚集

产业链分工的深化，对聚集经济的本质产生了深刻影响。一般而言，处于产业链终端环节的企业相对于处于中间生产环节的企业拥有更高的创新强度（张杰等，2007），前者形成的溢出效应将更强。特别是处于“微笑曲线”左端是产品试制开发环节，该环节明显比处于中间的生产、组装环节拥有更强的创新强度。同时，在产业链分工中，不同的产业链环节，如生产和研发，可能会出现区域分离（盛洪，1992），即区域产业的专业化和多样化在不同的产业链环节上将可能存在错位，而创新是知识转化为生产力的过程，具有较强制造能力的个体能够显著提高其创新优势（官建成，2004），创新若得不到生产的支持将难以为继。受 Feldman 和 Audretsch（1996，1999）、Paci 和 Usai（1999）及 Greunz（2003）的启发，我们将基于生产和研发两大产业链环节，对我国城市的专业化与多样化聚集进行分析。

我们以工业企业总产值（从业人员）和新产品产值（研发经费投入）分别指代生产和研发两大产业链环节。计算结果显示，我国大部分城市的产业种类并不单一（见图 5 -3），但区域生产对于区域创新的基础作用并不明显，脱离生产而存在的创新区域比较常见，大多数城市的专业化在产业链上出现错位。首先，只有 70 个城市生产专业化程度最高的产业正好是创新专业化程度最高的产业①，包括太原、铁岭、南宁等 54 个低技术产业专业化城市，也包括温州、宿迁等 8 个中技术产业专业化城市，以及长春、厦门等 8 个高技术产业化城市。其余城市均表现为专业化在产业链上的错位。如北京、上海和苏州均在生产上是高技术产业（通信设备、计算机及其他电子设备制造业）的专业化城市，但在创新上却是中低技术产业（煤炭开采和洗选业、电力、热力的生产和供应业、黑色金属冶炼及压延加工业）的专业化城市。此外，对于大多数城市而言，投入和产出两个角度衡量的研发专业化程度普遍高于生产的专业化程度，而研发的多样化程度又普遍低于生产的多样化程度（见图 5 -4、图 5 -5）。

① 完整信息参见附录。

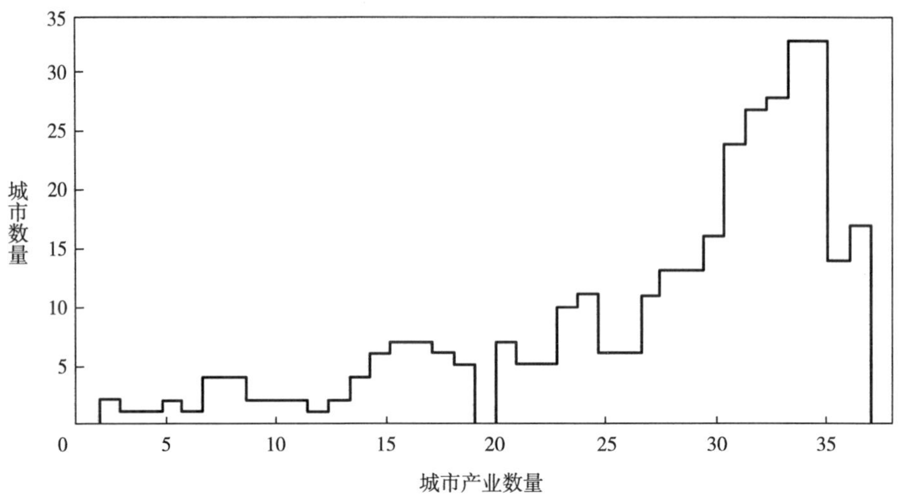


**图 5-3　2007 年城市产业数量统计**

资料来原：笔者研究绘制。

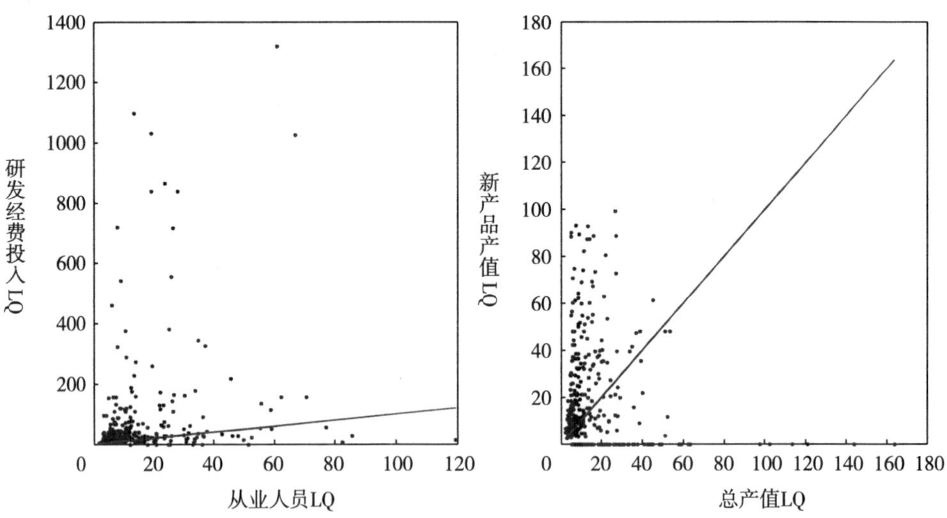


**图 5-4　2007 年城市生产和研发专业化程度对比**

资料来源：笔者研究绘制。

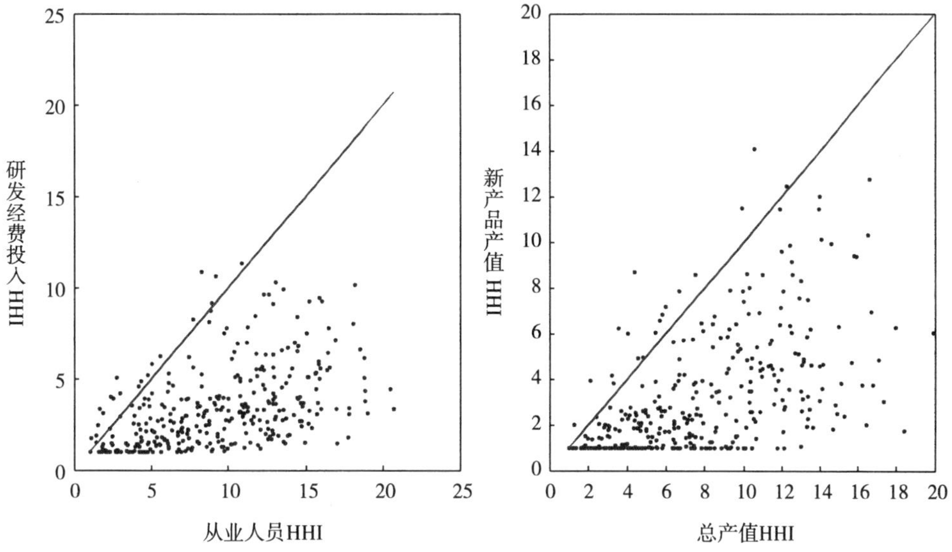


**图 5-5　2007 年城市生产和研发多样化程度对比**

资料来源：笔者研究绘制。

同时，专业化与多样化在各城市中并不是非此即彼的关系。不论是生产环节还是研发环节，专业化与多样化程度仅有微弱的负相关关系（见表 5-3）。如以产出（投入）计生产环节两者的相关系数为 -0.083（-0.339），研发环节两者的相关系数也仅为 -0.328（0.126）。从空间分布也可看出，有些城市在产业多样化程度很高的同时，在某些产业相对其他城市而言还体现出了专业性，而大多数城市在区位商很小的同时赫芬达尔指数也很小，即这些城市既没有形成某个产业的专业化高地，也没有建立起多样化的聚集环境。

**表 5-3　城市生产与研发的专业化与多样化相关系数**

| | | a1 | a2 | a3 | a4 | a5 | a6 | a7 | a8 |
|---|---|---|---|---|---|---|---|---|---|
| 总产值 LQ | a1 | 1 | -0.083 | 0.273 | -0.116 | 0.236 | -0.143 | -0.083 | -0.118 |
| 总产值 HHI | a2 | | 1 | -0.230 | 0.499 | -0.272 | 0.475 | 0.090 | 0.543 |
| 新产品产值 LQ | a3 | | | 1 | -0.328 | 0.673 | -0.312 | -0.119 | -0.207 |
| 新产品产值 HHI | a4 | | | | 1 | -0.391 | 0.734 | 0.112 | 0.537 |
| 从业人员 LQ | a5 | | | | | 1 | -0.339 | -0.044 | -0.189 |

续表

| | | a1 | a2 | a3 | a4 | a5 | a6 | a7 | a8 |
|---|---|---|---|---|---|---|---|---|---|
| 从业人员 HHI | a6 | | | | | | 1 | 0. 066 | 0. 408 |
| 研发经费投入 LQ | a7 | | | | | | | 1 | 0. 126 |
| 研发经费投入 HHI | a8 | | | | | | | | 1 |

资料来源：笔者计算整理。原始数据来自中国工业企业数据库（2007）。

## 四、区域创新政策的特征

作为发展中国家，我国当前的主要任务之一就是获得经济发展。科技是第一生产力，创新是提高生产力和国家综合国力的重要支撑。由于知识的公共物品性，我国各级政府积极地鼓励企业技术创新：如针对创新的高风险和高成本性，政府直接对创新进行财政投入、对创新人才进行培养；再如针对创新的非线性和系统性，政府主动搭建“官—产—学—研”的合作平台，促进跨机构、跨区域的创新合作；或者以发展规划的形式对企业技术创新的方向进行指导，如我国将节能环保、新一代信息技术、生物、高端装备制造、新能源、新材料和新能源汽车七个产业设定为战略性新兴产业，而政府这种战略产业的设定减少了企业技术创新的风险。同时，创新型城市建设成为许多地方政府的工作重点。综合起来，我国的区域创新政策有以下几点特征：

首先，强调企业是创新的主体。企业在创新中应起到主导作用，中国政府对这一点有深刻认识。如《国家中长期科学和技术发展规划纲要》（2006～2020年）和《关于深化科技体制改革加快国家创新体系建设的意见》（中发〔2012〕6号）等政府文件中均提出要建立企业为主体、市场为导向、产学研相结合的国家技术创新体系：“科研院所和高等学校要更多地为企业技术创新提供支持和服务，促进技术、人才等创新要素向企业研发机构流动……鼓励科研院所和高等学校的科技人员创办科技型企业，促进研发成果转化。”

其次，针对创新的公共品性质和非线性特征，强调科技基础设施共享，提倡跨机构、跨区域的产学研合作。如《国家重大科技基础设施建设中长期规划（2012～2030）》就曾提出要健全重大科技基础设施开放共享制度，最大限度地发挥其公共平台作用，形成科研院所、高等学校、企业等多方共建、共管和共享的局面。此外，中央政府“支持行业骨干企业与科研院所、高等学校联合组建技术研发平台和产业技术创新战略联盟①，合作开展核心关键技术研发和相关基础研究，联合培养人才，共享科研成果。”2007 年 6 月，科技部、财政部、教育部、国务院国资委、全国总工会、国家开发银行六部门联合推进国家技术创新工程，将推动产业技术创新战略联盟构建和发展作为主要任务之一。通过出台一系列指导性文件，如《关于推动产业技术创新战略联盟构建的指导意见》（国科发政〔2008〕770 号），《国家科技计划支持产业技术创新战略联盟暂行规定》（国科发计〔2008〕338 号），《关于推动产业技术创新战略联盟构建与发展的实施办法（试行）》（国科发政〔2009〕648 号），《关于深化科技体制改革加快国家创新体系建设的意见》（中发〔2012〕6 号）等，政府在指导创新联盟的建立、发展中扮演积极的角色。目前，我国已建立 99 个全国性质的产业技术创新联盟。这些联盟实现了科研能力跨机构、跨区域的整合②。

各级政府意识到区域环境对创新的重要性，还为创新型环境（城市）的建设制定相应的规划和评价体系。2012 年前后，国内超过 200 个城市政府提出了建设创新型城市的战略构想。截至 2013 年底，国家级创新型城市试点包括深圳、大连等 57 个。许多城市，如北京、成都、深圳等，以及国家统计局都专门设计了创新型城市的评价指标体系，以期为城市的创新发展构建可测量的目标。此外还有一些由非政府机构研究发布的创新城市榜单，如福布斯从 2009 年起，每年均发布我国最具创新力的 25 个城市，为外资企业在我国的区位选择提供参考③。但目前为止，我国的政府、商界和学界对于创新环境（城市）的评价都没有统一的标准（李高扬、刘明广，2013），如北京市政府从创新效果、创新动力和创新保障三个方面评价城市创新能力；长沙市政府从创新资源整合力、创新网络运行力、创新环境支撑力和创新绩效表现力四个方面能力构建创新型城市的评价指标体系（喻金田和黄燕婷，2012）；杨华峰等（2007）从知识创新能力、技术创新能力、管理和制度创新能力、服务创新能力、文化创新能力、创新综合绩效等方面设计评价指标体系；《福布斯》中文版则参考新申请专利数（人均及总量）、

① 政府定义的产业技术创新联盟是指“由企业、大学、科研机构或其他组织机构，以企业的发展需求和各方的共同利益为基础，以提升产业技术创新能力为目标，以具有法律约束力的契约为保障，形成的联合开发、优势互补、利益共享、风险共担的技术创新合作组织”。

② 见附表（数据截至 2014 年 12 月），以及中国产业技术创新战略联盟网站，http://www.citisa.org/lianmenglianjie/.

③ 福布斯中文网，http://www.forbeschina.com/list/cities/.

科技三项支出占地方财政支出比例等指标，加权计算城市的创新能力。众多对创新型城市进行评价的指标体系中，大多以城市自身创新投入、创新产出以及相关基础设施指标等为基本指标，关于创新环境的评价几乎都忽略了创新的非线性以及跨区域合作等导致的城市空间相关性。面对日益深入的全球化，这种孤立的区域观越发显得不合时宜，以孤立和线性的视角制定的政府规划对现实的指导意义也值得商榷。

## 第二节　模型与变量选择

作为微观层面的经济活动，企业的技术创新不仅受到自身创新投入等微观企业层变量的影响，更受到其所处中观区域环境的影响。本节在上一节背景分析后，将依据本书第四章所构建的多层次空间模型对下一小节的实证研究进行变量选择。

### 一、模型重现与数据来源

区域并不独立，政府间的交互作用、要素的跨区域流动等均使区域具有空间相关性①。此外，遗漏变量的可能存在也使得建模时应该将区域环境效应的空间相关性纳入考虑②。由于变量自回归模型的强约束③，我们将以第四章构建的多层次空间杜宾模型（HSDM）对我国企业技术创新中的区域环境效应进行贝叶斯估计。估计式如下：

$$
\begin{aligned}
&Y=\Delta\theta+X\beta+e\\
&\theta=\rho W\theta+Z\delta+WZ\xi+u\\
&e\sim N(0,\ \sigma_e^2 I_N),\ u\sim N(0,\ \sigma_u^2 I_m)\\
&\mathrm{Cov}(\varepsilon,\ u)=0
\end{aligned}
\tag{5.5}
$$

其中，$Y$ 为 $N\times1$ 维企业的技术创新产出向量。$X$ 为 $N\times k$ 维企业层变量，包

① 参见本书第三章第三节的论述。

② 参见本书第四章第二节的论述。

③ 参见第四章第二节，以及蒙特卡洛实验三。

括企业的研发经费投入等变量，$\beta$ 为 $k\times1$ 维待估参数。$\theta$ 为 $m\times1$ 维区域环境效应列向量，代表城市整体对企业技术创新的影响。$\Delta$ 为 $N\times m$ 维的指示矩阵：如果企业 $i$ 处于城市 $j$，则 $\Delta_{ij}=1$，否则为 0。此矩阵将相应的区域环境效应指定给该区域内的所有企业。若某些城市没有任何非零创新产出的企业，这些城市对应的 $\Delta$ 列完全为 0。

区域（城市）环境效应 $\theta$ 可以被城市层变量 $Z$ 所解释，$Z$ 为 $m\times h$ 维城市特征向量等。$\delta$、$\xi$ 均为 $h\times1$ 维待估的区域层参数①。$W$ 表示 $m\times m$ 维空间权重矩阵。$\rho$ 为待估的空间相关系数。

与上一节的数据来源类似，本小节企业层的数据来自 2007 年中国工业企业数据库。为了与微观层数据匹配，中观环境数据取滞后一期城市数据。数据来自《中国城市统计年鉴》（2007）。由于前一个数据集中企业所处的以四位行政区代码算的城市集合大于年鉴中包含的城市集合（前者有 353 个城市，后者仅有 286 个城市），为了充分利用城市数据，本书首先为所有企业匹配了年鉴中的城市代码②。匹配之后，信息有效的企业数为 328997 个③，具有正的新产品产值的企业仅为 11639 个，即 $N=11639$，$m=286$④，$\Delta$ 为企业指示正确的区域环境效应值。

## 二、企业层变量说明与统计性分析

企业的技术创新产出是本书的被解释变量 $Y$。考虑到数据的可获得性，本书将采用新产品产值作为企业知识生产函数中的因变量，代表企业技术创新产出。

已有的研究文献中识别出了许多对企业技术创新产出有影响的企业自身因素，如企业的创新投入、企业规模、企业年限、出口情况、企业所处行业以及其市场范围、组织与文化等（Johansson 和 Lööf，2008；盛玉雪等，2013ab）。本书

① $\delta$、$\xi$ 可以有不同维数，即不是所有的外生变量 $Z$ 都需要进入 $WZ$ 项。

② 2007 年《中国城市统计年鉴》中对于西藏和新疆等少数民族地区城市缺乏统计，如西藏仅统计了拉萨，新疆仅统计了乌鲁木齐和克拉玛依两个城市。为了尽可能地利用城市数据信息，本书为企业匹配年鉴中的城市。

③ 信息有效是指企业具有有效的就业人员数、有效的资产数等，且所处城市地理信息明确。

④ 本书以知识生产函数为基础构建的模型并不适合解释因变量为 0 的情况，所以对于没有创新产出和投入记录的企业只能忽略。这样将导致 35 个城市没有企业对应。但是正如后文将要看到的，我们并没有遗漏任何城市，即使该城市没有企业创新的记录，我们仍可估计该城市对于企业创新的环境效应（由于空间相关性的存在）。

将主要考虑以下企业层因素 $X$ 对企业技术创新的影响：

（1）企业规模：以企业总资产额度记。不同规模的企业进行创新的能力和动力都不同。技术创新的高风险导致的高成本需要企业具有一定的规模才能承受。如安同良等（2006）的研究认为我国的大企业相比小企业更有可能建立专业化的研发部门进行持续创新。

（2）企业出口情况：以企业出口交货值表示。我国是世界的出口大国。出口对于企业创新而言，一方面，可能因为出口需要面对国际市场的高度竞争性、高标准性而使企业出口与企业创新之间呈现正相关关系；另一方面，在全球价值链分工日益深化的过程中，处于价值链低端的中国企业可能会被锁定于低成本、低价格的劳动密集型生产环节，从而使出口不利于提高企业创新的动力。如张杰等（2007b）研究发现当企业的出口比例达到一定值之后，出口会对我国企业的创新强度产生抑制。

（3）企业所处行业的技术分类：不同技术层次的行业，企业技术创新的程度不同。中低技术行业一般处于成熟期，相比之下，高技术行业有更强的创新动力。本书将各企业按其主营业务的行业匹配了相应的技术类别。行业的技术分类方法参考高洪成和王琳（2012），具体参见附录。

此外我们还考虑了企业的控股情况以及企业开业时长等变量。其中后者以企业成立起至2007年企业经营年限计。

企业相关变量的描述性统计见表5－4，相关系数统计见表5－5。

**表5－4　企业相关变量的描述性统计**

| | | mean | median | std | min | max |
|---|---|---|---|---|---|---|
| 新产品产值 | $Y$ | 10.212 | 10.195 | 2.083 | 0.693 | 18.384 |
| 研究开发经费 | $X1$ | 6.669 | 6.722 | 2.180 | 0.693 | 15.782 |
| 企业经营年限 | $X2$ | 2.294 | 2.197 | 0.834 | 0.000 | 6.011 |
| 资产总计 | $X3$ | 11.459 | 11.346 | 1.763 | 1.386 | 18.856 |
| 出口交货值 | $X4$ | 5.574 | 7.127 | 5.316 | 0.000 | 17.871 |
| 控股情况 | $X5$ | — | | | | |
| 行业技术分类 | $X6$ | — | | | | |

资料来源：笔者计算整理。原始数据来自中国工业企业数据库。为了使得不同量纲的变量可比，对 $Y$ 和 $X1 \sim X4$ 均进行了（加1）取对数处理。$X5$、$X6$ 为虚拟变量，前者指代企业的控股情况（5类），后者指代企业主营业务所处行业的技术分类（3类），分类标准见附表。

表 5－5 企业相关变量相关系数统计

| | Y | X1 | X2 | X3 | X4 |
|---|---|---|---|---|---|
| Y | 1.000 | 0.545 | 0.184 | 0.691 | 0.349 |
| X1 | 0.545 | 1.000 | 0.212 | 0.600 | 0.253 |
| X2 | 0.184 | 0.212 | 1.000 | 0.363 | 0.143 |
| X3 | 0.691 | 0.600 | 0.363 | 1.000 | 0.408 |
| X4 | 0.349 | 0.253 | 0.143 | 0.408 | 1.000 |

资料来源：同表 5－4。

## 三、城市层变量说明与统计性分析

我们主要考察基础设施类环境、空间聚集情况，以及政府政策三类城市环境变量 $Z$ 对企业技术创新的影响：以各城市的国际互联网用户数作为体现交通和通信基础设施的指标；以城市内高校数量以及科技从业人员数指代城市的知识基础设施；以政府财政支出中的科学支出额反映区域创新政策相关变量；基于产业链分工的空间聚集情况采用本章第一节的计算结果，即我们将考虑基于产业链分工的不同价值链环节空间聚集情况对企业技术创新的影响。不尽如人意的地方是，因为可以采用的数据有限，对于本书第三章理论分析中涉及的诸如区域文化等许多环境因素没有直接可以采用的指标。但是由于区域文化这类变量具有空间相关性，真实的线性数据产生过程等价于空间杜宾模型（见第四章第二节），所以即使有可能遗漏变量，SDM 也可以对余下外生解释变量的参数进行无偏估计。

空间权重矩阵 $W$ 我们将采用常用的行标准化 $K$ 值最邻近空间矩阵（K－Nearest neighbor spatial weights）：即在城市 $j$ 周围选择 $K$ 个与 $j$ 最邻近的城市 $j'$ 并为 $W_{jj'}$ 赋值 1，其他城市赋值 0①，并进行标准化。估计中我们将依惯例令 $K$ 值等于 4，并在稳定性检验部分令 $K$ 等于其他值，以检验权重矩阵是否对我们的效应估计结果产生巨大影响。

为了检验城市层解释变量 $Z$ 是否具有空间相关性，我们计算了各 $Z$ 变量的 Moran’s I 指数。作为最常用的检验截面数据空间相关性的指标。

① $\sum_{j'=1}^{m} W_{jj'} = K$，$j = 1, 2, \cdots, m$。

$$\text{Moran' s I} = \frac{m \cdot \sum_{j=1}^{m} \sum_{j'=1}^{m} W_{jj'} (Z_j - \overline{Z})(Z_{j'} - \overline{Z})}{\sum_{j'=1}^{m} (Z_j - \overline{Z}) \cdot \sum_{j=1}^{m} \sum_{j'=1}^{m} W_{jj'}},$$

$$\overline{Z} = \frac{1}{m} \sum_{j=1}^{m} Z_j \tag{5.6}$$

其中，$W$ 为空间权重矩阵。Moran' s I 取值范围为［-1，1］：当 Moran' s I 小于 0 表示变量 $Z$ 空间负相关，说明单元与其邻近单元的变量 $Z$ 水平具有显著差异；大于 0 表示空间正相关，说明变量 $Z$ 水平较高（或较低）的单元在空间上显著集聚；等于 0 表示空间不相关，即单元间的变量 $Z$ 水平相互独立，在空间上随机分布。我们取 $W$ 为最近 4 邻空间权重矩阵，计算结果显示，除研发环节的专业化（$Z3$）以及科技从业人员（$Z5$）呈现空间不相关外，其他城市变量均显示出弱的空间正相关关系，如财政科学支出（$Z6$）高的城市一般与财政科学支出同样较高的城市邻近，而财政科学支出低的城市一般被同样低支出的城市环绕，因而该变量在空间上呈现聚集的状态。从本章第一节相关变量的空间分布分析，我们也可以直观地看到这种聚集是比较明显的。

城市相关变量的描述性统计见表 5-6，相关系数统计见表 5-7。

**表 5-6　城市相关变量的描述性统计**

| | | mean | median | std. | min | max | Moran' s I |
|---|---|---|---|---|---|---|---|
| 生产专业化（总产值 LQ） | $Z1$ | 2.435 | 2.341 | 0.634 | 1.142 | 4.380 | 0.122 |
| 生产多样化（总产值 HHI） | $Z2$ | 2.129 | 2.194 | 0.493 | 0.771 | 3.040 | 0.251 |
| 研发专业化（新产品产值 LQ） | $Z3$ | 2.987 | 2.915 | 1.321 | 0.000 | 7.431 | -0.004 |
| 研发多样化（新产品产值 HHI） | $Z4$ | 1.380 | 1.293 | 0.525 | 0.693 | 2.713 | 0.274 |
| 科学研究、技术服务和地质勘查业从业人员数 | $Z5$ | 0.395 | 0.255 | 0.454 | 0.000 | 3.544 | -0.004 |
| 财政科学支出 | $Z6$ | 7.070 | 7.038 | 1.228 | 0.000 | 12.219 | 0.269 |
| 普通高等学校数 | $Z7$ | 1.481 | 1.386 | 0.919 | 0.000 | 4.419 | 0.100 |
| 国际互联网用户数 | $Z8$ | 11.678 | 11.585 | 1.295 | 0.000 | 16.074 | 0.235 |

资料来源：笔者计算整理。$Z1 \sim Z4$ 为 2007 年数据，原始数据来自中国工业企业数据库；$Z5 \sim Z8$ 为 2006 年数据，原始数据来自《中国城市统计年鉴》（2007）。为了使得不同量纲的变量可比，均对原始数据进行了（加 1）取对数处理。Moran' s I 指数采用最近 4 邻空间权重矩阵 $W$。

表 5－7　城市相关变量相关系数统计

| | Z1 | Z2 | Z3 | Z4 | Z5 | Z6 | Z7 | Z8 |
|---|---|---|---|---|---|---|---|---|
| Z1 | 1.000 | －0.352 | 0.218 | －0.218 | －0.337 | －0.387 | －0.429 | －0.443 |
| Z2 | | 1.000 | 0.101 | 0.540 | 0.161 | 0.293 | 0.303 | 0.282 |
| Z3 | | | 1.000 | 0.194 | －0.260 | －0.150 | －0.258 | －0.221 |
| Z4 | | | | 1.000 | 0.125 | 0.287 | 0.255 | 0.268 |
| Z5 | | | | | 1.000 | 0.595 | 0.797 | 0.653 |
| Z6 | | | | | | 1.000 | 0.632 | 0.789 |
| Z7 | | | | | | | 1.000 | 0.709 |
| Z8 | | | | | | | | 1.000 |

资料来源：同表 5－6。

## 第三节　基于多层次空间模型的实证结果分析

本节我们将汇报对上一节所建 HSDM 模型的估计结果，并对企业层和城市层的估计结果分别进行分析。

估计中空间权重矩阵 $W$ 采用行标准化的 $K$ 值最邻近空间矩阵：模型 1 中 $K$ 等于 4，模型 2 中 $K$ 等于 6。为保证马尔科夫链的收敛，设抽样次数为 10000 次，预烧期设为 7500 次。由抽样散点图 5－12 可知这种设置在本书的估计中是合理的：经历过一定抽样时长后，$\rho$ 的抽样值集中徘徊在 0.45 附近（见图 5－6），接受率也平稳保持在 0.4～0.5（见图 5－7）。$\rho$ 的后验概率分布（见图 5－8）。不同空间权重矩阵设置下，两模型的参数估计和效应估计值十分接近，拟合优度 $corr^2(y, \hat{y})$ 均达到约 0.54（见图 5－9），体现了模型的稳健性。企业层干扰项的方差估计值约为 2，而城市层干扰项的方差估计值约为 4，可见城市间差异对解释企业技术创新产出的差异具有重要作用（式（4.47））。

表 5－8 汇报了 MCMC 的参数估计结果，包括后验均值、后验标准差以及 95% 最大后验密度置信区间（HPDI）。表 5－9 汇报了效应估计结果，汇报格式

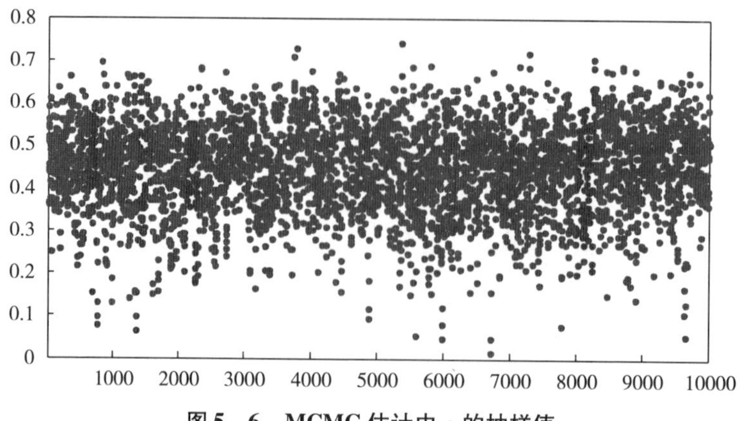


图 5-6　MCMC 估计中 $\rho$ 的抽样值

资料来源：笔者根据模型 1 的估计结果绘制。

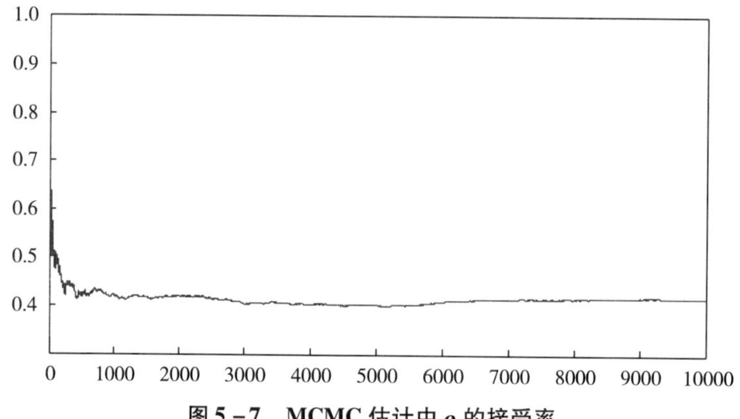


图 5-7　MCMC 估计中 $\rho$ 的接受率

资料来源：笔者根据模型 1 的估计结果绘制。

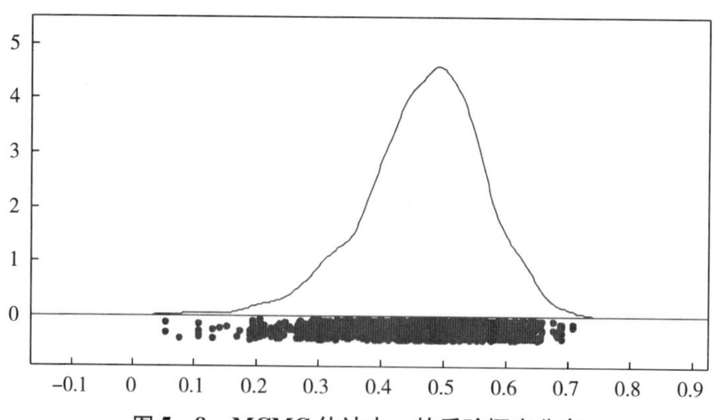


图 5-8　MCMC 估计中 $\rho$ 的后验概率分布

资料来源：笔者根据模型 1 的估计结果绘制。

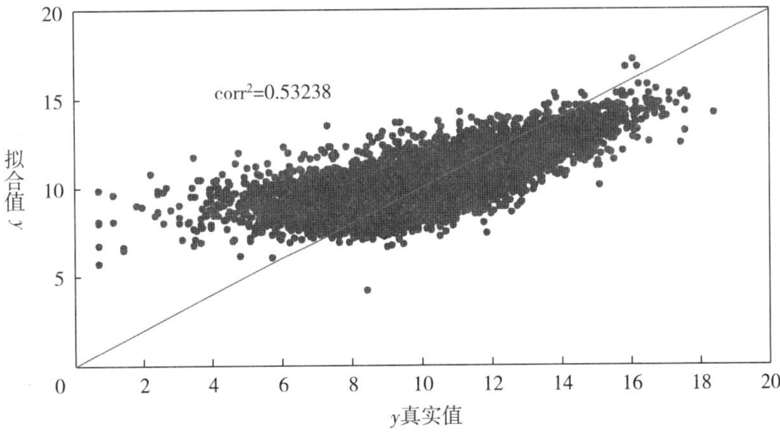


**图 5-9　模型拟合情况**

资料来源：作者根据模型 1 的估计结果绘制。

与表 5-8 类似。以下我们将分别对企业层估计结果（估计参数）、城市层估计结果（包括参数估计和效应估计）进行分析，并在最后对模型测算出的区域环境效应值 $\theta$ 进行分析。

**表 5-8　MCMC 参数估计结果**

| | 模型 1（$K=4$） | | | 模型 2（$K=6$） | | |
|---|---|---|---|---|---|---|
| | mean | std | 95% HPDI | mean | std | 95% HPDI |
| $X1$ | 0.217 | 0.009 | [0.201　0.234] | 0.212 | 0.009 | [0.195　0.228] |
| $X2$ | -0.238 | 0.018 | [-0.274　-0.201] | -0.225 | 0.018 | [-0.260　-0.190] |
| $X3$ | 0.484 | 0.012 | [0.459　0.507] | 0.522 | 0.013 | [0.495　0.548] |
| $X4$ | 0.054 | 0.003 | [0.048　0.060] | 0.051 | 0.003 | [0.044　0.057] |
| $X5$ | — | — | | — | — | |
| $X6$_ 1 | -0.006 | 0.055 | [-0.113　0.100] | 0.011 | 0.054 | [-0.099　0.115] |
| $X6$_ 2 | -0.094 | 0.031 | [-0.156　-0.036] | -0.081 | 0.031 | [-0.142　-0.021] |
| $Z1$ | 0.999 | 0.291 | [0.461　1.607] | 1.055 | 0.312 | [0.484　1.723] |
| $Z2$ | 0.508 | 0.376 | [-0.208　1.265] | 0.438 | 0.369 | [-0.274　1.196] |
| $Z3$ | -0.708 | 0.164 | [-1.050　-0.405] | -0.792 | 0.183 | [-1.169　-0.457] |

续表

| | 模型1（$K=4$） | | | 模型2（$K=6$） | | |
|---|---|---|---|---|---|---|
| | mean | std | 95% HPDI | mean | std | 95% HPDI |
| Z4 | -0.897 | 0.375 | [-1.654 -0.186] | -0.791 | 0.376 | [-1.536 -0.069] |
| Z5 | 0.262 | 0.499 | [-0.757 1.211] | 0.036 | 0.520 | [-0.954 1.107] |
| Z6 | 0.190 | 0.197 | [-0.187 0.577] | 0.203 | 0.202 | [-0.196 0.609] |
| Z7 | -0.634 | 0.270 | [-1.153 -0.083] | -0.662 | 0.289 | [-1.250 -0.116] |
| Z8 | -0.240 | 0.205 | [-0.658 0.153] | -0.174 | 0.203 | [-0.574 0.221] |
| W·Z1 | 0.189 | 0.506 | [-0.789 1.179] | 0.311 | 0.624 | [-0.957 1.530] |
| W·Z2 | -0.661 | 0.634 | [-1.937 0.648] | -0.778 | 0.752 | [-2.280 0.712] |
| W·Z3 | -0.316 | 0.260 | [-0.825 0.188] | -0.784 | 0.340 | [-1.453 -0.125] |
| W·Z4 | 0.712 | 0.539 | [-0.362 1.809] | 0.847 | 0.602 | [-0.311 2.081] |
| W·Z5 | 0.042 | 0.870 | [-1.679 1.813] | 0.238 | 1.141 | [-1.962 2.601] |
| W·Z6 | -0.796 | 0.370 | [-1.552 -0.112] | -1.039 | 0.469 | [-1.985 -0.163] |
| W·Z7 | -0.191 | 0.487 | [-1.142 0.775] | -0.304 | 0.570 | [-1.468 0.829] |
| *W*·Z8 | 0.903 | 0.459 | [0.038 1.819] | 0.965 | 0.506 | [0.026 2.013] |
| $\theta$ | — | — | | — | — | |
| $\rho$ | 0.465 | 0.094 | [0.263 0.628] | 0.493 | 0.092 | [0.302 0.654] |
| $\sigma_e^2$ | 2.095 | 0.030 | [2.038 2.155] | 2.060 | 0.029 | [2.005 2.119] |
| $\sigma_u^2$ | 3.735 | 1.033 | [2.011 6.105] | 4.008 | 1.232 | [2.025 6.840] |

注：(1) *X* 为企业层变量，*Z* 为城市层变量。以高技术行业为参照系，X6_1 代表中技术行业，X6_2 代表低技术行业。城市区域环境效应值 $\theta$ 为 286 维列向量，为节省篇幅，此处不具体列出估计值。类似的还有企业层虚拟变量 X5 对应的（5-1 维）估计值，以及城市层截距项对应的估计值。拟合优度 $corr^2(\hat{y}, y)$ 模型 1 为 0.532，模型 2 为 0.539。

(2) 受篇幅所限，本章估计结果的汇报中均仅汇报了估计值的后验 95% HPDI。如若这个区间不包含 0，则认为参数通过了 95% 置信水平的显著性检验；当该区间正好以 0 为截点时，则认为参数也通过了显著性检验，但置信水平略低于 95%；如若这个区间包含 0，则认为该参数不能通过 95% 置信水平的显著性检验。

资料来源：笔者研究整理。

表 5-9 MCMC 效应估计结果

| | 模型 1 | | | 模型 2 | | |
|---|---|---|---|---|---|---|
| | mean | std | 95% HPDI | mean | std | 95% HPDI |
| Direct effect | | | | | | |
| *Z*1 | 0.157 | 1.947 | [-4.067 5.466] | 0.413 | 2.287 | [-3.267 6.946] |
| *Z*2 | 0.224 | 0.471 | [0.000 1.478] | 0.222 | 0.468 | [0.000 1.491] |
| *Z*3 | 0.095 | 0.252 | [0.000 0.858] | 0.073 | 0.223 | [-0.053 0.807] |
| *Z*4 | -0.162 | 0.336 | [-1.021 0.000] | -0.181 | 0.372 | [-1.119 0.000] |
| *Z*5 | -0.175 | 0.388 | [-1.294 0.000] | -0.147 | 0.341 | [-1.202 0.000] |
| *Z*6 | 0.055 | 0.262 | [-0.346 0.897] | 0.014 | 0.248 | [-0.627 0.687] |
| *Z*7 | 0.020 | 0.102 | [-0.138 0.353] | 0.019 | 0.105 | [-0.177 0.325] |
| *Z*8 | -0.142 | 0.310 | [-1.031 0.000] | -0.146 | 0.320 | [-1.063 0.000] |
| Indirect effect | | | | | | |
| *Z*1 | 0.011 | 1.704 | [-3.816 4.087] | 0.309 | 2.169 | [-3.167 6.223] |
| *Z*2 | 0.247 | 0.685 | [0.000 2.389] | 0.302 | 0.815 | [0.000 2.817] |
| *Z*3 | -0.158 | 0.602 | [-2.107 0.482] | -0.231 | 0.802 | [-2.705 0.408] |
| *Z*4 | -0.246 | 0.569 | [-1.951 0.000] | -0.461 | 0.995 | [-3.306 0.000] |
| *Z*5 | 0.112 | 0.491 | [-0.396 1.606] | 0.195 | 0.648 | [-0.285 2.276] |
| *Z*6 | 0.061 | 0.749 | [-1.360 2.253] | 0.097 | 1.014 | [-2.060 2.877] |
| *Z*7 | -0.262 | 0.622 | [-2.140 0.000] | -0.383 | 0.870 | [-3.008 0.000] |
| *Z*8 | -0.188 | 0.541 | [-1.946 0.000] | -0.253 | 0.718 | [-2.498 0.000] |
| Total effect | | | | | | |
| *Z*1 | 0.168 | 3.590 | [-7.991 9.383] | 0.723 | 4.403 | [-6.369 13.254] |
| *Z*2 | 0.472 | 1.094 | [0.000 3.809] | 0.524 | 1.218 | [0.000 4.145] |
| *Z*3 | -0.063 | 0.580 | [-1.613 1.007] | -0.159 | 0.780 | [-2.498 0.836] |
| *Z*4 | -0.408 | 0.887 | [-2.929 0.000] | -0.642 | 1.353 | [-4.302 0.000] |
| *Z*5 | -0.063 | 0.516 | [-1.552 0.944] | 0.048 | 0.577 | [-1.155 1.683] |
| *Z*6 | 0.116 | 0.885 | [-1.430 2.836] | 0.110 | 1.121 | [-2.185 3.375] |
| *Z*7 | -0.242 | 0.609 | [-2.082 0.000] | -0.364 | 0.855 | [-3.053 0.000] |
| *Z*8 | -0.330 | 0.793 | [-2.781 0.000] | -0.399 | 0.981 | [-3.420 0.000] |

资料来源：笔者研究整理。

## 一、企业层估计结果分析

企业层变量 $X$ 对企业技术创新产出的影响与一般线性回归模型回归参数的解释类似[①]，由于估计时本书均对企业层变量取了对数形式（除虚拟变量 $X5$ 和 $X6$ 外），因此估计参数代表一种弹性的概念，即企业自变量改变 1 个百分比平均会带来的创新产出改变的百分比。由此企业研发经费的产出弹性是 0.22，即企业自身研发投入增加 1%，新产品产值平均会增加 0.22%。这种创新的投入产出弹性与生产的产出弹性相比较低。一方面由于创新的高成本和不确定性，另一方面也由于在企业层运用知识生产函数有诸多不便。虽然我们控制了企业的技术特征和控股特征等企业变量，企业的其他方面异质性也会使统一的知识生产函数的估计十分困难。

企业的经营年限与其技术创新产出间显示了显著的负相关关系（95% HPDI 不包括 0），经营时长延长 1% 年，创新产出平均减少 0.24%。这或许反映了“老字号”的两难境地：创新可能获得更大的市场，但是在坚守阵地就能屹立不倒的情况下，创新的相对风险性就显得更高了，因此，经营时长越长的企业可能将更多精力放在维护已有市场上，具有更强的“路径依赖”性。

企业规模和企业出口额与企业的技术创新产出间均显示了显著的正相关关系：以企业总资产计的企业规模越大，或以出口交货值计的企业出口额越高，企业的创新产出越高，弹性分别达到 0.48 和 0.05。前者反映了企业规模越大对创新风险和成本的承受力越强，且大规模企业有能力建立独立的专业的研究机构，甚至赞助、购买公共研究机构的研究成果，由此企业规模成为企业技术创新的保障性因素。后者则体现了我国的外向型企业因为要面对竞争激烈和高标准的国际市场而需要增加创新。但这种由于出口额提高 1% 带来技术创新产出的增加仅为 0.05%，出口对创新的影响不是很强，这或许与我国企业的出口结构有关：在全球价值链分工中，我国更多地充当了制造工厂的角色，如果业已被锁定在劳动密集型生产环节，出口与创新之间就没有必然联系，甚至出现因为出口而排斥创新的局面。

行业技术分类与企业技术创新间的关系比较复杂。相比高技术行业的企业而言，低技术行业的企业技术创新越弱，即在其他变量，如研发经费投入、经营年限等变量均一致的情况下，低技术企业的新产品产值也会比高技术企业的新产品

① 见本书第四章第二节的分析。

产值低，对数绝对值低约0.09。但是中技术行业与高技术行业企业间并没有显著差异（95% HPDI 包括0）。

## 二、城市层估计结果分析

$\rho$ 体现了区域环境效应的空间相关性。根据我们的估计，在我国这种区域环境效应有显著的空间正相关性，空间自相关系数达到0.47。这也意味着如果城市层外生变量 $Z$ 对区域环境效应 $\theta$ 有显著影响力，这些影响会体现为全局溢出形式（式4.49）：单个城市 $j$ 外生变量 $Z_j$ 的改变将对其邻近城市、邻近城市的邻近城市、邻近城市的邻近城市的邻近城市……具有影响，并且还将由于反馈效应再次对城市 $j$ 形成影响。

从表5－8关于变量 $Z$ 和 $WZ$ 的系数估计中可以看到，与企业层各变量的系数均通过了显著性检验不同，城市层绝大多数变量的系数都没有通过显著性检验。但正如我们在第四章第二节做出的分析，由于 $\rho$ 显著不为0，多层次空间模型中外生变量 $Z$ 对因变量 $Y$ 的改变已非传统线性模型所体现的“一对一”的影响，而是一种“一对多”的影响：采用链式法则，单个城市 $j$ 的变量 $Z_j$ 通过影响所有城市的区域环境效应 $\theta$，再进一步影响所有城市下辖的所有企业。在本书设置的随机截距项多层次空间模型中，这种影响体现在对企业技术创新产出（对数值）有一个纵向的提升或减少（式（5.4））。表5－9中我们基于 LeSage 和 Pace（2009）提出的标量总结法，汇报了城市层外生变量 $Z$ 如何影响区域环境效应 $\theta$ 的三种效应估计值。我们的估计结果显示：

空间聚集对企业技术创新产出的影响体现为：生产多样化和研发专业化具有显著的正向直接效应，而生产专业化的直接效应不显著，研发多样化具有显著的负向直接效应；同时，生产多样化具有显著为正的间接（溢出）效应，研发多样化却具有显著负的间接效应，而不论是生产环节还是研发环节的专业化聚集间接效应都不显著。直接效应反映的是单个城市本身外生变量的改变会对该城市自身环境效应产生的影响，包括因反馈带来的影响。平均来说，在别的变量保持不变的情况下，城市 $j$ 生产多样化或研发专业化或研发多样化这三个变量每增加100%，该城市整体的环境效应值将分别增加0.224、0.095和－0.162，该城市所有企业的新产品产值的对数值也有这么多量的增加。由于存在反馈效应，相比表5－8中这些变量的系数估计值而言，此处关于这三个变量的效应估计值明显增大，甚至出现从不显著到显著的转变。因此，以表 5 – 8 进行解读是有误导性的。间接效应反映的是其他所有 $-j$ 城市变量的改变会对某个城市 $j$ 环境效应的影响。我们的估计显示，平均而言，在别的变量保持不变的情况下，其他城市生产多样化或研发专业化这两个变量每增加 100%，代表性城市 $j$ 整体的环境效应的绝对值（进而该城市所有企业的新产品产值的对数值）将分别增加 0.247 和 –0.246，而其他城市在生产和研发上是否具有专业性对该城市 $j$ 的环境效应没有显著性影响。因此，总的来看，本书研究为 Mar 和 Jacobs 之争给出了我国的答案：城市生产多样化聚集是"利人利己"，而研发多样化聚集是"损人不利己"，研发专业化是"利己无公害"，生产专业化是"谁都无所谓"。

与预期相反并难以解释的是，其他城市层变量，如通信基础设施、知识基础设施以及政府政策支持，对企业技术创新的影响要么显著为负要么不显著。例如，平均而言，城市 $j$ 中科技从业人员或者互联网用户数的翻倍将分别导致该城市所有企业的新产品产值的对数值降低 0.175 和 0.142。财政科学支出和城市高校数量的直接效应都不显著。特别要提到的是其他城市高校数量的增加对本城市的影响也是负向的，即高校在企业技术创新中并没有体现出应有的作用。

总的来看，在我国包括基础环境、空间聚集和政府政策的各种城市环境变量对企业技术创新的三大影响机制（风险调节、资源互补、诱导，见本书第三章）还未完全打通。这或许与我国不平衡的增长方式有关，城市过于异质并不是本书所列的 8 个解释变量就能完全解释的。下文我们将对"增长极—腹地"之间的溢出效应进行分解，以期发现在这种不均衡发展中不同类型的城市在创新中扮演的角色。

我们将样本中所有城市划分为"增长极"（$H$）和"腹地"（$L$）两类，并按本书第四章第二节的分解方法，对这两类城市间相互溢出效应进行分解。其中增长极包括"京津冀""长三角""珠三角"和"成渝经济区"的所有 78 座城市，余下城市为腹地。

由于同类型城市间的溢出效应等于总效应减去跨类型城市间溢出效应，为节省篇幅，本书对同类型城市间的溢出效应估计值不予列出①。表 5 – 10 为两类城市间的相互溢出效应及差别的估计值。表中 $HL$ 统计的是增长极对腹地的溢出效应，$LH$ 统计的是腹地对增长极的溢出效应，两者之差为前者减去后者。若 $HL$，

① 感兴趣的读者可以拿表 5 – 9 的总效应减去表 5 – 10 中的跨类型城市间溢出效应。

*LH* 以及两者差的后验分布均值均为正，且差的95% HPDI 不包含0，则表示对于该变量而言，增长极对腹地的影响显著强于后者对前者的影响。

表5-10 增长极与腹地间的相互溢出效应及差别

| Asymmetric spillover | 模型1 | | | 模型2 | | |
|---|---|---|---|---|---|---|
| | mean | std | 95% HPDI | mean | std | 95% HPDI |
| | | | *HL* | | | |
| *Z*1 | 0.020 | 0.294 | [-0.670 0.604] | 0.207 | 0.528 | [-0.775 1.38] |
| *Z*2 | 0.095 | 0.084 | [-0.039 0.296] | 0.173 | 0.156 | [-0.106 0.509] |
| *Z*3 | -0.055 | 0.090 | [-0.243 0.118] | -0.123 | 0.171 | [-0.473 0.208] |
| *Z*4 | -0.094 | 0.052 | [-0.219 -0.013] | -0.254 | 0.101 | [-0.480 -0.082] |
| *Z*5 | 0.040 | 0.073 | [-0.107 0.193] | 0.090 | 0.123 | [-0.147 0.344] |
| *Z*6 | 0.027 | 0.131 | [-0.241 0.287] | 0.054 | 0.290 | [-0.493 0.668] |
| *Z*7 | -0.101 | 0.057 | [-0.228 -0.008] | -0.210 | 0.122 | [-0.477 -0.018] |
| *Z*8 | -0.070 | 0.069 | [-0.236 0.049] | -0.137 | 0.148 | [-0.462 0.123] |
| | | | *LH* | | | |
| *Z*1 | 0.049 | 0.716 | [-1.625 1.477] | 0.411 | 1.040 | [-1.531 2.699] |
| *Z*2 | 0.232 | 0.205 | [-0.096 0.721] | 0.344 | 0.308 | [-0.218 0.995] |
| *Z*3 | -0.134 | 0.219 | [-0.591 0.287] | -0.245 | 0.339 | [-0.926 0.419] |
| *Z*4 | -0.230 | 0.127 | [-0.530 -0.033] | -0.506 | 0.196 | [-0.945 -0.167] |
| *Z*5 | 0.099 | 0.178 | [-0.262 0.467] | 0.181 | 0.245 | [-0.293 0.692] |
| *Z*6 | 0.066 | 0.319 | [-0.585 0.691] | 0.107 | 0.572 | [-0.966 1.323] |
| *Z*7 | -0.247 | 0.140 | [-0.550 -0.020] | -0.417 | 0.240 | [-0.926 -0.038] |
| *Z*8 | -0.172 | 0.169 | [-0.576 0.120] | -0.273 | 0.292 | [-0.909 0.240] |
| | | | *HL-LH* | | | |
| *Z*1 | -0.029 | 0.421 | [-0.873 0.955] | -0.204 | 0.512 | [-1.305 0.766] |
| *Z*2 | -0.136 | 0.120 | [-0.425 0.057] | -0.171 | 0.151 | [-0.486 0.111] |
| *Z*3 | 0.079 | 0.129 | [-0.171 0.350] | 0.122 | 0.167 | [-0.210 0.460] |
| *Z*4 | 0.135 | 0.074 | [0.020 0.311] | 0.251 | 0.095 | [0.083 0.465] |
| *Z*5 | -0.058 | 0.105 | [-0.274 0.155] | -0.090 | 0.121 | [-0.347 0.146] |
| *Z*6 | -0.039 | 0.188 | [-0.410 0.345] | -0.053 | 0.282 | [-0.647 0.478] |
| *Z*7 | 0.146 | 0.082 | [0.012 0.322] | 0.207 | 0.117 | [0.019 0.451] |
| *Z*8 | 0.101 | 0.100 | [-0.071 0.339] | 0.135 | 0.144 | [-0.115 0.445] |

注：由于 *Z*4 和 *Z*7 的 *HL* 以及 *LH* 效应均显著为负，所以当效应差显著为正时，意味着腹地对增长极的影响绝对值大于后者对前者。

资料来源：笔者估计整理。

由此我们可以发现，总的来看，增长极与腹地城市之间以双向的负向溢出为主，且存在不对称溢出。这种不对称性体现在腹地对增长极的负向溢出效应大于增长极对腹地的负向溢出效应，前者是后者的两倍。

虽然大多数变量在两类城市间相互溢出效应的差别并不显著，即这些变量的影响在增长极和腹地的城市之间没有明显的区别，但研发环节的多样化聚集程度和城市高校数量两个变量却有显著的不对称溢出效应。当属于增长极的城市研发环节多样化程度均提高 100%，平均每个腹地城市环境效应绝对值会显著降低 0.09 ~0.25。但这种负向溢出作用并不是单向的。若腹地城市研发多样化也同样翻倍，那么增长极城市的环境效应会显著降低 0.23 ~0.51。可见腹地提升研发专业化程度有更强的负向影响作用。这一发现有很强的政策指导性：正如上文分析指出的，单个城市研发环节多样化程度的提升对包括自身在内的任何城市的创新环境都不利（即有负向的直接效应和间接效应），因此，如果说平均而言城市都不应该提高研发环节的多样化程度，那么腹地地区的城市更不应该在研发环节提高多样化程度。

类似地，腹地城市高校数量增加 100%，增长极城市的企业技术创新将降低 0.25 ~0.42，而由于增长极城市高校数量翻倍，腹地城市企业技术创新将只降低 0.10 ~0.21。因此，对于增强企业技术创新而言，城市 $j$ 高校数量的改变对该城市的企业技术创新影响不显著，反而与其他城市的企业技术创新呈负相关关系（直接效应不显著、间接效应显著为负），而且这种负向溢出影响也体现为腹地城市对增长极城市的影响强于后者对前者的溢出。如果不考虑高校别的职能，单就企业创新而言，2007 年我国的高校数量是过之而不及，高校对企业创新的支持作用没有完全释放。而从精练腹地城市的高校获得的效益将大于同比例精练增长极城市的高校获得的效益。

## 三、区域环境效应的空间分布

我们将模型估计出的 $m=286$ 维区域环境效应列向量 $\theta$ 分增长极和腹地城市，并按后验均值大小从低到高排序，制成分布图（见图 5 －10、图 5 －11）。直观地，随着估计出来的城市区域环境效应的增大，抽样值的 95% HPDI 越宽，即估计的精度越小。除去 $\theta$ 后验标准差高于 2 的城市，我们统计发现，对于企业技术创新而言，腹地城市平均的区域环境效应劣于增长极城市，后者 $\theta$ 均值为 3. 81，

而前者为 3.36。

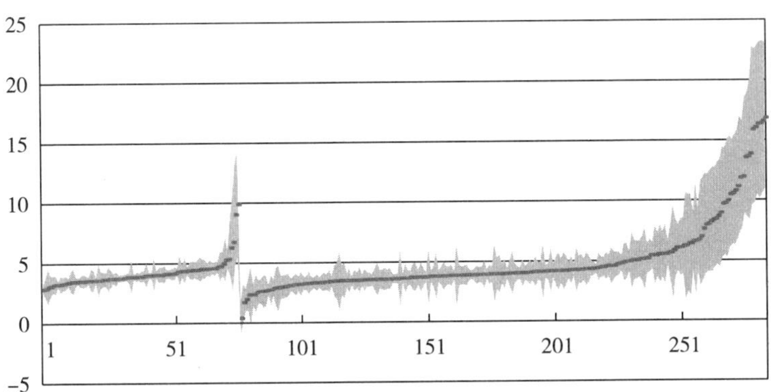


**图 5-10　MCMC 估计中 $\theta$ 的后验均值及 95%HPDI（模型 1）**

注：前 1~78 个城市为增长极城市，其后为腹地城市。

资料来源：笔者根据模型 1 的估计结果绘制。

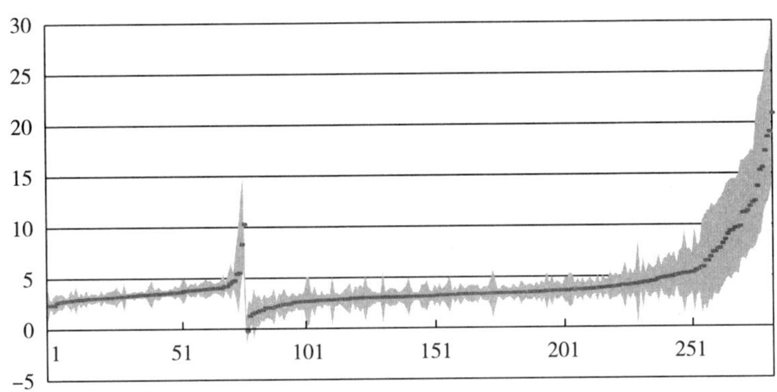


**图 5-11　MCMC 估计中 $\theta$ 的后验均值及 95%HPDI（模型 2）**

注：同图 5-10。

资料来源：笔者根据模型 2 的估计结果绘制。模型 1 和模型 2 估计的 $\theta$ 相关系数为 1.071。

将城市区域环境效应置于实体空间看（见表 5-11），其也显示出了一定的空间相关性，区域环境效应值大（小）的城市基本被有类似环境效应值的城市所环绕。这与我们关于 $\rho$ 的估计是一致的。根据我们的估计，对于企业技术创新而言，2007 年区域环境比较好的城市集中在长江流域、华北平原、京广线、成渝地区，以及东北部分地区。

表 5－11　区域环境效应估计结果

| 城市 | $\bar{\theta}_{m1}$ | $\bar{\theta}_{m2}$ | 城市 | $\bar{\theta}_{m1}$ | $\bar{\theta}_{m2}$ | 城市 | $\bar{\theta}_{m1}$ | $\bar{\theta}_{m2}$ | 城市 | $\bar{\theta}_{m1}$ | $\bar{\theta}_{m2}$ | 城市 | $\bar{\theta}_{m1}$ | $\bar{\theta}_{m2}$ |
|---|---|---|---|---|---|---|---|---|---|---|---|---|---|---|
| 北京市 | 3.87 | 3.41 | 丹东市 | 3.83 | 3.32 | 盐城市 | 4.43 | 3.92 | 南平市 | 2.60 | 2.05 | 濮阳市 | 0.37 | －0.25 |
| 天津市 | 3.76 | 3.29 | 锦州市 | 3.57 | 3.03 | 扬州市 | 4.16 | 3.67 | 龙岩市 | 4.70 | 4.14 | 许昌市 | 4.55 | 3.96 |
| 石家庄市 | 3.32 | 2.81 | 营口市 | 4.06 | 3.47 | 镇江市 | 4.35 | 3.83 | 宁德市 | 4.58 | 4.10 | 漯河市 | 5.41 | 4.70 |
| 唐山市 | 4.05 | 3.49 | 阜新市 | 2.64 | 2.05 | 泰州市 | 4.54 | 4.02 | 南昌市 | 3.51 | 2.99 | 三门峡市 | 4.19 | 3.60 |
| 秦皇岛市 | 4.51 | 3.97 | 辽阳市 | 3.58 | 3.04 | 宿迁市 | 4.52 | 4.01 | 景德镇市 | 3.79 | 3.26 | 南阳市 | 4.37 | 3.86 |
| 邯郸市 | 3.66 | 3.15 | 盘锦市 | 5.66 | 4.78 | 杭州市 | 3.85 | 3.35 | 萍乡市 | 5.83 | 5.24 | 商丘市 | 5.01 | 4.12 |
| 邢台市 | 3.47 | 2.93 | 铁岭市 | 3.48 | 2.95 | 宁波市 | 3.27 | 2.79 | 九江市 | 3.45 | 2.93 | 信阳市 | 3.95 | 3.36 |
| 保定市 | 3.67 | 3.13 | 朝阳市 | 5.42 | 4.80 | 温州市 | 3.81 | 3.31 | 新余市 | 3.56 | 2.97 | 周口市 | 6.40 | 4.30 |
| 张家口市 | 3.13 | 2.62 | 葫芦岛市 | 3.92 | 3.25 | 嘉兴市 | 3.77 | 3.29 | 鹰潭市 | 4.58 | 3.95 | 驻马店市 | 5.03 | 4.23 |
| 承德市 | 3.73 | 3.18 | 长春市 | 3.52 | 3.02 | 湖州市 | 4.37 | 3.88 | 赣州市 | 2.32 | 1.81 | 武汉市 | 3.50 | 3.00 |
| 沧州市 | 3.60 | 2.91 | 吉林市 | 4.14 | 3.61 | 绍兴市 | 4.04 | 3.53 | 吉安市 | 2.67 | 2.05 | 黄石市 | 3.55 | 3.03 |
| 廊坊市 | 3.25 | 2.72 | 四平市 | 4.13 | 3.62 | 金华市 | 3.42 | 2.92 | 宜春市 | 1.93 | 1.46 | 十堰市 | 3.27 | 2.77 |
| 衡水市 | 3.06 | 2.36 | 辽源市 | 4.75 | 4.22 | 衢州市 | 3.96 | 3.47 | 抚州市 | 2.62 | 2.05 | 宜昌市 | 3.70 | 3.20 |
| 太原市 | 4.14 | 3.63 | 通化市 | 4.02 | 3.45 | 舟山市 | 3.38 | 2.89 | 上饶市 | 3.72 | 3.16 | 襄樊市 | 3.89 | 3.40 |
| 大同市 | 4.91 | 4.11 | 白山市 | 4.26 | 3.71 | 台州市 | 3.52 | 3.03 | 济南市 | 3.89 | 3.39 | 鄂州市 | 4.19 | 3.64 |
| 阳泉市 | 3.95 | 3.12 | 松原市 | 6.61 | 5.31 | 丽水市 | 3.56 | 3.07 | 青岛市 | 3.84 | 3.34 | 荆门市 | 3.49 | 2.97 |
| 长治市 | 3.12 | 2.61 | 白城市 | 4.10 | 3.38 | 合肥市 | 3.75 | 3.26 | 淄博市 | 4.01 | 3.49 | 孝感市 | 4.23 | 3.71 |
| 晋城市 | 5.52 | 5.05 | 哈尔滨市 | 3.79 | 3.31 | 芜湖市 | 3.87 | 3.33 | 枣庄市 | 3.81 | 3.21 | 荆州市 | 3.55 | 3.06 |
| 朔州市 | 13.53 | 12.28 | 齐齐哈尔市 | 4.31 | 3.75 | 蚌埠市 | 3.18 | 2.65 | 东营市 | 4.01 | 3.48 | 黄冈市 | 3.88 | 3.42 |
| 晋中市 | 4.02 | 3.52 | 鸡西市 | 16.04 | 15.57 | 淮南市 | 2.52 | 1.79 | 烟台市 | 3.80 | 3.28 | 咸宁市 | 3.51 | 2.98 |
| 运城市 | 3.19 | 2.62 | 鹤岗市 | 16.57 | 18.59 | 马鞍山市 | 3.43 | 2.86 | 潍坊市 | 3.98 | 3.44 | 随州市 | 3.84 | 3.33 |

续表

| 城市 | $\bar{\theta}_{m1}$ | $\bar{\theta}_{m2}$ | 城市 | $\bar{\theta}_{m1}$ | $\bar{\theta}_{m2}$ | 城市 | $\bar{\theta}_{m1}$ | $\bar{\theta}_{m2}$ | 城市 | $\bar{\theta}_{m1}$ | $\bar{\theta}_{m2}$ | 城市 | $\bar{\theta}_{m1}$ | $\bar{\theta}_{m2}$ |
|---|---|---|---|---|---|---|---|---|---|---|---|---|---|---|
| 忻州市 | 6.70 | 5.62 | 双鸭山市 | 15.88 | 15.28 | 淮北市 | 3.49 | 2.72 | 济宁市 | 3.92 | 3.42 | 长沙市 | 3.61 | 3.10 |
| 临汾市 | 5.10 | 4.50 | 大庆市 | 13.60 | 11.31 | 铜陵市 | 3.59 | 3.03 | 泰安市 | 4.36 | 3.81 | 株洲市 | 3.55 | 3.06 |
| 吕梁市 | 4.89 | 4.19 | 伊春市 | 16.36 | 20.89 | 安庆市 | 3.49 | 2.99 | 威海市 | 3.31 | 2.79 | 湘潭市 | 4.16 | 3.70 |
| 呼和浩特市 | 9.94 | 9.04 | 佳木斯市 | 5.01 | 4.45 | 黄山市 | 3.81 | 3.33 | 日照市 | 3.71 | 3.12 | 衡阳市 | 4.10 | 3.57 |
| 包头市 | 3.84 | 3.33 | 七台河市 | 16.84 | 19.11 | 滁州市 | 3.84 | 3.31 | 莱芜市 | 5.18 | 4.53 | 邵阳市 | 3.85 | 3.35 |
| 乌海市 | 3.77 | 3.02 | 牡丹江市 | 4.23 | 4.01 | 阜阳市 | 4.19 | 3.61 | 临沂市 | 4.25 | 3.74 | 岳阳市 | 3.28 | 2.77 |
| 赤峰市 | 6.98 | 6.43 | 黑河市 | 16.37 | 17.17 | 宿州市 | 4.00 | 3.25 | 德州市 | 4.48 | 3.91 | 常德市 | 3.90 | 3.41 |
| 通辽市 | 3.47 | 2.67 | 绥化市 | 13.83 | 13.71 | 巢湖市 | 4.32 | 3.79 | 聊城市 | 3.97 | 3.45 | 张家界市 | 4.27 | 3.72 |
| 鄂尔多斯市 | 5.16 | 4.40 | 上海市 | 3.60 | 3.11 | 六安市 | 3.74 | 3.23 | 滨州市 | 3.93 | 3.40 | 益阳市 | 3.38 | 2.86 |
| 呼伦贝尔市 | 6.23 | 6.84 | 南京市 | 4.12 | 3.61 | 池州市 | 4.18 | 3.64 | 菏泽市 | 2.74 | 2.31 | 郴州市 | 4.80 | 4.33 |
| 巴彦淖尔市 | 9.75 | 9.39 | 无锡市 | 4.12 | 3.60 | 宣城市 | 3.67 | 3.13 | 郑州市 | 3.30 | 2.76 | 永州市 | 3.50 | 3.05 |
| 乌兰察布市 | 10.46 | 9.81 | 徐州市 | 3.73 | 3.16 | 福州市 | 3.12 | 2.61 | 开封市 | 4.31 | 3.84 | 怀化市 | 3.65 | 2.68 |
| 沈阳市 | 3.61 | 3.09 | 常州市 | 3.85 | 3.32 | 厦门市 | 3.43 | 2.94 | 洛阳市 | 4.01 | 3.50 | 娄底市 | 4.59 | 4.03 |
| 大连市 | 3.65 | 3.14 | 苏州市 | 3.49 | 2.97 | 莆田市 | 3.98 | 3.45 | 平顶山市 | 5.66 | 5.09 | 广州市 | 2.88 | 2.38 |
| 鞍山市 | 3.38 | 2.84 | 南通市 | 4.30 | 3.82 | 三明市 | 3.21 | 2.67 | 安阳市 | 4.48 | 3.93 | 韶关市 | 4.36 | 3.79 |
| 抚顺市 | 3.06 | 2.54 | 连云港市 | 4.44 | 3.86 | 泉州市 | 3.94 | 3.43 | 鹤壁市 | 8.01 | 7.33 | 深圳市 | 3.56 | 3.08 |
| 本溪市 | 4.07 | 3.49 | 淮安市 | 3.29 | 2.77 | 漳州市 | 3.56 | 2.99 | 新乡市 | 3.90 | 3.35 | 泸州市 | 4.38 | 3.82 |
| 焦作市 | 4.94 | 4.40 | 珠海市 | 4.33 | 3.78 | 德阳市 | 4.12 | 3.62 | 白银市 | 2.92 | 2.39 | 汕头市 | 4.42 | 3.89 |
| 佛山市 | 3.73 | 3.21 | 南宁市 | 3.91 | 3.34 | 嘉峪关市 | 6.02 | 5.17 | 天水市 | 3.59 | 3.06 | 拉萨市 | 3.80 | 3.08 |
| 江门市 | 3.67 | 3.14 | 柳州市 | 3.72 | 3.21 | 绵阳市 | 3.53 | 3.04 | 武威市 | 6.42 | 5.52 | 西安市 | 3.61 | 3.10 |
| 湛江市 | 3.98 | 3.43 | 桂林市 | 3.89 | 3.41 | 广元市 | 2.93 | 2.38 | 张掖市 | 3.84 | 2.81 | 铜川市 | 5.11 | 4.85 |

续表

| 城市 | $\bar{\theta}_{m1}$ | $\bar{\theta}_{m2}$ | 城市 | $\bar{\theta}_{m1}$ | $\bar{\theta}_{m2}$ | 城市 | $\bar{\theta}_{m1}$ | $\bar{\theta}_{m2}$ | 城市 | $\bar{\theta}_{m1}$ | $\bar{\theta}_{m2}$ | 城市 | $\bar{\theta}_{m1}$ | $\bar{\theta}_{m2}$ |
|---|---|---|---|---|---|---|---|---|---|---|---|---|---|---|
| 茂名市 | 5.24 | 4.67 | 梧州市 | 3.53 | 2.98 | 遂宁市 | 4.52 | 4.01 | 平凉市 | 4.19 | 3.68 | 宝鸡市 | 3.27 | 2.80 |
| 肇庆市 | 3.58 | 3.03 | 北海市 | 4.00 | 3.31 | 内江市 | 3.90 | 3.42 | 酒泉市 | 5.43 | 4.92 | 咸阳市 | 2.90 | 2.43 |
| 惠州市 | 4.56 | 4.04 | 防城港市 | 10.75 | 11.13 | 乐山市 | 3.73 | 3.20 | 庆阳市 | 7.93 | 7.64 | 渭南市 | 3.73 | 3.07 |
| 梅州市 | 6.73 | 5.53 | 钦州市 | 8.34 | 5.87 | 南充市 | 4.54 | 4.05 | 定西市 | 5.53 | 4.95 | 延安市 | 7.60 | 7.30 |
| 汕尾市 | 4.73 | 4.20 | 贵港市 | 2.31 | 1.64 | 眉山市 | 4.11 | 3.61 | 陇南市 | 8.66 | 8.14 | 汉中市 | 3.21 | 2.69 |
| 河源市 | 6.28 | 5.43 | 玉林市 | 4.44 | 3.89 | 宜宾市 | 3.23 | 2.69 | 西宁市 | 3.00 | 2.42 | 榆林市 | 6.62 | 6.45 |
| 阳江市 | 3.47 | 2.87 | 百色市 | 8.21 | 9.36 | 广安市 | 3.87 | 3.23 | 银川市 | 3.35 | 2.82 | 安康市 | 11.84 | 11.17 |
| 清远市 | 9.87 | 10.29 | 贺州市 | 5.54 | 5.80 | 达州市 | 5.30 | 4.77 | 石嘴山市 | 3.45 | 2.88 | 商洛市 | 10.55 | 9.67 |
| 东莞市 | 3.52 | 3.05 | 河池市 | 1.67 | 1.25 | 雅安市 | 3.59 | 3.09 | 吴忠市 | 5.51 | 4.88 | 兰州市 | 3.33 | 2.79 |
| 中山市 | 3.89 | 3.41 | 来宾市 | 8.42 | 8.52 | 巴中市 | 4.94 | 4.47 | 固原市 | 4.25 | 3.67 | 金昌市 | 6.08 | 5.22 |
| 潮州市 | 3.99 | 3.54 | 崇左市 | 9.70 | 7.70 | 资阳市 | 4.70 | 4.20 | 中卫市 | 4.16 | 3.57 | 昭通市 | 11.90 | 12.18 |
| 揭阳市 | 4.49 | 3.96 | 重庆市 | 4.00 | 3.50 | 贵阳市 | 2.74 | 2.23 | 昆明市 | 3.34 | 2.85 | 丽江市 | 2.31 | 1.58 |
| 云浮市 | 9.02 | 8.30 | 成都市 | 3.90 | 3.40 | 六盘水市 | 11.11 | 11.76 | 曲靖市 | 6.07 | 5.34 | 思茅市 | 3.95 | 2.98 |
| 海口市 | 2.98 | 2.36 | 自贡市 | 4.05 | 3.49 | 遵义市 | 4.32 | 3.78 | 玉溪市 | 3.66 | 3.11 | 临沧市 | 2.93 | 2.16 |
| 三亚市 | 8.92 | 9.65 | 攀枝花市 | 4.02 | 3.45 | 安顺市 | 3.59 | 3.09 | 保山市 | 4.14 | 3.38 | 乌鲁木齐市 | 4.13 | 3.58 |
| | | | | | | | | | | | | 克拉玛依市 | 6.20 | 5.25 |

注：m1 为模型 1，m2 为模型 2。

# 第四节 本章小结

本章坚持创新是非线性的、区域是开放的原则，在第三章理论分析的基础上，采用第四章构建的多层次空间模型，对我国企业技术创新中的城市（区域）环境效应进行研究。

在对我国工业企业及其技术创新环境的空间分布进行分析时，本书发现：

（1）我国企业技术创新的空间分布极不均匀，而且不均匀程度高于生产的空间分布。

（2）知识基础设施在城市间的空间分布也体现出很强的不均衡性，但跨区域产学研合作盛行。

（3）大多数城市的专业化在产业链上出现错位，生产对于创新的基础作用并不明显，脱离生产而存在的创新区域比较常见，研发专业化程度普遍高于生产的专业化程度，而研发的多样化程度又普遍低于生产的多样化程度。

（4）政府的创新政策强调企业主体以及创新的公共品和非线性特征，但关于创新环境的评价却按孤立和线性的视角进行。

在对我国工业企业技术创新中的城市环境效应进行实证检验时，本书发现：

（1）在我国包括基础环境、空间聚集和政府政策的各种城市环境变量对企业技术创新的影响机制还未完全打通。

（2）区域环境效应有显著的空间正相关性，空间自相关系数达到0.47。

（3）不同产业链环节空间聚集对企业技术创新产出的影响体现为：生产多样化聚集是“利人利己”，研发多样化聚集是“损人不利己”，研发专业化是“利己无公害”，而生产专业化是“谁都无所谓”。

（4）增长极与腹地城市之间以双向的负向溢出为主，且存在不对称溢出，这种不对称性体现在腹地对增长极的负向溢出效应大于增长极对腹地的负向溢出效应，前者是后者的2倍。

（5）对于企业技术创新而言，2007年，腹地城市平均的区域环境效应劣于增长极城市，区域环境比较好的城市集中在长江流域、华北平原、京广线、成渝地区，以及东北部分地区。

# 第六章　主要政策启示及研究展望

本章将对本书关于企业技术创新中的区域环境效应研究进行精练总结，并据此对我国构建良好区域环境以促进企业技术创新提出一些政策建议。此外，虽然本书在理论的发展和现实问题的解决上做出了一定的积极贡献，但由于个人知识结构和研究时间等方面的限制，本书的研究还存在诸多不足，未来的研究可以在多个方向开展。

## 第一节　主要结论与政策启示

本书坚持创新是非线性的、区域是开放的研究原则，依循"影响机制分析—模型构建—实证检验"的研究思路，对企业技术创新中的区域环境效应进行了深入研究，并得出了许多有意义的结论和政策启示。具体而言，本书的主要研究结论和启示如下：

### 一、关于区域环境如何影响企业技术创新

本书认为：技术创新具有不确定性、系统性和动态性，区域环境对企业技术创新存在 3×3 式的影响机制；包括信息获取的便利程度和区域文化等在内的长期积累形成的区域环境，以及以区域政府为主导的知识产权制度、税收、研发补贴等具有短期时效的区域环境均能对企业技术创新的风险进行调节；而以交通、信息基础设施为主的物质基础设施和以高校、科研院所为主的知识基础设施，以及聚集产生的隐性知识溢出均能对企业技术创新提供互补性资源；此外政府的采购和发展政策能诱导企业技术创新的方向和程度。

本书对区域环境影响企业技术创新的机制分析对创新区域环境政策的制定提供了可操作的途径，政策可以针对技术创新的特点对创新进行风险调节、提供互补资源，并在创新的方向上进行诱导。如提供便利的交通、信息基础设施，营造包容开放的创新环境，制定严格的知识产权制度，为跨机构、跨区域的合作搭建平台等。其实，目前中国大多数创新环境政策已经从这些方面展开，如在《国家中长期科学和技术发展规划纲要》（2006～2020年）、《关于深化科技体制改革加快国家创新体系建设的意见》（中发〔2012〕6号）和《国家重大科技基础设施建设中长期规划（2012～2030）》等政府文件中均有相关阐述。不足之处是在这种创新环境建设的政策中忽略了企业自身对环境形成的主观能动性。

本书研究发现空间产量竞争中，当企业的区位决策（进而区域聚集出现与否）、研发决策都内生时，市场的获取、运费的减少以及知识溢出的获得会使企业有聚集的倾向，同时研发投入量随着两企业间的距离减小（趋于聚集）而增大，并当企业在中点聚集时研发投入达到最大值。即产量竞争可以同时促进聚集环境的形成以及创新投入的提高，而已有学者研究证明价格竞争难以形成聚集，创新投入在分散的环境下最大。这意味着针对不同竞争特征的行业要分别制定创新空间布局引导政策，逆市场规律而为通常难以达到预期效果：对于以产量竞争为主的行业，如石油、天然气、钢铁等，可以通过鼓励企业聚集以提高企业的创新强度，但对于以价格竞争为主的行业，如中国近些年的家电行业，鼓励企业聚集反而会减弱企业的创新激励。此外，本书未能内生化的其他环境变量也需要进一步分析，一旦环境内生，环境效应是否保持不变，现有政策是否符合客观规律。

## 二、关于区域环境效应的估计模型

本书认为：对于“区域—企业”这种阶层数据结构，单层次模型的普通最小二乘估计是无效的；又由于要素流动、基础设施外部性以及地方政府间博弈都会导致空间溢出的存在，技术创新中的区域环境效应必须考虑区域的空间相关性，否则会得到偏误估计。文章以阶层线性模型为基础，扩展考虑区域的空间相关性，建立了企业技术创新的多层次空间模型，并完成了模型的参数解读和贝叶斯估计，这对于缺乏体现创新的系统性和网络性的已有实证研究是一种突破，对于解决理论研究和实证研究的脱节提供了一种方法。特别是本书构建的模型在对区域环境效应进行测算时，既能充分利用中观区域和微观企业数据提供的信息，又能体现区域的开放性和创新的系统性，对于创新型环境（城市）的评价提供了一种更为有效的途径。

目前为止，我国的政府、商界和学界对于创新环境（城市）的评价都没有统一的标准，众多对创新型城市进行评价的指标体系中，大多以城市自身创新投入、创新产出以及相关基础设施指标等为基本指标，关于创新环境的评价几乎都忽略了创新的非线性以及跨区合作等导致的城市空间相关性。面对日益深入的全球化，这种孤立的区域观越发显得不合时宜，以孤立和线性的视角制定的政府规划对现实的指导意义也值得商榷。

## 三、关于我国企业技术创新中的区域环境效应

本书认为：创新产出和创新环境在中国城市间的分布都极不均匀，但我国存在跨区域产学研合作以及公共支出溢出，这是区域空间相关性的重要来源；大多数城市的专业化在产业链上出现错位，生产对于创新的基础作用并不明显；区域环境效应有显著的空间正相关性，空间自相关系数达到0.47；不同产业链环节的空间聚集对企业技术创新产出的影响不同：生产多样化聚集是“利人利己”，研发多样化聚集是“损人不利己”，研发专业化是“利己无公害”，而生产专业化是“谁都无所谓”。

本书的发现意味着对于企业技术创新而言，不仅企业所处的区域环境会对该企业有影响，其他区域的创新环境也会对该企业形成影响。考虑全局利益的我国中央政府在制定技术创新相关的区域环境政策时，应鼓励各区域（城市）进行多样化生产，限制区域（城市）的多样化研发，以获得区域多样化生产的全局正向溢出效应、避免区域多样化研发的负向溢出，进而提高企业技术创新产出。此外，对于地方政府，如果仅专注于自身区域（城市）的创新，可以通过提高区域内研发环节的专业化程度，进一步促进区域内企业的技术创新。即地方政府可以适当追求在研发环节做专做精，实现在某些产业的专业化研发。

由于在本书研究的年份（2007 年），我国其他城市层变量，如通信基础设施、知识基础设施以及政府政策支持对企业技术创新的作用不十分明显，说明当时在中国这些基本环境变量对创新的作用还没有得到激活，未来的政策除在这些变量的数量上下功夫外，更要疏通这些环境变量对企业技术创新的影响机制。如

疏通高校对企业创新的影响通道，鼓励企业和高校进行合作，发挥高校对于企业技术创新的知识互补机制，以及技术创新风险分担机制，而且在推动产学研合作时，更加强调合作的实际成效，对于参与企业技术创新并获得成功的高校给予额外奖励，避免由于企业和高校对研究成果需求时效的不同，在盲目追求合作数量的同时损害了高校研究的质量。

本书研究还发现，我国的增长极与腹地城市之间以双向的负向溢出为主，且存在不对称溢出，这种不对称性体现在腹地对增长极的负向溢出效应大于增长极对腹地的负向溢出效应，前者是后者的 2 倍。这反映了我国不平衡发展战略下，在创新方面，不仅没有出现期望中的增长极拉动整体发展的局面，更出现了增长极和腹地相互制约的不利状况，亟须采取一定的政策措施进行改善。

受到数据的限制，本书的实证研究时效性不够强，但对于指导企业的创新区位决策也有一定的现实意义：2007 年对于企业技术创新而言，腹地城市平均的区域环境效应劣于增长极城市，区域环境比较好的城市集中在长江流域、华北平原、京广线、成渝地区，以及东北部分地区。追求创新成效的企业，在区位决策时应首先考虑这些区位，以获得良好的创新区域环境支持。

## 第二节　研究展望

受个人知识结构和研究时间的限制，本书关于企业技术创新中的区域环境效应这一主题的研究还存在很多不足，未来的研究可以针对以下不足展开：

本书虽然尝试将区域环境变量之一进行了内生处理，但个体自选择导致的其他区域变量的内生性问题并没有得到足够的理论探讨。且囿于估计方法的限制，本书的模型估计部分只能假设在等式右边除了因变量的空间滞后项 $Wy$ 外的所有解释变量 $X$ 都是外生的，内生 $X$ 的研究须留待以后进行。

本书虽然也尝试了在阶层模型中以区域空间相关体现创新的非线性特征，但对于复杂的创新系统而言，这种空间结构仅能体现创新非线性结构中的很小一部分。与多层次空间模型相比，网络模型更强调微观个体嵌于某种社会或者生产网络等系统中，系统中的个体间相互联系，微观个体之间的关系对单个个体的行为有重要影响，且这种结构性关系要比个体特征更为重要。而受到数据的限制，目前网络模型在企业层级的运用还十分稀有，但这对于创新系统而言不失为一种值得进行的研究方向。

“区域—个体”关系是十分常见的数据结构，本书建立的随机截距项多层次空间模型能运用到其他“区域—个体”关系的研究中，如区域环境与个人创新、区域环境与人力资本流动等研究主题。此外也能运用到其他阶层数据结构的研究中。但本书构建的模型比较基础，未来可以在多个方面拓展本书建立的阶层空间模型，如增加考虑个体层具有异方差，或区域层具有异方差的问题，或者在阶层模型的斜率项加入考虑空间相关项，对区域环境的调节效应进行研究；此外还有多种层级属性问题[①]；面板阶层模型与空间模型结合的问题……总之，这是一个激动人心的可以大有所为的空间计量的时代。

① 如Sheng和LeSage（2016）合作的论文“City and Industry Network Impacts on Innovation by Chinese Manufacturing Firms：A Hierarchical Spatial - Interindustry Model”尝试了对具有区域和产业双重属性，且考量空间相关和投入产出关系的企业创新进行研究。

# 附　录

**附表 1　中国主要产业技术创新联盟及其主导机构**

| 领域 | 联盟名称 | 联盟的主导企业（或高校、科研机构） |
| --- | --- | --- |
| 新一代信息技术产业、遥感与导航 | TD 产业技术创新战略联盟 | 电信科学技术研究院（大唐电信科技产业集团）、华立集团有限公司、华为技术有限公司、联想（北京）有限公司、中兴通讯股份有限公司、中国电子信息产业集团公司、中国普天信息产业集团公司 |
| | 存储产业技术创新战略联盟 | 浪潮集团 |
| | 长风开放标准平台软件联盟 | 北京软件与信息服务业促进中心 |
| | WAPI 产业技术创新战略联盟（中国计算机行业协会无线网络和网络安全接入技术专业委员会） | |
| | 闪联产业技术创新战略联盟 | |
| | 光纤接入（FTTx）产业技术创新战略联盟 | 武汉邮电科学研究院 |
| | 开源及基础软件通用技术创新战略联盟，简称“优盟” | 国防科技大学计算机学院 |
| | 集成电路封测产业链技术创新战略联盟 | 江苏长电科技股份有限公司、南通富士通微电子股份有限公司 |
| | 电子贸易产业技术创新战略联盟 | |
| | 遥感数据处理与分析应用产业技术创新战略联盟 | 国家遥感中心 |
| | 小卫星遥感系统产业技术创新战略联盟 | 国家遥感中心 |
| | 航空遥感数据获取与服务技术创新联盟 | 国家遥感中心 |
| | 导航定位芯片与终端产业技术创新联盟 | 国家遥感中心 |
| | 地理信息系统产业技术创新战略联盟 | 国家遥感中心 |

续表

| 领域 | 联盟名称 | 联盟的主导企业（或高校、科研机构） |
| --- | --- | --- |
| 第一产业领域 | 农业装备产业技术创新战略联盟 | 中国农业机械化科学研究院 |
| | 汉麻高值特种生物资源产业技术创新战略联盟 | 总后军需装备研究所牵头 |
| | 杂交水稻产业技术创新战略联盟 | 湖南省 |
| | 木竹产业技术创新战略联盟 | 中国林业科学研究院 |
| | 茶产业技术创新战略联盟 | 中国农业科学院茶叶研究所 |
| | 乳业产业技术创新战略联盟 | 东北农业大学国家乳业工程技术研究中心 |
| | 农药产业技术创新战略联盟 | 中化化工科学技术研究总院 |
| | 柑橘加工产业技术创新战略联盟 | 湖南省农业科学院 |
| | 油菜加工产业技术创新战略联盟 | 中国农业科学院油料作物研究所 |
| | 肉类加工产业技术创新战略联盟 | 南京农业大学、中国肉类食品综合研究中心 |
| | 大豆加工产业技术创新战略联盟 | 东北农业大学国家大豆工程技术研究中心 |
| | 缓控释肥产业技术创新战略联盟 | 山东金正大集团 |
| | 饲料产业技术创新战略联盟 | 中国农科院饲料研究所 |
| | 畜禽良种产业技术创新战略联盟 | |
| | 食品安全检测试剂和装备产业技术创新战略联盟 | |
| 节能环保、能源和生物产业 | 再生资源产业技术创新战略联盟 | 中国资源综合利用协会、中国铝业公司、清华大学、中国标准化研究院等 |
| | 新一代煤（能源）化工产业技术创新战略联盟 | 中国化学工程集团公司 |
| | 城市生物质燃气产业技术创新战略联盟 | 清华大学 |
| | 金属矿产资源综合与循环利用技术创新战略联盟 | 北京矿冶研究总院 |
| | 冶金矿产资源高效开发利用产业技术创新战略联盟 | 中钢集团马鞍山矿山研究院 |
| | 高效节能铝电解技术创新战略联盟 | 河南中孚实业股份有限公司和云南铝业股份公司 |
| | 有色金属工业环境保护产业技术创新战略联盟 | 北京矿冶研究总院 |
| | 煤炭开发利用技术创新战略联盟 | 神华集团 |

续表

| 领域 | 联盟名称 | 联盟的主导企业（或高校、科研机构） |
|---|---|---|
| 节能环保、能源和生物产业 | 煤层气产业技术创新战略联盟 | 中联煤层气公司 |
| | 尾矿综合利用产业技术创新战略联盟 | 中国资源综合利用协会 |
| | 太阳能光热产业技术创新战略联盟 | 中国科学院电工研究所牵头 |
| | 抗生素产业技术创新战略联盟 | 石药集团和华北制药集团 |
| | 维生素产业技术创新战略联盟 | 石药集团和华北制药集团 |
| | 流感疫苗技术创新战略联盟 | 中国生物技术集团公司 |
| | 传染病诊断试剂产业技术创新战略联盟 | 厦门大学国家传染病诊断试剂与疫苗工程技术研究中心为联盟牵头单位 |
| 材料和装备制造产业 | 钢铁可循环流程技术创新战略联盟 | 中国钢研科技集团公司 |
| | 半导体照明产业技术创新战略联盟 | 中国科学院半导体研究所 |
| | 多晶硅产业技术创新战略联盟 | 四川新光硅业科技有限责任公司 |
| | 化纤产业技术创新战略联盟 | 中国纺织科学研究院 |
| | 汽车轻量化技术创新战略联盟 | |
| | 染料产业技术创新战略联盟 | 中国中化集团公司、石化协会、大连理工大学等 |
| | 有色金属钨及硬质合金技术创新战略联盟 | 湖南有色金属控股集团 |
| | 医疗器械产业技术创新战略联盟 | 中国医疗器械行业协会 |
| | 数控机床高速精密化技术创新战略联盟 | 沈阳机床（集团）有限公司 |
| | 长三角科学仪器产业技术创新战略联盟 | |
| | 新一代纺织设备产业技术创新联盟 | 中国纺织机械器材协会 |
| | 商用汽车与工程机械新能源动力系统产业技术创新战略联盟 | 潍柴动力 |

资料来源：笔者根据中国产业技术创新战略联盟（http：//www. citisa. org/）整理。空白处缺少公开信息。数据截至2014年12月。

**附表2　工业企业产业技术分类**

| 产业代码与名称 | 技术分类 | 产业代码与名称 | 技术分类 |
|---|---|---|---|
| 06 煤炭开采和洗选业 | 3 | 27 医药制造业 | 1 |
| 07 石油和天然气开采业 | 3 | 28 化学纤维制造业 | 3 |

续表

| 产业代码与名称 | 技术分类 | 产业代码与名称 | 技术分类 |
|---|---|---|---|
| 08 黑色金属矿采选业 | 3 | 29 橡胶制品业 | 3 |
| 09 有色金属矿采选业 | 3 | 30 塑料制品业 | 3 |
| 10 非金属矿采选业 | 3 | 31 非金属矿物制品业 | 3 |
| 11 其他采矿业 | 3 | 32 黑色金属冶炼及压延加工业 | 3 |
| 13 农副食品加工业 | 3 | 33 有色金属冶炼及压延加工业 | 3 |
| 14 食品制造业 | 3 | 34 金属制品业 | 3 |
| 15 饮料制造业 | 3 | 35 通用设备制造业 | 1 |
| 16 烟草制品业 | 3 | 36 专用设备制造业 | 1 |
| 17 纺织业 | 2 | 37 交通运输设备制造业 | 1 |
| 18 纺织服装、鞋、帽制造业 | 2 | 39 电气机械及器材制造业 | 1 |
| 19 皮革、毛皮、羽毛（绒）及其制品业 | 2 | 40 通信设备、计算机及其他电子设备制造业 | 1 |
| 20 木材加工及木、竹、藤、棕、草制品业 | 2 | 41 仪器仪表及文化、办公用机械制造业 | 3 |
| 21 家具制造业 | 2 | 42 工艺品及其他制造业 | 3 |
| 22 造纸及纸制品业 | 3 | 43 废弃资源和废旧材料回收加工业 | 3 |
| 23 印刷业和记录媒介的复制 | 3 | 44 电力、热力的生产和供应业 | 2 |
| 24 文教体育用品制造业 | 2 | 45 燃气生产和供应业 | 3 |
| 25 石油加工、炼焦及核燃料加工业 | 3 | 46 水的生产和供应业 | 3 |
| 26 化学原料及化学制品制造业 | 3 | | |

注：产业技术分类方法参考高洪成，王琳（2012），1 代表高技术，2 代表中技术，3 代表低技术。由于他们仅对 29 个制造业行业进行了技术划分，本书对余下一些工业行业指代了近似行业的技术分类代码。

## 附表 3　各城市产业数及专业化产业情况（2007 年）

| 城市 | 产业数量 | 专业化程度最高的产业代码 | | 城市 | 产业数量 | 专业化程度最高的产业代码 | | 城市 | 产业数量 | 专业化程度最高的产业代码 | |
|---|---|---|---|---|---|---|---|---|---|---|---|
| | | 生产① | 研发② | | | 生产 | 研发 | | | 生产 | 研发 |
| 北京市 | 37 | 40 | 6 | 娄底市 | 28 | 32 | 32 | 潍坊市 | 36 | 22 | 18 |
| 天津市 | 36 | 7 | 43 | 广州市 | 35 | 44 | 37 | 济宁市 | 35 | 6 | 22 |
| 唐山市 | 36 | 8 | 6 | 韶关市 | 33 | 9 | 32 | 泰安市 | 35 | 6 | 31 |
| 邯郸市 | 34 | 32 | 20 | 深圳市 | 35 | 40 | 30 | 威海市 | 36 | 11 | 29 |
| 邢台市 | 31 | 8 | 26 | 珠海市 | 32 | 45 | 39 | 日照市 | 31 | 13 | 14 |
| 保定市 | 37 | 22 | 37 | 汕头市 | 33 | 24 | 45 | 莱芜市 | 30 | 32 | 32 |
| 承德市 | 29 | 8 | 32 | 佛山市 | 33 | 39 | 46 | 临沂市 | 38 | 20 | 10 |
| 沧州市 | 33 | 7 | 30 | 江门市 | 34 | 34 | 28 | 德州市 | 34 | 14 | 14 |
| 廊坊市 | 33 | 23 | 31 | 湛江市 | 35 | 7 | 7 | 聊城市 | 32 | 22 | 33 |
| 衡水市 | 28 | 29 | 19 | 茂名市 | 34 | 25 | 25 | 滨州市 | 35 | 17 | 17 |
| 太原市 | 30 | 32 | 32 | 肇庆市 | 34 | 43 | 24 | 菏泽市 | 33 | 20 | 20 |
| 大同市 | 29 | 6 | 35 | 惠州市 | 34 | 40 | 40 | 郑州市 | 37 | 16 | 37 |
| 阳泉市 | 20 | 6 | 6 | 梅州市 | 33 | 42 | 33 | 温州市 | 33 | 19 | 19 |
| 长治市 | 27 | 6 | 24 | 汕尾市 | 24 | 42 | 40 | 洛阳市 | 35 | 9 | 33 |
| 晋城市 | 25 | 6 | 35 | 河源市 | 33 | 8 | 35 | 安阳市 | 34 | 32 | 13 |
| 朔州市 | 18 | 6 | 46 | 阳江市 | 30 | 34 | 14 | 鹤壁市 | 31 | 6 | 40 |
| 晋中市 | 28 | 6 | 36 | 清远市 | 34 | 43 | 46 | 新乡市 | 30 | 22 | 33 |
| 运城市 | 29 | 33 | 39 | 东莞市 | 31 | 24 | 46 | 焦作市 | 35 | 29 | 33 |

① 取工业产值 LQ 最高的产业代码。
② 取新产品产值 LQ 最高的产业代码。

续表

| 城市 | 产业数量 | 专业化程度最高的产业代码 | | 城市 | 产业数量 | 专业化程度最高的产业代码 | | 城市 | 产业数量 | 专业化程度最高的产业代码 | |
|---|---|---|---|---|---|---|---|---|---|---|---|
| | | 生产 | 研发 | | | 生产 | 研发 | | | 生产 | 研发 |
| 忻州市 | 21 | 8 | 36 | 中山市 | 33 | 24 | 14 | 濮阳市 | 30 | 7 | 31 |
| 临汾市 | 28 | 6 | 26 | 潮州市 | 27 | 45 | 31 | 许昌市 | 33 | 42 | 42 |
| 吕梁市 | 23 | 6 | 15 | 揭阳市 | 33 | 18 | 11 | 漯河市 | 33 | 14 | 13 |
| 包头市 | 29 | 32 | 36 | 云浮市 | 30 | 10 | 46 | 南阳市 | 37 | 11 | 31 |
| 乌海市 | 16 | 6 | 26 | 南宁市 | 35 | 16 | 16 | 商丘市 | 30 | 6 | 15 |
| 赤峰市 | 29 | 11 | 27 | 柳州市 | 34 | 37 | 36 | 信阳市 | 31 | 10 | 42 |
| 通辽市 | 29 | 14 | 13 | 桂林市 | 32 | 15 | 15 | 周口市 | 28 | 14 | 14 |
| 兴安盟 | 22 | 16 | 46 | 梧州市 | 32 | 9 | 13 | 武汉市 | 36 | 46 | 32 |
| 沈阳市 | 38 | 21 | 36 | 北海市 | 27 | 13 | 24 | 黄石市 | 33 | 33 | 15 |
| 大连市 | 35 | 25 | 46 | 钦州市 | 28 | 9 | 44 | 厦门市 | 34 | 40 | 40 |
| 鞍山市 | 34 | 32 | 8 | 贵港市 | 27 | 8 | 15 | 莆田市 | 31 | 19 | 13 |
| 抚顺市 | 35 | 25 | 32 | 玉林市 | 32 | 11 | 15 | 三明市 | 37 | 20 | 32 |
| 本溪市 | 35 | 11 | 32 | 百色市 | 22 | 33 | 32 | 泉州市 | 35 | 19 | 18 |
| 丹东市 | 36 | 9 | 10 | 贺州市 | 26 | 10 | 22 | 拉萨市 | 16 | 9 | 15 |
| 锦州市 | 36 | 25 | 10 | 河池市 | 22 | 9 | 42 | 石家庄市 | 37 | 19 | 14 |
| 营口市 | 36 | 31 | 24 | 来宾市 | 18 | 13 | 46 | 秦皇岛市 | 32 | 8 | 33 |
| 阜新市 | 27 | 6 | 29 | 崇左市 | 20 | 8 | 17 | 张家口市 | 31 | 8 | 36 |
| 辽阳市 | 35 | 8 | 8 | 海口市 | 35 | 25 | 27 | 阿拉善盟 | 15 | 10 | 46 |
| 盘锦市 | 30 | 7 | 36 | 三亚市 | 8 | 46 | 46 | 葫芦岛市 | 29 | 25 | 25 |
| 铁岭市 | 35 | 6 | 6 | 成都市 | 37 | 7 | 19 | 哈尔滨市 | 37 | 27 | 35 |

续表

| 城市 | 产业数量 | 专业化程度最高的产业代码 | | 城市 | 产业数量 | 专业化程度最高的产业代码 | | 城市 | 产业数量 | 专业化程度最高的产业代码 | |
|---|---|---|---|---|---|---|---|---|---|---|---|
| | | 生产 | 研发 | | | 生产 | 研发 | | | 生产 | 研发 |
| 朝阳市 | 30 | 8 | 8 | 自贡市 | 32 | 35 | 35 | 双鸭山市 | 16 | 45 | 31 |
| 长春市 | 36 | 37 | 37 | 泸州市 | 29 | 15 | 15 | 佳木斯市 | 26 | 13 | 14 |
| 吉林市 | 35 | 26 | 28 | 德阳市 | 35 | 36 | 15 | 七台河市 | 18 | 6 | 46 |
| 四平市 | 34 | 11 | 23 | 绵阳市 | 34 | 40 | 40 | 牡丹江市 | 34 | 20 | 22 |
| 辽源市 | 31 | 11 | 11 | 广元市 | 29 | 13 | 25 | 连云港市 | 34 | 27 | 10 |
| 通化市 | 33 | 43 | 27 | 遂宁市 | 32 | 15 | 45 | 马鞍山市 | 29 | 32 | 22 |
| 白山市 | 28 | 20 | 8 | 内江市 | 32 | 11 | 45 | 昌都地区 | 3 | 15 | 46 |
| 松原市 | 25 | 7 | 15 | 乐山市 | 31 | 45 | 13 | 山南地区 | 5 | 8 | 46 |
| 白城市 | 27 | 13 | 22 | 南充市 | 31 | 45 | 19 | 张家界市 | 25 | 9 | 9 |
| 鸡西市 | 24 | 6 | 36 | 眉山市 | 31 | 13 | 13 | 防城港市 | 22 | 13 | 46 |
| 鹤岗市 | 16 | 6 | 46 | 宜宾市 | 30 | 15 | 15 | 攀枝花市 | 24 | 32 | 32 |
| 大庆市 | 31 | 7 | 46 | 广安市 | 31 | 6 | 46 | 六盘水市 | 16 | 6 | 46 |
| 伊春市 | 23 | 20 | 46 | 达州市 | 29 | 6 | 10 | 铜仁地区 | 21 | 11 | 15 |
| 黑河市 | 17 | 9 | 46 | 雅安市 | 27 | 11 | 11 | 毕节地区 | 20 | 6 | 31 |
| 绥化市 | 24 | 15 | 36 | 巴中市 | 19 | 8 | 8 | 那曲地区 | 2 | 9 | 46 |
| 上海市 | 34 | 40 | 44 | 资阳市 | 30 | 29 | 13 | 阿里地区 | 1 | 31 | 46 |
| 南京市 | 37 | 44 | 26 | 宁波市 | 35 | 43 | 43 | 嘉峪关市 | 13 | 32 | 32 |
| 无锡市 | 32 | 28 | 18 | 贵阳市 | 31 | 16 | 16 | 海东地区 | 20 | 33 | 46 |
| 徐州市 | 35 | 20 | 6 | 遵义市 | 27 | 15 | 39 | 石嘴山市 | 18 | 6 | 36 |
| 常州市 | 34 | 18 | 36 | 安顺市 | 24 | 37 | 37 | 哈密地区 | 19 | 8 | 31 |

续表

| 城市 | 产业数量 | 专业化程度最高的产业代码 | | 城市 | 产业数量 | 专业化程度最高的产业代码 | | 城市 | 产业数量 | 专业化程度最高的产业代码 | |
|---|---|---|---|---|---|---|---|---|---|---|---|
| | | 生产 | 研发 | | | 生产 | 研发 | | | 生产 | 研发 |
| 苏州市 | 34 | 40 | 32 | 昆明市 | 37 | 16 | 10 | 喀什地区 | 17 | 9 | 46 |
| 南通市 | 33 | 17 | 18 | 曲靖市 | 26 | 33 | 37 | 和田地区 | 9 | 45 | 46 |
| 淮安市 | 34 | 10 | 29 | 玉溪市 | 25 | 16 | 16 | 石河子市 | 20 | 30 | 15 |
| 盐城市 | 33 | 17 | 36 | 保山市 | 19 | 9 | 33 | 景德镇市 | 32 | 27 | 28 |
| 扬州市 | 35 | 28 | 25 | 昭通市 | 19 | 16 | 46 | 平顶山市 | 36 | 6 | 28 |
| 镇江市 | 34 | 20 | 20 | 丽江市 | 16 | 6 | 13 | 三门峡市 | 35 | 9 | 10 |
| 泰州市 | 33 | 11 | 25 | 普洱市 | 15 | 9 | 33 | 驻马店市 | 32 | 10 | 27 |
| 宿迁市 | 30 | 20 | 20 | 临沧市 | 13 | 15 | 15 | 呼和浩特市 | 35 | 14 | 17 |
| 杭州市 | 37 | 28 | 28 | 六安市 | 31 | 8 | 44 | 鄂尔多斯市 | 28 | 45 | 34 |
| 开封市 | 30 | 20 | 41 | 池州市 | 31 | 10 | 41 | 呼伦贝尔市 | 28 | 9 | 20 |
| 嘉兴市 | 33 | 28 | 19 | 宣城市 | 31 | 29 | 29 | 巴彦淖尔市 | 22 | 9 | 46 |
| 湖州市 | 34 | 20 | 20 | 福州市 | 34 | 30 | 24 | 乌兰察布市 | 23 | 8 | 26 |
| 绍兴市 | 35 | 28 | 28 | 西安市 | 35 | 7 | 37 | 锡林郭勒盟 | 20 | 9 | 46 |
| 金华市 | 33 | 42 | 34 | 铜川市 | 21 | 6 | 15 | 齐齐哈尔市 | 30 | 14 | 36 |
| 衢州市 | 32 | 20 | 20 | 宝鸡市 | 28 | 9 | 15 | 日喀则地区 | 8 | 8 | 46 |
| 舟山市 | 32 | 13 | 13 | 咸阳市 | 32 | 25 | 27 | 神农架林区 | 6 | 10 | 46 |
| 台州市 | 34 | 43 | 42 | 渭南市 | 28 | 6 | 36 | 乌鲁木齐市 | 32 | 7 | 39 |
| 丽水市 | 32 | 24 | 24 | 延安市 | 16 | 7 | 22 | 克拉玛依市 | 15 | 7 | 26 |
| 合肥市 | 33 | 16 | 30 | 汉中市 | 28 | 8 | 13 | 吐鲁番地区 | 17 | 7 | 46 |
| 芜湖市 | 34 | 37 | 37 | 榆林市 | 18 | 6 | 25 | 阿克苏地区 | 24 | 25 | 27 |

续表

| 城市 | 产业数量 | 专业化程度最高的产业代码 | | 城市 | 产业数量 | 专业化程度最高的产业代码 | | 城市 | 产业数量 | 专业化程度最高的产业代码 | |
|---|---|---|---|---|---|---|---|---|---|---|---|
| | | 生产 | 研发 | | | 生产 | 研发 | | | 生产 | 研发 |
| 蚌埠市 | 34 | 14 | 27 | 安康市 | 20 | 9 | 46 | 大兴安岭地区 | 7 | 20 | 15 |
| 淮南市 | 24 | 6 | 6 | 商洛市 | 15 | 9 | 27 | 重庆市（1） | 37 | 37 | 45 |
| 淮北市 | 31 | 6 | 17 | 兰州市 | 36 | 25 | 36 | 重庆市（2） | 37 | 45 | 31 |
| 铜陵市 | 32 | 33 | 17 | 金昌市 | 17 | 33 | 33 | 迪庆藏族自治州 | 7 | 9 | 46 |
| 安庆市 | 34 | 25 | 20 | 白银市 | 24 | 33 | 14 | 甘孜藏族自治州 | 8 | 9 | 46 |
| 黄山市 | 32 | 23 | 23 | 天水市 | 31 | 15 | 15 | 凉山彝族自治州 | 24 | 9 | 8 |
| 滁州市 | 35 | 10 | 24 | 武威市 | 25 | 13 | 15 | 大理白族自治州 | 25 | 16 | 9 |
| 阜阳市 | 32 | 15 | 15 | 张掖市 | 21 | 15 | 20 | 临夏回族自治州 | 14 | 26 | 26 |
| 宿州市 | 29 | 20 | 28 | 平凉市 | 21 | 6 | 35 | 甘南藏族自治州 | 8 | 14 | 46 |
| 巢湖市 | 33 | 28 | 28 | 酒泉市 | 26 | 25 | 30 | 海北藏族自治州 | 10 | 6 | 46 |
| 十堰市 | 30 | 37 | 37 | 庆阳市 | 19 | 7 | 19 | 黄南藏族自治州 | 2 | 44 | 46 |
| 宜昌市 | 37 | 10 | 27 | 定西市 | 15 | 33 | 33 | 海南藏族自治州 | 7 | 31 | 46 |
| 襄樊市 | 32 | 37 | 42 | 陇南市 | 14 | 9 | 46 | 果洛藏族自治州 | 7 | 9 | 46 |
| 鄂州市 | 27 | 8 | 26 | 西宁市 | 29 | 9 | 35 | 玉树藏族自治州 | 5 | 46 | 46 |
| 荆门市 | 31 | 10 | 35 | 银川市 | 31 | 6 | 29 | 昌吉回族自治州 | 27 | 28 | 39 |
| 孝感市 | 33 | 14 | 34 | 吴忠市 | 23 | 33 | 33 | 楚雄彝族自治州 | 27 | 16 | 22 |
| 荆州市 | 30 | 13 | 13 | 固原市 | 9 | 13 | 13 | 延边朝鲜族自治州 | 32 | 20 | 7 |
| 黄冈市 | 32 | 43 | 27 | 中卫市 | 17 | 15 | 22 | 怒江傈僳族自治州 | 4 | 33 | 46 |
| 咸宁市 | 32 | 20 | 31 | 漳州市 | 34 | 21 | 40 | 伊犁哈萨克自治州 | 23 | 16 | 46 |
| 随州市 | 32 | 11 | 37 | 南平市 | 33 | 20 | 9 | 阿坝藏族羌族自治州 | 14 | 44 | 9 |

续表

| 城市 | 产业数量 | 专业化程度最高的产业代码 | | 城市 | 产业数量 | 专业化程度最高的产业代码 | | 城市 | 产业数量 | 专业化程度最高的产业代码 | |
|---|---|---|---|---|---|---|---|---|---|---|---|
| | | 生产 | 研发 | | | 生产 | 研发 | | | 生产 | 研发 |
| 仙桃市 | 24 | 17 | 26 | 龙岩市 | 33 | 16 | 16 | 西双版纳傣族自治州 | 11 | 15 | 46 |
| 潜江市 | 23 | 7 | 7 | 宁德市 | 31 | 39 | 15 | 博尔塔拉蒙古自治州 | 14 | 13 | 20 |
| 天门市 | 23 | 27 | 13 | 南昌市 | 34 | 16 | 20 | 巴音郭楞蒙古自治州 | 26 | 7 | 46 |
| 长沙市 | 37 | 16 | 36 | 萍乡市 | 31 | 6 | 31 | 文山壮族苗族自治州 | 17 | 9 | 27 |
| 株洲市 | 34 | 33 | 31 | 九江市 | 34 | 10 | 25 | 恩施土家族苗族自治州 | 26 | 16 | 13 |
| 湘潭市 | 35 | 11 | 20 | 新余市 | 33 | 8 | 32 | 湘西土家族苗族自治州 | 23 | 9 | 46 |
| 衡阳市 | 36 | 10 | 10 | 鹰潭市 | 23 | 33 | 41 | 黔东南苗族侗族自治州 | 23 | 33 | 9 |
| 邵阳市 | 35 | 20 | 31 | 赣州市 | 33 | 9 | 9 | 黔南布依族苗族自治州 | 28 | 26 | 26 |
| 岳阳市 | 35 | 43 | 22 | 吉安市 | 36 | 8 | 33 | 德宏傣族景颇族自治州 | 12 | 13 | 46 |
| 常德市 | 34 | 23 | 33 | 宜春市 | 35 | 27 | 20 | 海西蒙古族藏族自治州 | 17 | 7 | 32 |
| 益阳市 | 33 | 43 | 13 | 抚州市 | 34 | 20 | 13 | 红河哈尼族彝族自治州 | 24 | 16 | 16 |
| 郴州市 | 34 | 9 | 8 | 上饶市 | 35 | 9 | 41 | 黔西南布依族苗族自治州 | 15 | 6 | 15 |
| 永州市 | 32 | 20 | 22 | 济南市 | 35 | 16 | 16 | 克孜勒苏柯尔克孜自治州 | 11 | 9 | 46 |
| 怀化市 | 32 | 20 | 46 | 青岛市 | 37 | 29 | 29 | 伊犁哈萨克自治州塔城地区 | 18 | 28 | 46 |
| 淄博市 | 37 | 31 | 33 | 东营市 | 31 | 7 | 13 | 伊犁哈萨克自治州阿勒泰地区 | 10 | 9 | 46 |
| 枣庄市 | 35 | 6 | 22 | 烟台市 | 36 | 9 | 9 | | | | |

资料来源：笔者计算整理。原始数据来自中国工业企业数据库。城市以四位行政代码指代。

# 参考文献

## 中文文献

[1] 艾德加·M. 胡佛，弗兰克·杰莱塔尼．区域经济学导论［M］．中译本．上海：上海远东出版社，1992.

[2] 安虎森．新区域经济学［M］．大连：东北财经大学出版社，2008.

[3] 安虎森等．新经济地理学原理［M］．北京：经济科学出版社，2009.

[4] 安同良，施浩，Ludovico Alcorta. 中国制造业企业 R&D 行为模式的观测与实证——基于江苏省制造业企业问卷调查的实证分析［J］．经济研究，2006（2）：21 –30，56.

[5] 安同良，杨羽云．易发生价格竞争的产业特征及企业策略［J］．经济研究，2002（6）：46 –54，95.

[6] 奥兹·夏伊．产业组织：理论与应用［M］．北京：清华大学出版社，2005.

[7] Asheim B T, Gertler M S. 创新地理学：区域创新系统［A］//［挪］詹法格博格，［美］戴维莫利，［美］理查德纳尔逊．牛津创新手册［M］．柳御林等译注．北京：知识产权出版，2009.

[8] 薄文广．外部性与产业增长——来自中国省级面板数据的研究［J］．中国工业经济，2007（1）：37 –44.

[9] 曾萍，邬绮虹，蓝海林．政府的创新支持政策有效吗？——基于珠三角企业的实证研究［J］．科学与科学技术管理，2014（4）：10 –20.

[10] 曾新胜．经济全球化中的中国制造业发展战略［J］．国际经济合作，2006（1）：22 –24.

[11] 陈栋生．区域经济学［M］．郑州：河南人民出版社，1993.

［12］陈佳贵，王钦．中国产业集群可持续发展与公共政策选择［J］．中国工业经济，2005（9）：5－10，33.

［13］陈天荣．区域创新系统动力论——兼论浙江嘉兴“副中心”打造［M］．北京：社会科学文献出版社，2009.

［14］程石磊，王能民，汪应洛．基于区域创新系统的企业创新决策模型研究［J］．研究与发展管理，2007，19（2）：26－33.

［15］仇保兴．紧凑度和多样性——我国城市可持续发展的核心理念［J］．城市规划，2006（11）：18－24.

［16］丁四保，王荣成，李秀敏等．区域经济学［M］．北京：高等教育出版社，2003.

［17］董晓芳，袁燕．企业创新、生命周期与聚集经济［J］．经济学（季刊），2014（2）：767－792.

［18］Dornbusch R，Fischer S，Startz R. 宏观经济学［M］．王志伟译注．北京：中国人民大学出版社，2010.

［19］杜跃平，高雄，赵红菊．路径依赖与企业顺沿技术轨道的演化创新［J］．研究与发展管理，2004（4）：52－57.

［20］段会娟，梁琦．地方专业化、知识溢出与区域创新效率——基于我国省际面板数据的分析［J］．经济论坛，2009（22）：21－23.

［21］Edquist C. 创新系统：观点与挑战［A］//［挪］詹法格博格，［美］戴维莫利，［美］理查德纳尔逊．牛津创新手册［M］．柳御林等译注．北京：知识产权出版，2009.

［22］Fagerberg J. 创新：文献综述［A］//［挪］詹法格博格，［美］戴维莫利，［美］理查德纳尔逊．牛津创新手册［M］．柳御林等译注．北京：知识产权出版，2009.

［23］范里安．微观经济学：现代观点第八版［M］．上海：格致出版社，2011.

［24］Feldman M P. 企业家精神与集群形成的视角：美国首都地区的生物技术集群［A］//Polenske K. R. 创新经济地理［M］．童昕，王缉慈等译注．北京：高等教育出版社，2009.

［25］Feldman M P. 区位与创新：创新、溢出和集聚的新经济地理［A］//G. L. 克拉克，M. P. 费尔德曼，M. S. 格特勒．牛津经济地理学手册［M］．刘

卫东等译注．北京：商务印书馆，2010.

［26］冯云廷．区域经济学［M］．大连：东北财经大学出版社，2006.

［27］傅家骥．技术创新学［M］．北京：清华大学出版社，1998.

［28］傅十和，洪俊杰．企业规模、城市规模与集聚经济——对中国制造业企业普查数据的实证分析［J］．经济研究，2008（11）：112－125.

［29］Fujita M，Krugman P，Venables A J．空间经济学：城市、区域与国际贸易［M］．梁琦译注．北京：中国人民大学出版社，2005.

［30］高洪成，王琳．高中低技术产业范围界定标准探析［J］．科技进步与对策，2012（13）。

［31］高洪深．区域经济学［M］．北京：中国人民大学出版社，2002.

［32］龚刚．宏观经济学：中国经济的视角［M］．北京：清华大学出版社，2005.

［33］官建成．企业制造能力与创新绩效的关系研究：一些中国的实证发现［J］．科研管理，2004（S1）：78－84.

［34］Hamada M S 等．贝叶斯可靠性［M］．曾志国译注．北京：国防工业出版社，2014.

［35］韩明．多层先验分布的构造及其应用［J］．运筹与管理，1997（3）：33－42.

［36］郝寿义，安虎森．区域经济学（第二版）［M］．北京：经济科学出版社，2004.

［37］郝寿义．区域经济学原理［M］．上海：上海人民出版社，2007.

［38］贺灿飞．产业专业化、技术关联多样化与企业创新［C］．2014 中国区域科学协会年会（武汉）会议论文，2014.

［39］金丽国．聚集经济的微观基础——一个区位选择的分析框架．数量经济技术经济研究［J］．2006（4）：77－83.

［40］科技统计与分析研究所．科技统计报告（2009 年第 15 期）［R］．中国科学技术部发展计划司，2009.

［41］科技统计与分析研究所．科技统计报告（2009 年第 24 期）［R］．中国科学技术部发展计划司，2009.

［42］科技统计与分析研究所．科技统计报告（2009 年第 26 期）［R］．中国科学技术部发展计划司，2009.

［43］科技统计与分析研究所．科技统计报告（2013 年第 13 期）［R］．中国科学技术部发展计划司，2013.

［44］LeSage J P，Pace R K. 空间计量经济学导论［M］．肖光恩等译注．北京：北京大学出版社，2014.

［45］李晨光，张永安．区域创新政策对企业创新效率影响的实证研究［J］．科研管理，2014（9）：25－35.

［46］李高扬，刘明广．创新型城市的评价研究现状评述［J］．工程管理学报，2013（6）：51－55.

［47］李金滟，宋德勇．专业化、多样化与城市集聚经济——基于中国地级单位面板数据的实证研究［J］．管理世界，2008（2）：25－34.

［48］李学鑫，苗长虹．多样性、创造力与城市增长［J］．人文地理，2009（2）：7－11.

［49］李中东．区域经济学［M］．北京：经济管理出版社，2012.

［50］梁琦．空间经济学：过去、现在与未来——兼评《空间经济学：城市、区域与国际贸易》［J］．经济学（季刊），2005（3）：1067－1086.

［51］刘满凤，唐厚兴．基于空间 Durbin 模型的区域知识溢出效应实证研究［J］．科技进步与对策，2010（18）：28－33.

［52］刘玉海．交通基础设施的空间溢出效应及其影响机理研究［D］．南开大学，2012.

［53］卢锋．产品内分工［J］．经济学（季刊），2004（4）：55－82.

［54］卢福财，胡平波．基于竞争与合作关系的网络组织成员间知识溢出效应分析［J］．中国工业经济，2007（9）：79－86.

［55］Lundvall B，Borras S. 科学、技术和创新政策［A］//［挪］詹法格博格，［美］戴维莫利，［美］理查德纳尔逊．牛津创新手册［M］．柳御林等译注．北京：知识产权出版，2009.

［56］马歇尔．经济学原理［M］．北京：商务印书馆，1890.

［57］Mowry D，Sampat B N. 国家创新系统中的大学［A］//［挪］詹法格博格，［美］戴维莫利，［美］理查德纳尔逊．牛津创新手册［M］．柳御林等译注．北京：知识产权出版，2009.

［58］Narula R，A. Zanfei. 创新全球化：跨国企业的作用［A］//［挪］詹法格博格，［美］戴维莫利，［美］理查德纳尔逊．牛津创新手册［M］．柳御林

等译注．北京：知识产权出版，2009.

［59］Pavitt K. 创新过程［A］//［挪］詹法格博格，［美］戴维莫利，［美］理查德纳尔逊．牛津创新手册［M］．柳御林等译注．北京：知识产权出版，2009.

［60］彭向，蒋传海．产业集聚、知识溢出与地区创新——基于中国工业行业的实证检验［J］．经济学（季刊），2011（3）：913－934.

［61］Perez C. 技术革命与金融资本：泡沫与黄金时代的动力学［M］．田方萌等译注．北京：中国人民大学出版社，2007.

［62］Polenske K R. 创新经济地理［M］．童昕，王缉慈等译注．北京：高等教育出版社，2009.

［63］Powell W W，Grodal S. 创新网络［A］//［挪］詹法格博格，［美］戴维莫利，［美］理查德纳尔逊．牛津创新手册．柳御林等译注．北京：知识产权出版，2009.

［64］Ratanawaraha A，Polenske K R. 创新地理的测量：文献综述［A］// Polenske K. R. 创新经济地理［M］．童昕，王缉慈等译注．北京：高等教育出版社，2009.

［65］任晶，杨青山．产业多样化与城市增长的理论及实证研究——以中国31个省会城市为例［J］．地理科学，2008（5）：631－635.

［66］盛洪．分工与交易：一个一般理论及其对中国非专业化问题的应用分析［M］．上海：上海三联书店，1992.

［67］盛玉雪，刘秉镰，丁明磊．基于价值链片段化的知识溢出与企业创新［J］．中国科技论坛，2013a（11）：104－110.

［68］盛玉雪，周密，丁明磊．二元悖论约束下创新型企业绩效的影响因素——基于498家国家级创新型试点企业的实证分析［J］．财经科学，2013（3）：43－51.

［69］Smith K. 创新测度［A］//［挪］詹法格博格，［美］戴维莫利，［美］理查德纳尔逊．牛津创新手册［M］．柳御林等译注．北京：知识产权出版，2009.

［70］孙海鸣，张学良．区域经济学［M］．上海：上海人民出版社，2010.

［71］孙文远．产品内价值链分工视角下的产业升级［J］．管理世界，2006（10）：156－157.

［72］唐海燕，张会清．产品内国际分工与发展中国家的价值链提升［J］．经济研究，2009（9）：81－93.

［73］王缉慈．关于发展创新型产业集群的政策建议［J］．经济地理，2004（4）：433－436.

［74］王缉慈等．超越集群：中国产业集群的理论探讨［M］．北京：科学出版社，2010.

［75］王缉慈等．创新的空间：企业集群与区域发展［M］．北京：北京大学出版社，2001.

［76］王庆喜．多维邻近与我国高技术产业区域知识溢出——一项空间面板数据分析（1995～2010）［J］．科学学研究，2013（7）：1068－1076.

［77］韦伯·阿尔弗雷德．工业区位论［M］．李刚剑等译注．北京：商务印书馆，2010.

［78］魏后凯．大都市区新型产业分工与冲突管理——基于产业链分工的视角［J］．中国工业经济，2007（2）：28－34.

［79］魏后凯．现代区域经济学［M］．北京：经济管理出版社，2006.

［80］温福星．阶层线性模型的原理与应用［M］．北京：中国轻工业出版社，2009.

［81］吴殿廷．区域经济学（第二版）［M］．北京：科学出版社，2009.

［82］吴季松．知识经济学：理论、实践和应用［M］．北京：北京科学技术出版社，1999.

［83］吴三忙，李善同．专业化、多样化与产业增长关系——基于中国省级制造业面板数据的实证研究［J］．数量经济技术经济研究，2011（8）：21－34.

［84］吴玉鸣．大学、企业研发与区域创新的空间统计与计量分析［J］．数理统计与管理，2007（2）：318－324.

［85］徐彪，李心丹，张珣．区域环境对企业创新绩效的影响机制研究［J］．科研管理，2011（9）：147－156.

［86］杨华峰，邱丹，余艳．创新型城市的评价指标体系［J］．统计与决策，2007（11）：68－70.

［87］杨蕙馨，刘春玉．知识溢出效应与企业集聚定位决策［J］．中国工业经济，2005（12）：41－48.

［88］叶建亮．知识溢出与企业集群［J］．经济科学，2001（3）：23－30.

[89] 于晓宇. 企业创新战略决策的决定因素——基于区域文化的视角 [J]. 科技进步与对策，2011 (18): 69-74.

[90] 喻金田，黄燕婷. 创新型城市评价指标体系研究——基于国内理论与实践的对比分析 [J]. 科技管理研究，2012 (14): 51-54.

[91] 张辉. 产业集群竞争力的内在经济机理 [J]. 中国软科学，2003 (1): 70-74.

[92] 张建虎，李长英. 产品多样性与企业区位选择 [J]. 经济学（季刊），2010，9 (4): 1505-1518.

[93] 张建华. 一种简便易用的基尼系数计算方法 [J]. 山西农业大学学报（社会科学版），2007 (3): 275-278，283.

[94] 张杰，刘志彪，郑江淮. 中国制造业企业创新活动的关键影响因素研究——基于江苏省制造业企业问卷调查的分析 [J]. 管理世界，2007a (6): 64-74.

[95] 张杰，刘志彪，郑江淮. 产业链定位、分工与集聚如何影响企业创新——基于江苏省制造业企业问卷调查的实证研究 [J]. 中国工业经济，2007b (7): 47-55.

[96] 张俊辉等. 基于层次贝叶斯时空模型的空间多尺度联合分析模型的构建及应用研究 [J]. 中国卫生统计，2013 (2): 199-202.

[97] 张昕，李廉水. 制造业聚集、知识溢出与区域创新绩效——以我国医药、电子及通讯设备制造业为例的实证研究 [J]. 数量经济技术经济研究，2007 (8): 35-43，89.

[98] 张秀生. 区域经济学 [M]. 武汉：武汉大学出版社，2007.

[99] 赵大平，李雪. 中国高新区专业化对自主创新能力的影响 [J]. 科学学研究，2007 (S2): 500-505.

[100] 赵晶晶，盛玉雪. 高校毕业生的流动路径及其对区域人才政策的启示 [J]. 教育发展研究，2014 (23): 34-42.

[101] 赵晶媛. 技术创新管理 [M]. 北京：机械工业出版社，2010.

[102] 周国红，陆立军. 基于区域学习的企业竞争优势——基于 1639 家中小企业问卷调查与分析 [J]. 经济地理，2005，25 (4): 453-457.

[103] 周密，刘秉镰，盛玉雪. 创新过程、创新环境及其跨层级交互作用对创新的影响效应研究——基于知识生产函数的两阶层线性模型分析 [J]. 财经

研究，2013（3）：4－18.

［104］周密，盛玉雪．非均质空间格局下经济极化对技术创新的影响效应研究——基于两阶层线性模型的实证分析［J］．南开经济研究，2012（3）：65－78.

［105］朱传耿，沈山，仇方道．区域经济学［M］．北京：中国社会科学出版社，2007.

［106］朱凤涛，李仕明，杜义飞．关于价值链、产业链和供应链的研究辨识［J］．管理学家（学术版），2008（4）：373－380，402.

## 英文文献

［107］Acs Z J，Armington C，Zhang T. The determinants of new - firm survival across regional economies：The role of human capital stock and knowledge spillover［J］. Papers in Regional Science，2007，86（3）：367－391.

［108］Acs Z J，Audretsch D B，Feldman M P. R & D spillovers and recipient firm size［J］. The Review of Economics and Statistics，1994：336－340.

［109］Adams J D. Comparative localization of academic and industrial spillovers［J］. Journal of Economic Geography，2002，2（3）：253－278.

［110］Ahuja G. Collaboration networks，structural holes，and innovation：A longitudinal study［J］. Administrative science quarterly，2000，45（3）：425－455.

［111］Anderson S P，Neven D J. Cournot competition yields spatial agglomeration［J］. International Economic Review，1991：793－808.

［112］Andersson M，Karlsson C. Regional innovation systems in small and medium－sized regions［A］//The Emerging Digital Economy［M］. Springer Berlin Heidelberg，2006：55－81.

［113］Anselin L. Spatial econometrics：Methods and models［M］. Springer Science & Business Media，1988.

［114］Anselin L. Thirty years of spatial econometrics［J］. Papers in regional science，2010，89（1）：3－25.

［115］Antonelli C. Collective knowledge communication and innovation：The evidence of technological districts［J］. Regional studies，2000，34（6）：535－547.

[116] Arab A, Hooten M B, Wikle C K. Hierarchical spatial models [A] // Encyclopedia of GIS [M] . Springer US, 2008: 425 -431.

[117] Arbia G. A lustrum of SEA: Recent research trends following the creation of the spatial econometrics association (2007 -2011) [J] . Spatial Economic Analysis, 2011, 6 (4): 377 -395.

[118] Audretsch B. Agglomeration and the location of innovative activity [J] . Oxford Review of Economic Policy, 1998, 14 (2): 18 -29.

[119] Audretsch D B, Feldman M P. R&D spillovers and the geography of innovation and production [J] . The American Economic Review, 1996, 86 (3): 630 -640.

[120] Audretsch D B, Lehmann E E. Do locational spillovers pay? Empirical evidence from German IPO data [J] . Economics of Innovation and New Technology, 2006, 15 (1): 71 -81.

[121] Audretsch D, Dohse D, Niebuhr A. Cultural diversity and entrepreneurship: A regional analysis for germany [J] . The Annals of Regional Science, 2010, 45 (1): 55 -85.

[122] Autant - Bernard C , Hazir C S. Network formation and geography: Modelling approaches, underlying conceptions, recent and promising extensions [A] //The Geography of Networks and R&D Collaborations [M] . Springer International Publishing, 2013: 15 -28.

[123] Autant - Bernard C, Massard N. Pecuniary and knowledge externalities as agglomeration forces: Empirical evidence from individual french data [R] . "Knowledge and Regional Economic Development" Conference (Barcelona), 2005.

[124] Backman M. Human capital in firms and regions: Impact on firm productivity [J] . Papers in Regional Science, 2014, 93 (3): 557 -575.

[125] Baldwin J R, Beckstead D, Mark Brown W, et al. Agglomeration and the geography of localization economies in Canada [J] . Regional Studies, 2008, 42 (1): 117 -132.

[126] Baltagi B H, Fingleton B, Pirotte A. Spatial lag models with nested random effects: An instrumental variable procedure with an application to English house prices [J] . Journal of Urban Economics, 2014 (80): 76 -86.

[127] Banerjee D, Chatterjee I. The impact of piracy on innovation in the presence of technological and market uncertainty [J]. Information Economics and Policy, 2010, 22 (4): 391-397.

[128] Bania N, Eberts R W, Fogarty M S. Universities and the startup of new companies: Can we generalize from route 128 and Silicon valley? [J]. The Review of Economics and Statistics, 1993: 761-766.

[129] Barthélemy M. Spatial networks [J]. Physics Reports, 2011, 499 (1): 1-101.

[130] Bathelt H, Malmberg A, Maskell P. Clusters and knowledge: Local buzz, global pipelines and the process of knowledge creation [J]. Progress in Human Geography, 2004, 28 (1): 31-56.

[131] Battisti G, Stoneman P. How innovative are UK firms? Evidence from the fourth UK community innovation survey on synergies between technological and organizational innovations [J]. British Journal of Management, 2010, 21 (1), 187-206.

[132] Beaudry C, Schiffauerova A. Who's right, Marshall or Jacobs? The localization versus urbanization debate [J]. Research Policy, 2009, 38 (2): 318-337.

[133] Bergman E M. Knowledge links between European universities and firms: A review [J]. Papers in Regional Science, 2010, 89 (2): 311-333.

[134] Beugelsdijk S. The regional environment and a firm's innovative performance: A plea for a multilevel interactionist approach [J]. Economic Geography, 2007, 83 (2): 181-199.

[135] Biscaia R, Mota I. Models of spatial competition: A critical review [J]. Papers in Regional Science, 2013, 92 (4): 851-871.

[136] Biscaia R, Sarmento P. Cost inefficiency and Optimal Market Structure in Spatial Cournot Discrimination [R]. Universidade do Porto, Faculdade de Economia do Porto, 2012.

[137] Boschma R A, Weterings A B R. The effect of regional differences on the performance of software firms in the Netherlands [J]. Journal of Economic Geography, 2005, 5 (5): 567-588.

[138] Boschma R. Proximity and innovation: A critical assessment [J]. Regional studies, 2005, 39 (1): 61-74.

[139] Breschi S, Lissoni F. Knowledge spillovers and local innovation systems: A critical survey [J]. Industrial and Corporate Change, 2001, 10 (4): 975 -1005.

[140] Broekel T, Balland P A, Burger M, et al. Modeling knowledge networks in economic geography: A discussion of four methods [J]. The Annals of Regional Science, 2014, 53 (2): 423 -452.

[141] Broekel T, Hartog M. Determinants of cross - regional R&D collaboration networks: An application of exponential random graph models [A] //The geography of networks and R&D collaborations [M]. Springer International Publishing, 2013: 49 -70.

[142] Brueckner J K. Strategic interaction among governments: An overview of empirical studies [J]. International Regional Science Review, 2003, 26 (2): 175 -188.

[143] Cainelli G, Leoncini R. Externalities and long - term local industrial development. some empirical evidence from Italy [J]. Revue D Économie Industrielle, 1999, 90 (1): 25 -39.

[144] Cairncross F. The death of distance [M]. Cambridge, MA: Harvard Business School Press, 1997.

[145] Capello R, Lenzi C. Spatial heterogeneity in knowledge, innovation, and economic growth nexus: Conceptual reflections and empirical evidence [J]. Journal of Regional Science, 2014, 54 (2): 186 -214.

[146] Carlino G A, Chatterjee S, Hunt R M. Knowledge spillovers and the new economy of cities [M]. Economic Research Division, Federal Reserve Bank of Philadelphia, 2001.

[147] Charlot S, Crescenzi R, Musolesi A. An "extended" Knowledge Production Function approach to the genesis of innovation in the European regions [R]. Grenoble Applied Economics Laboratory (GAEL) Working Papers, 2012.

[148] Cheng S, Li H. New firm formation facing cultural and racial diversity [J]. Papers in Regional Science, 2012, 91 (4): 759 -774.

[149] Cohen W M, Nelson R R, Walsh J P. Links and impacts: the influence of public research on industrial R&D [J]. Management Science, 2002, 48 (1): 1 -23.

[150] Corrado L, Fingleton B. Where is the economics in spatial econometrics? [J]. Journal of Regional Science, 2012, 52 (2): 210-239.

[151] Crescenzi R, Rodríguez-Pose A, Storper M. The territorial dynamics of innovation in China and India [J]. Journal of Economic Geography, 2012, 12 (5): 1055-1085.

[152] Crescenzi R, Rodríguez-Pose A, Storper M. The territorial dynamics of innovation: A Europe - United States comparative analysis [J]. Journal of Economic Geography, 2007, 7 (6), 673-709.

[153] Crowder K. The racial context of white mobility: An individual-level assessment of the white flight hypothesis [J]. Social Science Research, 2000, 29 (2): 223-257.

[154] D' Aspremont C, Gabszewicz J J, Thisse J F. On hotelling's "stability in competition" [J]. Econometrica: Journal of the Econometric Society, 1979, 47 (5): 1145-1150.

[155] De Groot H L F, Poot J, Smit M J. 14 Agglomeration externalities, innovation and regional growth: Theoretical perspectives and meta-analysis [M]. Handbook of Regional Growth and Development Theories, 2009: 256.

[156] Deidda S, Paci R, Usai S. Spatial externalities and local economic growth [R]. Working Paper Crenos, 2002.

[157] Delisle F, Shearmur R. Where does all the talent flow? Migration of young graduates and nongraduates, Canada 1996 - 2001 [J]. The Canadian Geographer/Le Géographe Canadien, 2010, 54 (3): 305-323.

[158] Ding C G, LIU N A T. Productivity changes of Asian economies by taking into account software piracy [J]. Economic Inquiry, 2009, 47 (1): 135-145.

[159] Dosi G. The nature of the innovative process [J]. Technical Change and Economic Theory, 1988 (2): 590-607.

[160] Drucker J, Goldstein H. Assessing the regional economic development impacts of universities: A review of current approaches [J]. International Regional Science Review, 2007, 30 (1), 20-46.

[161] Duranton G, Puga D. Diversity and specialisation in cities: Why, where and when does it matter? [J]. Urban Studies, 2000, 37 (3): 533-555.

[162] Duranton G, Puga D. From sectoral to functional urban specialisation [J]. Journal of urban Economics, 2005, 57 (2): 343 – 370.

[163] Duranton G, Puga D. Nursery cities: Urban diversity, process innovation, and the life cycle of products [J]. American Economic Review, 2001: 1454 – 1477.

[164] Ebina T, Shimizu D. Endogenous product differentiation and product R&D in spatial Cournot competition [J]. The Annals of Regional Science, 2012, 49 (1): 117 – 133.

[165] Elhorst J P. Spatial econometrics: From cross – sectional data to spatial panels [M]. Heidelberg, New York, Dordrecht, London: Springer, 2014.

[166] Feldman M P, Audretsch D B. Innovation in cities: Science – based diversity, specialization and localized competition [J]. European Economic Review, 1999, 43 (2): 409 – 429.

[167] Feldman M P. The geography of innovation [M]. Springer Science & Business Media, 1994.

[168] Feldman M P. The new economics of innovation, spillovers and agglomeration: Areview of empirical studies [J]. Economics of Innovation and New Technology, 1999, 8 (1/2): 5 – 25.

[169] Felsenstein D. University – related science parks— "seedbeds" or "enclaves" of innovation? [J]. Technovation, 1994, 14 (2): 93 – 110.

[170] Fornahl D, Broekel T, Boschma R. What drives patent performance of German biotech firms? The impact of R&D subsidies, knowledge networks and their location [J]. Papers in Regional Science, 2011, 90 (2): 395 – 418.

[171] Frenken K, Van Oort F, Verburg T. Related variety, unrelated variety and regional economic growth [J]. Regional Studies, 2007, 41 (5): 685 – 697.

[172] Friedman T. The World is flat: A brief history of the twenty – first century [M]. New York: Farrar, Straus, and Giroux, 2005.

[173] Fritsch M, Slavtchev V. How does industry specialization affect the efficiency of regional innovation systems? [J]. The Annals of Regional Science, 2010, 45 (1): 87 – 108.

[174] Fujita M, Thisse J F. Agglomeration and market interaction [M]. Social Science Hectronic Publishing, 2003.

[175] Gelman A. Multilevel (hierarchical) modeling: What it can and cannot do [J]. Technometrics, 2006, 48 (3).

[176] Gelman A. Prior distributions for variance parameters in hierarchical models (comment on article by Browne and Draper) [J]. Bayesian analysis, 2006, 1 (3): 515-534.

[177] Gertler M S, Levitte Y M. Local nodes in global networks: The geography of knowledge flows in biotechnology innovation [J]. Industry and Innovation, 2005, 12 (4): 487-507.

[178] Gertler M S. Tacit knowledge and the economic geography of context, or the undefinable tacitness of being (there) [J]. Journal of Economic Geography, 2003, 3 (1): 75-99.

[179] Gertler M S. Tacit knowledge in production systems: How important is geography [A] //Polenske K R. The Economic Geography of Innovation [M]. Cambridge University Press, 2007: 87-111.

[180] Giuliani E, Bell M. The micro-determinants of meso-level learning and innovation: Evidence from a Chilean wine cluster [J]. Research Policy, 2005, 34 (1): 47-68.

[181] Glaeser E L, Kallal H D, Scheinkman J A, et al. Growth in cities [R]. National Bureau of Economic Research, 1991.

[182] Gordon I R, McCann P. Industrial clusters: Complexes, agglomeration and/or social networks? [J]. Urban studies, 2000, 37 (3): 513-532.

[183] Greunz L. Industrial structure and innovation-evidence from European regions [J]. Journal of Evolutionary Economics, 2004, 14 (5): 563-592.

[184] Greunz L. The impact of industrial specialisation and diversity on innovation [J]. Brussels Economic Review, 2003, 46 (3): 11-36.

[185] Griliches Z. Issues in assessing the contribution of research and development to productivity growth [J]. The Bell Journal of Economics, 1979, 10 (1): 92-116.

[186] Griliches Z. Patent statistics as economic indicators: A survey [J]. Journal of Economic Literature, 1990, 28 (4): 1661-1707.

[187] Gupta B, Pal D, Sarkar J. Spatial Cournot competition and agglomeration

in a model of location choice [J]. Regional Science and Urban Economics, 1997, 27 (3): 261-282.

[188] Hamilton J H, Thisse J F, Weskamp A. Spatial discrimination: Bertrand vs. Cournot in a model of location choice [J]. Regional Science and Urban Economics, 1989, 19 (1): 87-102.

[189] Hemert P, Nijkamp P, Masurel E. From innovation to commercialization through networks and agglomerations: Analysis of sources of innovation, innovation capabilities and performance of Dutch SMEs [J]. The Annals of Regional Science, 2013, 50 (2): 425-452.

[190] Henderson J V, Kuncoro A, Turner M. Industrial development in cities [R]. National Bureau of Economic Research, 1992.

[191] Henderson J V. Marshall's scale economies [J]. Journal of urban economics, 2003, 53 (1): 1-28.

[192] Henderson R, Jaffe A B, Trajtenberg M. Universities as a source of commercial technology: A detailed analysis of university patenting, 1965-1988 [J]. Review of Economics and Statistics, 1998, 80 (1): 119-127.

[193] Henderson V. Medium size cities [J]. Regional Science and Urban Economics, 1997, 27 (6): 583-612.

[194] Hicks D, Breitzman T, Olivastro D, et al. The changing composition of innovative activity in the US—a portrait based on patent analysis [J]. Research Policy, 2001, 30 (4): 681-703.

[195] Hobday M. Firm-level innovation models: Perspectives on research in developed and developing countries [J]. Technology Analysis & Strategic Management, 2005, 17 (2): 121-146.

[196] Holl A. Transport Infrastructure, Agglomeration Economies, and Firm Birth: Empirical Evidence from Portugal [J]. Journal of Regional Science, 2004, 44 (4): 693-712.

[197] Hotelling H. Stability in competition [J]. Economic Journal, 1929 (39): 41-57.

[198] Hundt C, Sternberg R. Explaining new firm creation in Europe from a spatial and time perspective: A multilevel analysis based upon data of individuals, regions

and countries [J]. Papers in Regional Science, 2014.

[199] Jaffe A B, Trajtenberg M, Henderson R. Geographic localization of knowledge spillovers as evidenced by patent citations [J]. The Quarterly journal of Economics, 1993, 108 (3): 577 -598.

[200] Jaffe A B, Trajtenberg M. Flows of knowledge from universities and federal laboratories: Modeling the flow of patent citations over time and across institutional and geographic boundaries [J]. Proceedings of the National Academy of Sciences, 1996, 93 (23): 12671 -12677.

[201] Jaffe A B. Real effects of academic research [J]. The American Economic Review, 1989, 97 (5): 957 -970.

[202] Jaisingh J. Impact of piracy on innovation at software firms and implications for piracy policy [J]. Decision Support Systems, 2009, 46 (4): 763 -773.

[203] Jensen C D, Lacombe D J, McIntyre S. A bayesian spatial individual effects probit model of the 2010 UK general election [R]. Sire Discussion Paper Sire - dp - 2012 -20, 2012.

[204] Jofre - Monseny J, Marín - López R, Viladecans - Marsal E. The determinants of localization and urbanization economies: Evidence from the location of new firms in Spain [J]. Journal of Regional Science, 2014, 54 (2): 313 -337.

[205] Johansson B, Lööf H. Innovation activities explained by firm attributes and location [J]. Econ. Innov. New Techn, 2008, 17 (6): 533 -552.

[206] Kamal F. Does Firm Ownership Affect Spillover Opportunities? Evidence From Chinese Manufacturing [J]. Journal of Regional Science, 2014, 54 (1): 137 -154.

[207] Kampik F, Dachs B. The innovative performance of german multinationals abroad: Evidence from the european community innovation survey [J]. Industrial and Corporate Change, 2011, 20 (2), 661 -681.

[208] Koop G, Poirier D J, Tobias J L. Bayesian econometric methods [M]. Cambridge University Press, 2007.

[209] Koop G. Bayesian Econometrics [M]. Wiley, 2003.

[210] Lacombe D, McIntyre S. Bayesian estimation of the multilevel/hierarchical spatially autocorrelated random intercept model [R]. SRSA Annual Meeting Paper,

2014.

[211] LeSage J P, Fischer M M, Scherngell T. Knowledge spillovers across Europe: Evidence from a Poisson spatial interaction model with spatial effects [J]. Papers in Regional Science, 2007, 86 (3): 393 -421.

[212] LeSage J P, Pace R K. Introduction to spatial econometrics [M]. CRC press, 2009.

[213] LeSage J P, Pace R K. Spatial economtric modeling of origin - destination flows [J]. Journal of Regional Science, 2008, 48 (5): 941 -967.

[214] LeSage J P, Pace R K. The biggest myth in spatial econometrics [R]. SSRN Working Paper 1725503, 2010.

[215] LeSage J P, Sheng Y. A spatial econometric panel data examination of endogenous versus exogenous interaction in Chinese province - level patenting [J]. Journal of Geographical Syatems, 2014, 16 (3): 233 -262.

[216] LeSage J P, Thomas - Agnan C. Interpreting spatial econometric origin - destination flow models [J]. Journal of Regional Science, 2014: 1 -21.

[217] Le Sage J P. What regional scientists need to know about spatial econometrics [R]. SSRN Working Paper 2420725, 2014.

[218] Lundvall B A. Innovation as an interactive process: User - producer interaction to the national system of innovation: Research paper [J]. African Journal of Science, Technology, Innovation and Development, 2009, 1 (2/3): 10 -34.

[219] Macintyre S, Ellaway A, Cummins S. Place effects on health: How can we conceptualise, operationalise and measure them? [J]. Social Science & Medicine, 2002, 55 (1): 125 -139.

[220] Mairesse J, Mohnen P. The importance of R&D for innovation: A reassessment using french survey data [J]. The Journal of Technology Transfer, 2005, 30 (1/2), 183 -197.

[221] Manski C F. Identification of endogenous social effects: The reflection problem [J]. The Review of Economic Studies, 1993, 60 (3): 531 -542.

[222] Marrocu E, Paci R, Usai S. Proximity, Networking and Knowledge Production in Europe: What lessons for innovation policy? [J]. Technological Forecasting and Social Change, 2013, 80 (8): 1484 -1498.

[223] Maurseth P B, Verspagen B. Knowledge spillovers in Europe: A patent citations analysis [J]. The Scandinavian Journal of Economics, 2002, 104 (4): 531-545.

[224] Mayer T, Mucchielli J L. Strategic location behaviour: Temporal and spatial proximity in situation of agglomeration effects [R]. Diskussionsbeiträge: Serie Ⅱ, Sonderforschungsbereich 178 "Internationalisierung der Wirtschaft", Universität Konstanz, 1996.

[225] McCann P, Sheppard S. The rise, fall and rise again of industrial location theory [J]. Regional Studies, 2003, 37 (6/7): 649-663.

[226] McIntyre S, Lacombe D. Bayesian estimation of the multilevel/hierarchical spatially autocorrelated random intercept model [A] //2014 Annual Meeting of the Southern Regional Science Association, 2014.

[227] Moulaert F, Sekia F. Territorial innovation models: A critical Survey [J]. Regional Studies, 2003, 37 (3): 289-302.

[228] Mukherji N, Silberman J. Absorptive capacity, knowledge flows, and innovation in US metropolitan areas [J]. Journal of Regional Science, 2013, 53 (3): 392-417.

[229] Nathan M, Lee N. Cultural diversity, innovation, and entrepreneurship: Firm-level evidence from london [J]. Economic Geography, 2013, 89 (4): 367-394.

[230] Nelson R R. National innovation systems: A comparative analysis [J]. University of Illinois at Urbana-Champaign's Academy for Entrepreneurial Leadership Historical Research Reference in Entrepreneurship, 1993.

[231] Ó Huallacháin B, Leslie T F. Rethinking the regional knowledge production function [J]. Journal of Economic Geography, 2007, 7 (6): 737-752.

[232] O' Brien R. Global Financial Integration: The End of Geography [M]. London: Royal Institute of International Affairs, 1992.

[233] OECD iLibrary. OECD Factbook Economic, Environmental and Social Statistics [R]. OECD, 2014.

[234] Ohmae K. The Borderless World: Power and Strategy in the Interlinked Economy [M]. New York: Harper Perennial, 1991.

[235] Ottaviano G I P, Puga D. Agglomeration in the global economy: A survey of the "new economic geography" [J]. The World Economy, 1998, 21 (6): 707 - 731.

[236] Paci R, Usai S. Externalities, knowledge spillovers and the spatial distribution of innovation [J]. GeoJournal, 1999, 49 (4): 381 - 390.

[237] Parent O, LeSage J P. Using the variance structure of the conditional autoregressive spatial specification to model knowledge spillovers [J]. Journal of Applied Econometrics, 2008, 23 (2): 235 - 256.

[238] Park W G, GINARTE J C. Intellectual property rights in a north - south economic context [J]. Science Communication, 1996, 17 (3): 379 - 387.

[239] Piga C, Poyago - Theotoky J. Endogenous R&D spillovers and locational choice [J]. Regional Science and Urban Economics, 2005, 35 (2): 127 - 139.

[240] Polenske K. R. The economic geography of innovation [M]. Cambridge University Press, 2007.

[241] Rallet A, Torre A. Is geographical proximity necessary in the innovation networks in the era of global economy? [J]. GeoJournal, 1999, 49 (4): 373 - 380.

[242] Raudenbush S W, Bryk A S. Hierarchical linear models: Applications and data analysis methods [M]. Sage, 2002.

[243] Renski H. External economies of localization, urbanization and industrial diversity and new firm survival [J]. Papers in Regional Science, 2011, 90 (3): 473 - 502.

[244] Riddel M, Schwer R K. Regional innovative capacity with endogenous Employment: Empirical evidence from the US [J]. The Review of Regional Studies, 2003, 33 (1): 73 - 84.

[245] Rietveld P, Vickerman R. Transport in regional science: The "death of distance" is premature [J]. Papers in Regional Science, 2004, 83 (1): 229 - 248.

[246] Rodríguez - Pose A, Crescenzi R. Mountains in a flat world: Why proximity still matters for the location of economic activity [J]. Cambridge Journal of Regions, Economy and Society, 2008, 1 (3): 371 - 388.

[247] Rosenthal S S, Strange W C. Evidence on the nature and sources of agglomeration economies [A] //Cheshire P, Mills ES Handbook of Regional and Urban

Economics [M] . Elsevier, 2000 (4): 2119 -2171.

[248] Sampson R J, Morenoff J D, Gannon - Rowley T. Assessing "neighborhood effects": Social processes and new directions in research [J] . Annual Review of Sociology, 2002: 443 -478.

[249] Scellato S, Mascolo C, Musolesi M, et al. Distance matters: Geo - social metrics for online social networks [A] //Proceedings of the 3rd conference on Online social networks, 2010: 8 -18.

[250] Shan W, Walker G, Kogut B. Interfirm cooperation and startup innovation in the biotechnology industry [J] . Strategic Management Journal, 1994, 15 (5): 387 -394.

[251] Sheng Y. , LeSage J. City and industry network impacts on innovation by Chinese manufacturing firms: A Hierarchical Spatial - Interindustry Model, in Badi H. Baltagi , James P. Lesage , R. Kelley pace (ed. ) spatial econometrics: Qualitative and limited dependent variables (Advances in Econometrics, Volume 37) [C] . Emerald Group Publishing Limited, 2016: 343 -386.

[252] Shimizu D. Product differentiation in spatial cournot markets [J] . Economics Letters, 2002, 76 (3): 317 -322.

[253] Smith T E, LeSage J P. A Bayesian probit model with spatial dependencies [J] . Advances in Econometrics, 2004 (18): 127 -160.

[254] Snijders T. A. B. , Bosker R. J. Multilevel analysis: An introduction to basic and advanced multilevel modeling (2nd Edition) [M] . Sage. 2012.

[255] Stephen W. Raudenbush, Anthony S. Bryk. Hierarchical linear models: Applications and data analysis methods [M] . Sage, 2002.

[256] Stephens H M, Partridge M D, Faggian A. Innovation, entrepreneurship and economic growth in lagging regions [J] . Journal of Regional Science, 2013, 53 (5): 778 -812.

[257] Stuart T E. Interorganizational alliances and the performance of firms: A study of growth and innovation rates in a high - technology industry [J] . Strategic Management Journal, 2000, 21 (8): 791 -811.

[258] Stuetzer M, Obschonka M, Brixy U, et al. Regional characteristics, opportunity perception and entrepreneurial activities [J] . Small Business Economics,

2014, 42 (2): 221 -244.

[259] Timpf S. Hierarchies and level of detail [J]. Encyclopedia of GIS, 2008: 431 -434.

[260] Tobler W. On the first law of geography: A reply [J]. Annals of the Association of American Geographers, 2004, 94 (2): 304 -310.

[261] Uthman O A, Moradi T, Lawoko S. The independent contribution of individual -, neighbourhood -, and country - level socioeconomic position on attitudes towards intimate partner violence against women in sub - Saharan Africa: A multilevel model of direct and moderating effects [J]. Social Science & Medicine, 2009, 68 (10): 1801 -1809.

[262] Van der Panne G. Agglomeration externalities: Marshall versus Jacobs [J]. Journal of Evolutionary Economics, 2004, 14 (5): 593 -604.

[263] Van Ham M, Hedman L, Manley D, et al. Intergenerational transmission of neighbourhood poverty in sweden: An innovative analysis of individual neighbourhood histories [R]. Discussion Paper Series, Forschungsinstitut zur Zukunft der Arbeit, 2012.

[264] Van Ham M, Manley D. Neighbourhood effects research at a crossroads: Ten challenges for future research [R]. Working Paper Series des Rates fur Sozial - und Wirtschaftsdaten, 2012.

[265] Van Oort F G, Burger M J, Knoben J, et al. Multilevel Approaches and the Firm - Agglomeration Ambiguity in Economic Growth Studies [J]. Journal of Economic Surveys, 2012, 26 (3): 468 -491.

[266] Varga A. Universities and regional economic development: Does agglomeration matter? [A] //Theories of Endogenous Regional Growth [M]. Springer Berlin Heidelberg, 2001: 345 -367.

[267] Varga A. University research and regional innovation: A spatial econometric analysis of academic technology transfers [M]. Springer Science & Business Media, 1998.

[268] Verdu A J, Tamayo I, Ruiz - Moreno A. The moderating effect of environmental uncertainty on the relationship between real options and technological innovation in high - tech firms [J]. Technovation, 2012, 32 (9): 579 -590.

[269] Visser P S, Mirabile R R. Attitudes in the social context: The impact of

social network composition on individual – level attitude strength [J]. Journal of Personality and Social Psychology, 2004, 87 (6): 779.

[270] Wallsten S. The role of government in regional technology development: The effects of public venture capital and science parks [J]. Stanford Institute for Economic Policy Research Discussion Paper No. 00 – 39, 2001.

[271] Wu A, Wang C C, Li S. Geographical knowledge search, internal R&D intensity and product innovation of clustering firms in Zhejiang, China [J]. Papers in Regional Science, 2014.

[272] Yu Y, Zhang L, Li F, et al. Strategic interaction and the determinants of public health expenditures in China: A spatial panel perspective [J]. The Annals of Regional Science, 2013, 50 (1): 203 – 221.

[273] Zaheer A, McEvily B. Bridging ties: A source of firm heterogeneity in competitive capabilities [J]. Strategic Management Journal, 1999, 20 (12): 1133.

[274] Zhang J, Li C. Endogenous R&D spillover and location choice in a mixed oligopoly [J]. The Annals of Regional Science, 2013, 51 (2): 459 – 477.

[275] Zhang P, He C, Sun Y. Agglomeration economies and firm R&D efforts: An analysis of China's electronics and telecommunications industries [J]. The Annals of Regional Science, 2014, 53 (3): 671 – 701.

[276] Zucker L G, Darby M R, Brewer M B. Intellectual Human Capital and the Birth of US Biotechnology Enterprises [J]. American Economic Review, 1998 (1): 290 – 306.

# 后　记

本书是教育部人文社会科学研究项目“空间溢出视角下的区域创新环境效应研究”（16YJC790088），国家自然科学基金青年项目“人力资本配置与区域协调发展：多层次空间的视角”（71803034）的研究成果。本书来自笔者博士论文的扩展，其能够完成并最终出版，首先要感谢刘秉镰教授多年来对笔者的悉心指导，同时还要感谢美国得州州立大学 James P. LeSage 教授、南开大学周密副教授等老师无微不至的关心、鼓励和支持。

创新是增长的第一动力，实施创新驱动发展战略是我国面对全球新一轮科技革命与产业变革的重大机遇和挑战、实现“两个一百年”奋斗目标的必然选择。系统地剖析区域环境对企业技术创新的影响机制，准确地衡量区域环境整体在促进企业技术创新中的作用效果，是各级政府制定相关政策的关键前提和着眼点。由于企业内嵌于区域，区域环境整体对企业创新的作用呈现层次结构特点，而在全球化的推进中区域并不孤立存在，使从多层次空间的视角对企业技术创新中的区域环境效应进行研究兼具理论意义和现实意义。空间计量经济学的快速发展为这一研究提供了新的工具方法。本书从新视角出发，结合时代新特点，发展新方法对现实热点问题进行研究，是一种新的探索。由于“区域—个体”关系是十分常见的数据结构，本书建立的多层次空间模型具有广阔的运用和拓展空间。

受限于笔者的知识结构和研究能力，本书的研究还存在诸多不足，对书中的错误和疏漏，恳请读者不吝批评指正，以便在今后的研究中不断完善和提高。

盛玉雪

2019 年 3 月于南宁